KB033885

지성인을 위한

리딩 컬처북 2 인문과학

영문독해

리딩 컬처북 ❷
인문과학 영문독해

저 자 FL4U컨텐츠
발행인 고본화
발 행 반석북스
교재공급처 반석출판사
2023년 9월 5일 초판 1쇄 인쇄
2023년 9월 10일 초판 1쇄 발행
홈페이지 www.bansok.co.kr
이메일 bansok@bansok.co.kr
블로그 blog.naver.com/bansokbooks

07547 서울시 강서구 양천로 583. B동 1007호
(서울시 강서구 염창동 240-21번지 우림블루나인 비즈니스센터 B동 1007호)
대표전화 02) 2093-3399 **팩 스** 02) 2093-3393
출 판 부 02) 2093-3395 **영업부** 02) 2093-3396
등록번호 제315-2008-000033호

ISBN 978-89-7172-975-5 (13740)

지성인을 위한

리딩 컬처북 2 인문과학

영문독해

머리말

바야흐로 지구촌이라는 말도 너무 넓게 느껴지는 시대다. 그러한 느낌은 더욱 가속화될 것 같다. 따라서 국제어로서 영어의 필요성 또한 그만큼 절실해진다. 영어라는 언어는 이미 영어 문화권에 국한된 의사소통 수단의 차원을 훌쩍 뛰어넘었다. 헝가리인, 중국인, 한국인이 만난 자리에서 주고받는 언어는 당연히 영어다. 훨씬 경제적이고 효율적이기 때문이다. 이뿐인가? 인터넷에 들어가 보면 '왜 영어인가'하는 의문에 정답이 드러난다. 영어 학습에서 회화, 작문, 독해 등 골고루 실력을 쌓아야겠지만, 그 모든 근간을 이루는 것이 독해라는 데에는 이론의 여지가 없다. 그렇다면 영문 독해를 능숙하게 할 수 있는 길은 무엇일까? 인문, 사회, 자연과학 분야를 비롯해서 시사, 무역 등 실용 영문 텍스트를 올바로 선정하여 여러 차례 읽고 읽는 수 밖에는 달리 길이 없다는 것이 저자의 변함없는 믿음이다.

다독(多讀)을 거치고 나면 영문의 맥(脈)이 잡힐 것이다. 우리나라 대학생들의 반도 안 되는 영어 문법 실력을 가지고도 미국 고등학생들이 자유자재로 읽어낼 수 있는 이유를 잠깐이라도 숙고해 본다면 독해의 지름길은 이미 찾은 셈이다. 지성인을 위한 영문독해 컬처북 시리즈에는 TOEFL, SAT, 텝스, 대학편입시험, 대학원, 국가고시 등에 고정적으로 인용되는 주옥같은 텍스트들을 인문, 사회, 자연과학 분야별로 엄선, 체계적으로 엮어 놓았다. 이 정도만 무리없이 해독(解讀)할 수 있다면 어떤 종류, 어떤 수준의 시험이라도 자신을 갖고 치러낼 수 있을 것이다.

FL4U컨텐츠

목차

제1부 철학편

제2부 역사편

제3부 문학편

이 책의 특징 및 활용방법

제1부 철학편

1부 철학편에서는 먼저 철학이라는 학문을 개괄적으로 소개하거나 철학사의 흐름을 개관하는 글 대신, 철학·철학사를 관통하는 본질적인 문제의식을 제기하는 두 편의 글을 실었다. 즉 철학적 사유의 근원과 이러한 철학적 사유의 중심적 과제란 무엇인가 라는 것이다. 그 다음에는 고대 철학이나 중세 철학의 비중을 줄이고 현대 철학을 중심으로 구성하였다. 철학사의 방대한 흐름을 작은 지면에 가득 채울 수가 없었을 뿐만 아니라 현대 철학의 분화된 이론은 철학사의 역사성을 직접적으로 드러내 주고있다는 생각에서였다.

제2부 역사편

역사를 보는 안목을 역사의식·역사관이라고 한다. 사람들이 살아왔던 수많은 시간의 의미를 우리는 어떻게 파악하고 이해할 수 있을 것인가. 2부 역사편에서는 먼저 역사학 연구의 필요성과 그 대상, 방법, 가치 등을 논한 글을 수록했으며, 역사적 전개과정을 통해 논의되었던 다양한 역사의식·역사관(영웅사관·유물사관·문화사관·역사주의사관·실증사관)을 수록했다. 마지막으로 아담 샤프의 글을 통해 역사의 의미를 재음미하고자 했다.

제3부 문학편

문학이란 언어를 표현매체로 하는 예술 및 그 작품을 의미한다. 오래전에는 동서양을 막론하고 문학이라는 말을 대체적으로 학문이라는 뜻으로 사용하는 경우가 많았으나 점차 의미가 한정되어 오늘날에는 단순히 순수문학만을 가리킨다. 따라서 3부 문학편에서는 먼저 예술과 문학이란 무엇인지에 대해 논한 두 편의 글을 실었으며, 엘리엇을 필두로 하여 문학사회학, 현상학적 문학비평, 역사성과 미적 가치, 문학과 리얼리즘, 마르크스주의와 문학비평 등 문학과 문학이론에 관한 글을 소개하고 있다.

이 책을 읽는 세 가지 방법

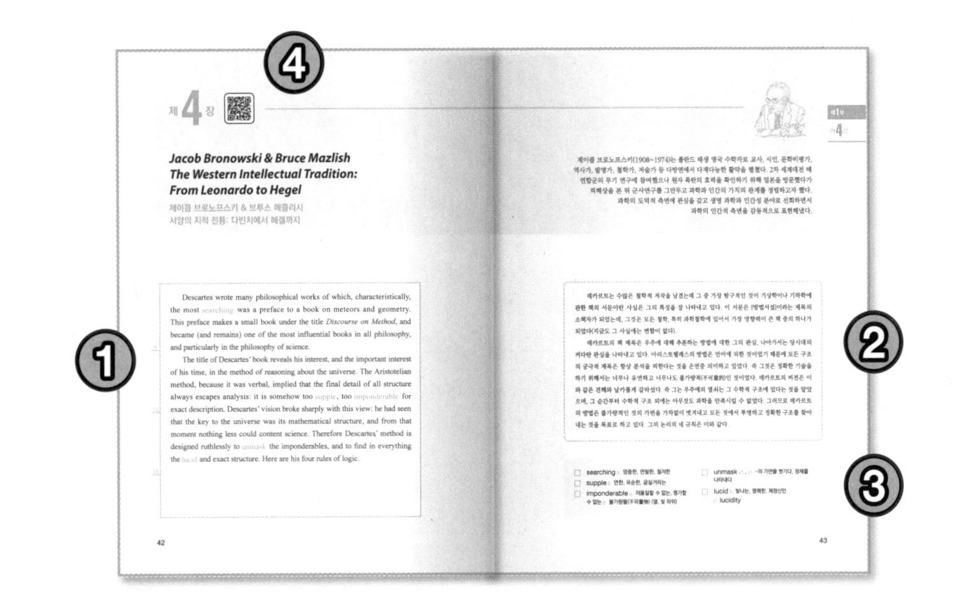

한글로 된 현대 사회 고전을 이미 접했던 독자

왼쪽 페이지 ❶의 영어 본문만 읽어본다. 한글로 읽었을 때 불분명했던 의미들이 영어로 읽었을 때 더 명확하게 잡히는 경우가 많다. 사회과학 용어들도 영어로 알게 되면 용어의 개념을 쉽게 알 수 있다. 사회과학 용어들을 영어로 한 번 익혀두면 앞으로 다른 사회 과학 서적을 읽을 때 더욱 수월하게 읽을 수 있을 것이다.

현대 사회 고전으로 영어 학습을 하고 싶은 독자

왼쪽 페이지 ❶의 영어 본문을 해석하면서 어려운 부분은 자신이 한 해석과 오른쪽 페이지 ❷의 한글 해석과 비교해 본다. 주요 단어와 구조는 별색 처리되어 있어 어휘 ❸를 참조할 수 있다. QR코드 ❹를 활용해 원어민이 녹음한 mp3 파일을 들으면서 학습하면 더욱 효과적이다.

현대 사회 고전을 한 번도 접해보지 않았던 독자

오른쪽 페이지 ❷의 한글 해석만 읽는다. 이 책의 한글 부분을 영어의 단순 해석을 뛰어넘는 하나의 작품으로 천천히 음미해 보자. 당시의 현대 사상이 현재에 어떻게 적용될 수 있는지 고전과 새로운 대화를 시도해 본다. 고전과의 대화는 삶의 지평을 넓히는 계기가 될 것이다.

ENGLISH READING

HUMAN SCIENCE

제1부 철학편

제 1 장

Jürgen Habermas
Theory and Practice

위르겐 하버마스
이론과 실천

In the major tradition of philosophy, the relation of theory and praxis always referred to the good and the righteous — as well as the 'true' — and to the life, both private and collective, of individuals as well as of citizens. In the eighteenth century this dimension of a theoretically guided praxis of life was extended by the philosophy of history. Since then, theory, directed toward praxis and at the same time dependent on it, no longer embraces the natural, authentic, or essential actions and institutions of a human race constant in its essential nature; instead, theory now deals with the objective, overall complex of development of a human species which produces itself, which is as yet only destined to attain its essence: humanity.

위르겐 하버마스(1929~)는 비판이론의 전통에 서있는 철학자이자 사회이론가이다. 사람들은 그를 보통 네오 마르크스주의자로 불렀는데, 그의 핵심주제로는 비판적 사회이론의 규범적 기초, 근대성과 사회근대화, 자본주의와 민주주의 사이의 긴장관계 등을 들 수 있다. 이런 주제들을 다루기 위해 그는 한편에서 사회학의 이론사를 체계적으로 수용하고 다른 한편에서는 인지심리학으로부터 언어이론, 행위이론, 문화 이론, 체계이론에 이르는 동시대의 이론들을 동원한다.

철학의 주된 전통에 있어서 이론과 실천의 관계는 시민으로서 또는 개인으로서 영위하는 사생활과 공동생활의 선, 정의 및 진실성과 더불어 생각되었었다. 18세기의 역사 철학은 이렇게 이론에 의해 인도되는 삶의 실천적 차원을 확장하였다. 그때부터 실천을 지향하면서 동시에 그 실천에 의존하여 성립하는 이론은, 인간의 종적 특질에 불변성이 있어서 그에 따라 저절로 인간에 고유한 행동과 제도가 이루어진다고 파악하지 않고, 오히려 인류는 자신의 본질, 즉 인간성을 스스로 창출하면서 자기를 규정해 간다고 생각하여 종적 특질의 발전적 연관에 비추어 인간을 탐구하였다.

- ☐ praxis n. 실천, 습관, 관례(= custom), 연습(= practice), 여기서는 '실천'의 뜻
- ☐ both private and collective는 앞의 life를 수식
- ☐ embrace vt. (주의, 신앙 등을) 채택하다, 신봉하다

What has remained is theory's claim of providing orientation in right action, but the realization of the good, happy, and rational life has been stretched out along the vertical axis of world-history; praxis has been extended to cover stages of emancipation. For this rational praxis is now interpreted as liberation from an externally imposed compulsion, just as the theory which is guided by this interest of liberation is interpreted as enlightenment. The cognitive interest of this enlightenment theory is declaredly critical; it presupposes a specific experience, which is set down in Hegel's *phenomenology of Mind*, just as it is in Freud's psychoanalysis — the experience of an emancipation by means of critical insight into relationships of power, the objectivity of which has as its source solely that the relationships have not been seen through. Critical reason gains power analytically over dogmatic inhibition.

Reason takes up a partisan position in the controversy between critique and dogmatism, and with each new stage of emancipation it wins a further victory. In this kind of practical reason, insight and the explicit interest in liberation by means of reflection converge. The higher level of reflection coincides with a step forward in the progress toward the autonomy of the individual, with the elimination of suffering and the furthering of concrete happiness. Reason involved in the argument against dogmatism has definitely taken up this interest as its own — it does not define the moment of decision as external to its sphere. Rather, the decisions of the subjects are measured rationally against that one objective decision, which is required by the interest of reason itself. Reason has not as yet renounced the will to the rational.

이론이 정의로운 행동을 지향해야 한다는 사실에는 변화가 없지만,선하고 행복하며 이성적인 삶은 (각 시대를 지탱하는) 세계사의 수직축이 시대마다 변화함에 따라 그 양식을 달리하면서 실현되어 왔다. 즉 실천은 매번 그 폭을 확장하여 해방의 단계가 새로이 펼쳐질 때마다 그것을 포괄하였다. 왜냐하면 해방의 관심에 의해 인도되는 이론이 (실천에 대한 새로운) 계몽을 의미하듯이 이성적 실천은 (그 이전에) 외부적으로 부여된 억압으로부터의 해방을 의미하기 때문이다. 이 계몽론의 인식 관심은 분명히 비판적 성격을 띤다. 프로이트의 정신 분석 및 헤겔의 정신 현상학은 바로 이 인식적 관심의 전제가 되고 있는 독특한 경험을 치밀하게 다루고 있다. 흔히 폭력 관계가 객관적으로 유지되고 있는 것은 그 관계의 본질이 충분히 통찰되지 않았다는 데서 기인하는데, 폭력 관계를 비판적으로 통찰함으로써 우리는 아주 독특하게 해방을 경험한다. 이렇게 하여 비판적 이성은 독단적 금기를 능가하는 힘을 획득한다.

비판과 독단론 사이에 벌어지는 논쟁에 있어서 이성은 이성을 편드는 당파에 참여하고, 해방이 새로운 단계에 접어들 때마다 더욱 폭넓어진 승리를 쟁취한다. 반성에 의해 뚜렷이 경험되는 해방에의 관심과 통찰은 이러한 실천적 이성에서 합치한다. 반성이 고차적 단계에 이르면 개인의 자율성이 성장하고, 고통이 해소되며, 구체적 행복이 증대한다. 독단주의와 투쟁하는 이성은 이러한 관심을 단호하게 자신의 내부로 끌어들여 결단의 계기를 회피하지 않는다. 오히려 주체의 결단은, 이성 자체의 관심에 의해 요구되는 그 유일한 결단의 객관성에 비추어 이성적으로 측정된다. 이성은 아직, 이성적인 것을 지향하는 의지를 단념하지 않았다.

- ☐ emancipation n. 해방(= deliverance), 자유
- ☐ just as the theory 이하 문장에서 동사는 is interpreted이다
- ☐ declaredly ad. 공공연히 (= openly, publicly)
- ☐ the experience of an emancipation ~과 the objectivity of which 이하는 동격이며, which절 이하의 동사 has에 대한 that 이하 절이 목적어이다
- ☐ inhibition n. 금지, 금제(= prohibition)
- ☐ partisan n. 일당, 도당, 한동아리 cf) ~ ship n. 당파심, 당파근성
- ☐ dogmatism n. 독단주의, 독단(론) a. dogmatic n. dogmatics 교리학(론) v. dogmatize
- ☐ converge vt. 한 점에 모이다(모으다), 수렴하다 opp. diverge
- ☐ coincide with (= correspond with, be equal to) 일치(부합)하다
- ☐ autonomy n. (철학) 자율, 자치(권), 자치단체

Now this constellation of dogmatism, reason, and decision has changed profoundly since the eighteenth century, and exactly to the degree to which the positive sciences have become productive forces in social development. For as our civilization has become increasingly scientific, the dimension within which theory was once directed toward praxis has become correspondingly constructed. The laws of self-reproduction demand of an industrially advanced society that it look after its survival on the escalating scale of a continually expanded technical control over nature and a continually refined administration of human beings and their relations to each other by means of social organization. In this system, science, technology, industry, and administration interlock in a circular process. In this process the relationship of theory to praxis can now only assert itself as the purposive-rational application of techniques assured by empirical science.

The social potential of science is reduced to the powers of technical control — its potential for enlightened action is no longer considered. The empirical, analytical sciences produce technical recommendations, but they furnish no answer to practical questions. The claim by which theory was once related to praxis has become dubious. Emancipation by means of enlightenment is replaced by instruction in control over objective or objectified processes. Socially effective theory is no longer directed toward the consciousness of human beings who live together and discuss matters with each other, but to the behavior of human beings who manipulate. As a productive force of industrial development, it changes the basis of human life, but it no longer reaches out critically beyond this basis to raise life itself, for the sake of life, to another level.

그런데 이러한 독단론, 이성, 결단의 위상은 실증 과학이 사회 발전의 생산력으로 되어 가는 정도에 정확히 상응하면서 18세기 이래 심각하게 변해 왔다. 말하자면 우리의 문명이 과학화하는 정도에 따라 실천을 지향하는 이론의 차원이 구성되었던 것이다. 자기 재생산 법칙은 선진 산업 사회로 하여금 자연에 대한 기술적 통계를 부단히 증대시키고 사회 조직을 매개로 하여 인간 및 인간의 상호 관계를, 세련되게 조정 할 수 있는 (능력의) 정도에 따라 유지될 수 있게끔 만들었다. 이 체계 내에서 과학, 기술, 산업 및 행정은 순환 과정을 이루면서 교차한다. 그 안에서 이론과 실천의 관계는 단순히 경험 과학에 의해 확증된 기술을 목적-합리적으로 적용할 때 비로소 명료하게 된다.

과학의 사회적 잠재력은 기술적 통제력으로 환원될 뿐, 더 이상 계몽된 행동의 잠재력으로 생각되지 않는다. 경험 - 분석적 과학은 기술적 보증을 제공하기는 하지만 실천적 문제에 대해서는 아무런 대답도 주지 않는다. 이론과 실천을 하나로 결합시켰다는 한때의 주장은 허구가 되었다. 계몽에 의한 해방 대신에 객관적이거나 객관화된 과정에 대한 통제의 훈련이 대치되었다. 사회적 유용성을 가진 이론은, 함께 살아가고 서로 문제를 토의하는 인간 의식이 아니라, 조정되고 있는 인간 행태를 겨냥하고 있다. 그 이론은 산업 발전의 생산력으로 작용하여 인간적 삶의 하부 구조를 변화시켰으나 바로 그 삶을 위해 삶 자체를 다른 단계로 높이려는 의도를 갖고 비판적으로 그 하부 구조를 초월하는 데까지 이르지는 못했다.

- ☐ constellation n. (기라성 같은 사람들의) 무리, 별자리 v. constellate
- ☐ the dimension within which 이하 절에서 praxis까지 dimension을 수식하는 관계절이며 has become은 dimension의 동사이다
- ☐ escalate vt. (단계적으로) 강화(확대)하다, 점증하다 n. escalation
- ☐ The claim의 동사는 by which ~ praxis의 수식절 이후에 나오는 has become dubious에 이어진다.
- ☐ dubious = doubtful
- ☐ manipulate vt. 교묘히 다루다, 조종하다, 조작하다 n. manipulation

But, of course, the real difficulty in the relation of theory to praxis does not arise from this new function of science as a technological force, but rather from the fact that we are no longer able to distinguish between practical and technical power. Yet even a civilization that has been rendered scientific is not granted dispensation from practical questions; therefore a peculiar danger arises when the process of scientification transgresses the limit of technical questions, without, however, departing from the level of reflection of a rationality confined to the technological horizon. For then no attempt at all is made to attain a rational consensus on the part of citizens concerning the practical control of their destiny. Its place is taken by the attempt to attain technical control over history by perfecting the administration of society, an attempt that is just as impractical as it is unhistorical.

When theory was still related to praxis in a genuine sense, it conceived of society as a system of action by human beings, who communicate through speech and thus must realize social intercourse within the context of conscious communication. Through this communication they must form themselves into a collective subject of the whole, that is capable of action — otherwise, the fortunes of a society ever more rigidly rationalized in its particular parts must slip away as a whole from the rational cultivation, which they require all the more urgently. On the other hand, a theory which confuses control with action is no longer capable of such a perspective. It understands society as a nexus of behavioral modes, for which rationality is mediated solely by the understanding of sociotechnical controls, but not by a coherent total consciousness — not by precisely that interested reason which can only attain practical power through the minds of political enlightened citizens.

그러나 실천에 대한 이론의 관계를 정할 때 발생하는 독특한 어려움은 기술적 힘으로 되어버린 과학의 새로운 기능 때문에 생기지 않고, 기술적 힘과 실천적 힘 사이를 더 이상 구분할 수 없다는 데서 발생한다. 그럼에도 불구하고 과학화된 문명은 실천적 문제에 대한 대답을 회피할 수 없다. 따라서 과학화의 과정이 기술적 합리성의 한계에 대해 반성하는 단계를 거치지 않으면서 기술적 문제의 한계를 넘어서려 할 때 특수한 위험이 생겨난다. 왜냐하면 그렇게 되어 시민들이 자신의 운명을 실제적으로 통제 받게 될 때 시민들의 합리적 동의를 확보한 어떤 시도도 전혀 이루어지지 않을 것이기 때문이다. 그 대신 완전한 사회 조정의 방식을 사용하여 역사를, 비역사적이며 비실천적인 기술에 의해 통제하게 될 것이다.

순수한 의미에서 실천과 관계하는 이론은, 의식적 의사소통의 체계에 따라 교류를 확보하고 행동할 능력이 있는 전인적 주체로서 대화하는 인간들이 그 자질을 갖추어야 하는 행동 연관을 사회라고 파악한다. 그렇게 파악하지 않으면, 특수한 부분에 이르기까지 전례 없이 엄격하게 합리화된 사회 운명은 전반적으로 인간의 이성적 소양과 무관한 상태에서 진척되고 마는데, 그럴수록 인간들은 이런 소양을 좀 더 절실하게 필요로 한다. 반면에 행동과 통제를 혼동하는 이론은 그런 관점을 더 이상 취할 수가 없다. 그 이론은 사회를 행태 양식의 연결체로서 파악하며 행태 양식의 개념에서 합리성은 오로지 사회 기술적 통제를 이해할 수 있을 때 비로소 매개되는데, 종합적인 전례 의식, 즉 정치적으로 계몽된 시민의 보편 정신이 있을 때만 실천력을 획득하는, 관심을 가진 이성은 이런 식의(협소한) 합리성을 매개해주지 않는다.

- ☐ dispensation n. 분배, 지배, 면제, 섭리
  v. dispense
- ☐ transgress vt. (한계) 넘다, (법률을) 어기다
  n. transgression (종교상의) 죄
- ☐ consensus n. 일치, 합의, 여론
  v. consent(= agree)
- ☐ the administration of society와 an attempt that 이하 절은 동격이다
- ☐ nexus n. 관련, 연계, 유대
- ☐ mediate vt., vi. 중재(조정)하다, 화해시키다 (between) n. mediation
- ☐ sociotechnical a. 사회기술적(인)

In industrially advanced society, research, technology, production, and administration have coalesced into a system which cannot be surveyed as a whole, but in which they are functionally interdependent. This has literally become the basis of our life. We are related to it in a peculiar manner, at the same time intimate and yet estranged. On the one hand, we are bound externally to this basis by a network of organizations and a chain of consumer goods; on the other hand, this basis is shut off from our knowledge, and even more from our reflection. The paradox of this state of affairs will, of course, only be recognized by a theory oriented toward praxis, even though this paradox is so evident: the more the growth and change of society are determined by the most extreme rationality of processes of research, subject to a division of labor, the less rooted is this civilization, now rendered scientific, in the knowledge and conscience of its citizens. In this discrepancy, scientifically guided techniques and those of decision theory — and ultimately even cybernetically controlled techniques — encounter a limitation which they cannot overcome; this can only be altered by a change in the state of consciousness itself, by the practical effect of a theory which does not improve the manipulation of things and of reifications, but which instead advances the interest of reason in human adulthood, in the autonomy of action and in the liberation from dogmatism. This it achieves by means of the penetrating ideas of a persistent critique.

선진 산업 사회에 있어서 학술 연구, 기술 생산 및 조정(행정)은 전체적으로 탐구될 수 없으나 기능적으로는 상호 의존적인 체계들로 짜여 있다. 이것은 글자 그대로 우리 삶의 하부 구조가 되었다. 우리는 그 하부 구조와 친밀하면서도 그와 동시에 소외되어 있다. 한편으로 우리는 사회 조직망과 소비재의 연쇄에 의해 이 하부 구조와 묶여 있다. 다른 한편 이런 하부 구조는 우리의 인식, 심지어 우리의 반성과 차단되어 있다. 이러한 사태에 직면했을 때 오로지 실천 지향적인 이론만 그 패러독스 — 우리와 아주 밀착되어 있지만 의식하지 못하는 — 를 인식할 것이다. 사회의 성장과 변화가 노동 분업적인 학술 연구 과정에 의해 규정되는 측면이 많아질수록, 과학화된 문명이 그 시민의 인식과 의식에 확고하게 뿌리내릴 가능성은 점점 희박해진다. 이와 같이 오도된 관계에서, 사회 과학의 인도를 받고 결정 이론에 의해 선택되었으며, 결국에는 사이버네틱 방식으로 통제되는 기술은 넘어설 수 없는 자기의 한계를 발견한다. 이 한계는 의식상태 자체가 변화됨으로써만, 따라서 이론이 실천에 있어서 영향력을 가질 때 비로소 변화되는데, 그 이론은 사물 및 사물화된 존재에 대한 조작을 개량하는 것이 아니라 오히려 지치지 않고 (필요하게 비판을 제시함으로써) 이성을 고양시켜 성숙, 행동의 자율성 및 독단에서의 해방에 관심을 두게 한다.

- ☐ coalesce vi. 유착(합체)하다, 연합하다
  a. coalescent n. coalescence
- ☐ estrange(d) vt. 사이를 나쁘게 하다, 이간하다, 떼다(from) n. estrangement
- ☐ be bound to vi. ~에 매여 있다
- ☐ paradox n. 역설, 패러독스
  a. paradoxical
- ☐ the less rooted is ~ 이하 문장은 도치된 문장으로 원래는 this civilization is the less rooted and now rendered scientific in ~ citizens이다
- ☐ discrepancy n. 상위, 어긋남, 모순
  a. discrepant
- ☐ cybernetically a. 인공두뇌학의
  n.(pl.) 인공두뇌학
- ☐ reification n. 사물화된 존재, 물신화

제 2 장 

Ernst Bloch
A Philosophy of the Future

에른스트 블로흐 미래의 철학

1. Emergence

I am. But without possessing myself. So we first come to be.

The *am* of I *am* is within. And everything within is wrapped in its own darkness. It must emerge to see itself; to see what it is, and what lies about it. It must grow out of itself if it is to see anything at all: itself among selves like itself, by which (no more in itself) I am becomes we are. Outside that being in itself dawns the world round about us, in which there are men, and below, beside or above them, things. At first they are alien: more or less repel, more or less attract. They are in no way obvious; their acquaintance must be made if they are to be known. The process by which they are known is entirely external; only thus does learning bring experience; only thus, by virtue of what lies without, does the inner self come to know itself.

에른스트 블로흐(1885~1977)는 하이델베르크 대학교에서 막스 베버에게 배우고 루카치와의 표현주의 논쟁으로 자신의 이름을 세상에 알렸으며 저서로는, 아도르노와 벤야민 등 동시대 지식인들의 청년 시절에 큰 영향을 미친 『유토피아의 정신』을 비롯해 『이 시대의 유산』 등이 있다.

제1절 출현

나는 존재한다. 그러나 나 자신을 소유하지 않고 존재한다. 그래서 우리는 우선 존재하게 된다.

'나는 존재한다'의 '존재한다'는 내부적이다. 그리고 내부적인 것은 제각기 그 자체의 암흑으로 둘러싸여 있다. 그것은 자신을 보기 위해, 즉 그것이 무엇이며 그 주변에는 무엇이 있는가를 보기 위해 암흑에서 벗어나야 한다. 그것이 어떤 것을 온전히 보고자 한다면 그것은 자신에게 탈피해야 한다. 즉자(卽者)처럼 자아들 가운데 있는 즉자, 바로 이것에 의하여 (즉자 안에서가 아니라) '나는 존재한다'는 '우리는 존재한다'가 된다. 즉자적인 그 존재 밖에서 우리를 둘러싼 세상은 보이기 시작한다. 그 세상 안에는 인간들이 있고, 그들의 상하 좌우에는 사물들이 있다. 처음에 그들은 이질적이다. 즉 다소 밀쳐내기도 하고 다소 이끌어 들이기도 한다. 그들은 결코 분명하지 않다. 그들이 알려지려면 친분이 맺어져야 한다. 그들이 알려지는 과정은 철두철미 외부적이다. 바로 그렇기 때문에 배움이란 경험을 수반하여 또한 바로 그렇기 때문에 내부적 자아는 외부에 존재하는 것에 의해 자신을 알게 된다.

- ☐ emergence n. 출현, 탈출 v. emerge 나오다, 나타나다 (= come out) (from)
- ☐ by which의 선행사는 itself이다
- ☐ in itself 본질적으로
- ☐ dawn v. 보이기 시작하다, (서서히) 나타나다
- ☐ alien a. 동떨어진, 조화되지 않는
- ☐ if they are to = intend to, wish to
- ☐ does는 learning이란 주어와 도치되어 강조하기 위해 쓰인 조동사, 본동사는 bring이다
- ☐ inner self 내부적(의) 자아

This perpetual travel outward is the way proper to man: assigned him above all that he may come back to himself and find there the profundity that is not in him only to be in itself, undisclosed. The mere *am* of I *am*, only to achieve self-awareness, must take to itself a something from without. Figuratively, too, man that is born within his own skin is born naked, and needs alien things from without: requires that with which he may cover himself, precisely in order to take warmth from his own presence and, indeed, to assert it.

No single image has arisen purely from within that would allow us to describe and express adequately that innermost speechless being-in-itself.

Such words and phrases as 'narrow', 'deep', 'warm', 'dark', 'bright', 'oblivion', 'full awakening', 'the inner way itself', are all taken from without and only then shed light on what lies within. Therefore everything within becomes conscious of itself only by virtue of what lies without. Does this not to abrogate but to make manifest its being itself. Otherwise it would remain isolated; without that being-with-us that is not 'he', not 'one', but 'we'; without that round about us which came(and comes) to be the potting soil in which the human plant grows, and the raw material of man's house. Only then is that which environs us thought from within, so that it may come ever closer, become ever more relevant, ever less alien to man. We are all on our way to this goal; and as we set out, so we ourselves emerge.

외부를 향한 이 영속적 여행은 인간에게 적절한 행로이다. 무엇보다도 그것은 그가 자신에게로 되돌아올 수 있다는 사실과, 그에게는 존재하지 않고 다만 그것 자체 내에 존재할 뿐인 밝혀지지 않은 심연이 있다는 사실을 그에게 알려준다. 자아인식에 도달하기 위해서라면 '나는 존재한다'의 단순한 '존재한다'는 외부로부터 어떤 것을 그 자체에 추가해야만 한다. 역시 비유적으로 말해서 인간 자신의 살가죽 속에서 태어난 인간은 벌거벗은 채 출생하여, 외부로부터 이질적인 것들을 필요로 한다. 즉 엄밀히 말해서 그 자신의 존재로부터 온기를 얻고, 사실상 그것을 보존하기 위하여 자신을 덮을 수 있는 것을 필요로 하는 것이다.

가장 내면적이고 말이 없는 본질적 존재를 적절히 묘사하고 설명하게 하는 어떤 관념이 순전히 내부로부터 야기된 적은 결코 없었다.

'좁은', '깊은', '따스한', '어두운', '밝은', '온전히 각성하는', '내면적인 길 자체' 등의 어귀는 모든 외부로부터 받아들여진 것이며, 그 경우에만 내부의 것에는 빛이 비추이게 된다. 그러므로 내부적인 것은 모두 외부에 있는 것에 의해서만 스스로를 의식하게 된다. 이것은 그것의 존재를 폐기하는 것이 아니라 명시한다. 그렇지 않다면 그것은 고립된 채로 남아있을 것이다. 우리와 공존하는 외부, 그것은 '그이'나 '사람'이 아니라 '우리'이다. 우리를 둘러싼 외부, 그것은 자라나는 인간식물을 담고 있는 화분의 흙이며 사람이 살 집을 이루는 원료가 되어 왔고 지금도 그러하다. 우리 주변에 있는 것이 내부와 달랐던 때는 바로 그때에만 우리를 둘러싼 것은 내부로부터 사고된다. 그리하여 그것은 사람에게 훨씬 더 밀접하고 적절하며 덜 이질적인 것이 될 수 있다. 우리는 모두 이 목표를 향해 나아가고 있으며 우리가 그것을 향해 나아가기 시작할 때 우리 자신은 출현한다.

- ☐ profundity n. 심연 a. profound
- ☐ only to be in itself는 결과절로 해석한다. 따라서 '그 속에 있는 것이 아니라(not in him) 그 자체에 존재하는 것이며, 밝혀지지 않은 (= undisclosed)'라고 해석한다
- ☐ figurative(ly) a. 비유(형용)적인 ad. 비유적으로, 상징적으로 opp. literally
- ☐ requires that의 that은 지시대명사로 앞에 나온 alien things from without이다
- ☐ shed vt. 흘리다, 내던지다, 발(산)하다(on)
- ☐ by virtue of (= by means of, by way of) ~에 의하여
- ☐ Does this는 주어, 동사가 도치된 문장이다. this는 앞문장 내용전체이다
- ☐ abrogate vt. (법률, 습관을) 폐기하다 n. abrogation
- ☐ potting a. 화분에 담긴, 병(단지) 조림이 된
- ☐ only then is that ~부사로 인해 주어, 동사가 도치된 문장으로 주어는 that which environs us이며 동사는 is thought의 수동형이다
- ☐ be on one's way to ~로 가는 도중에, 진척하여
- ☐ set out 출발하다, 시작하다

2. Need is the Mother of Thought

That which lives is not yet alive to itself. Least of all in its own functioning. Is not aware by what and in what it has its beginning; is still in the lower depths; yet in every moment that is a moment now, is there, throbbing. This very now in its prompting dark: our very *am* of I *am*, and the is of all that is. And that which is within, dark and void, stirs.

To be perceived is only that it hungers and is in need. Thus it moves; thus, in the darkness of the moment now lived, of the immediate *in itself* of all. And all is still built round about this nothingness; round about, though, a nothingness it does not sustain. Within there is a void that would be filled. So it all begins. So too that which is wholly within, and that which lies beneath it, in which all is wholly in itself, first unrolls above itself all that it perceives. In this way we are able to apprehend not (as yet) ourselves in our own 'what', but an external 'somewhat', spread out in a visible field so that we meet it not directly but at least at a distance from our own darkness, and therefore without.

제2절 필요는 사고의 어머니

살아 있는 것은 그 자체에 대하여는 아직 살아있는 것이 아니다. 특히 그 자체의 고유한 기능 면에서는 더욱 그러하다. 그것을 시작케 한 것에 의하여 혹은 시작케 한 것의 내부에 그것은 알려지지 않았다. 그래도 그것은 그리 깊지 않은 데에 있다. 그리고 지금 이 한 순간을 이루는 매 순간에 그것은 거기에서 진동하고 있는 중이다. 그 점을 상기해 본다면 바로 이 '지금'이라는 것, 즉 '나는 존재한다'의 '존재한다' 혹은 '있다' 등의 표현은 모호한 것이다. 그리고 내부적인, 즉 모호하며 비어있는 것은 움직인다.

감지될 수 있는 것은 다만 굶주려 있고 궁핍한 상태에 있는 것뿐이다. 그리하여 지금 살아 있는 순간의 암흑, 즉 모든 것 중에 바로 그 즉시에 '본질'의 암흑 속에서 그것은 움직인다. 그리고 모든 것은 여전히 이 무(無)의 둘레에 세워진다. 비록 무(無)의 주변에 있다 하더라도 그 모든 것은 지속되지 않는다. 거기에는 채워질 빈자리가 있다. 그리고 모든 것은 그로부터 시작된다. 또한 그렇게 해서 완전히 내부적인 것, 그것 아래에 있는 것, 그 속에서 모든 것이 완전히 본질적인 그러한 것은 그것이 감지한 모든 것을 처음으로 즉자 위에 펼쳐 놓는다. 그런데 이런 방식으로는 우리의 고유한 '본질' 속에 있는 우리 자신을 이해할 수 없다. 하지만 시야에 펼쳐져 있는 외부적인 '얼마간의 것'은 이해할 수 있다. 그래서 우리는 직접적으로가 아니라 적어도 우리 자신의 암흑에서 좀 떨어진 곳, 외부에서 그것과 마주친다.

- ☐ least of all ~특히 ~않다, 가장 ~않다.
- ☐ in every moment that ~now, 까지는 부사구이며 주어는 throbbing이며 there는 유도부사이다(= there is throbbing in every moment ~)
- ☐ that (which is within, dark and void) stirs 문장에서 which 이하 void까지는 관계절, 동사는 stir이다.
- ☐ in the darkness of the moment ~이하 of all 까지는 부사구이며 주어 동사는 앞문장의 it moves이다.
- ☐ round about, though = though (all is built) round about, a nothingness는 sustain의 목적어이다.
- ☐ unroll vt. 풀다, 풀어헤치다(= unfold)

Then, living in mere immediacy, we stand beneath the glass from which we drink; and do so because, drinking, we are still immediate to ourselves and not so clearly visible as the glass we hold out. Hence we ourselves are still wholly below, and far less perceptible and comprehensible than everything we see before, around or above us. This very nothingness of having can cling only to what lies outside, hungering for what is without. It cannot help satisfying its hunger with what is placed without: that is, cannot forbear seizing upon things.

So, for the first time, want is appeased. All other drives are derived from hunger; and henceforth every longing turns upon the desire to find satisfaction in the what and somewhat that accord with it and are outside it. This means that all that lives must tend towards something, or must move and be on its way towards something; and that in its restlessness the void satisfies beyond itself the need that comes from itself. This kind of want is soon answered, as if there had been no question, no problem. But satisfaction is always transitory; need makes itself felt again, and must be considered in advance, above all to ensure its disappearance not merely as hunger and deficiency, but as a lack of what is most necessary.

단순히 그 즉시에 사는 우리는 마실 때 사용하는 유리잔보다 낮은 데 위치한다. 마실 때도 마찬가지이다. 우리는 여전히 자신에 대하여 순간적으로 존재하고 있으며 우리가 내민 유리잔만큼 명백히 눈에 보이지 않기 때문이다. 그러므로 우리 자신은 아직도 아주 낮은데 있다. 그리고 우리 앞이나 주변 혹은 위에서 볼 수 있는 어떤 것보다도 훨씬 덜 감지되며 이해된다. 바로 이 같은 소유의 허무성은 외부적인 것을 갈망하면서 밖에 있는 것에 집착할 수 있을 뿐이다. 그것은 외부에 있는 것으로 그 굶주림을 충족시키지 않을 수 없다. 즉 사물을 포착하지 않을 수 없는 것이다.

그래서 최초로 궁핍은 해소된다. 다른 충동도 모두 굶주림에서 온다. 이제부터 모든 갈망은 그에 합하는 그리고 그것의 외부에 있는 본질과 얼마간의 것에서 만족을 발견하려는 욕구를 일으킨다. 이것은 살아있는 모든 것이 어떤 것을 지향하거나 혹은 어떤 것을 향해 움직이고 있으며 그 도상에 있음을 의미한다. 그것은 또한 공허감이 끊임없이 그 속에서 즉자로부터 나오는 욕구를 즉자를 초월하여 충족시킨다는 것을 의미하기도 한다. 이런 종류의 결핍은 마치 아무 의문도 문제도 없었다는 듯이 이내 응답된다. 그러나 충족이란 항상 일시적이다. 필요는 또 다시 그것을 느끼게 만든다. 그러므로 단순히 굶주림이나 결핍뿐 아니라 가장 필수적인 것의 부족을 확실히 사라지도록 하기 위하여 무엇보다도 필요에 대하여 먼저 숙고해 보아야 한다.

- ☐ do so는 앞문장 내용 전체를 받고 있다
- ☐ drinking은 when we drink란 뜻으로 because앞에 나와야 한다
- ☐ perceptible a. 인지할 수 있는 (= conceivable) v. perceive n. perception
- ☐ before (us), around (us) or above us.
- ☐ cling to(= stick to, adhere to) vi. 달라붙다, 집착하다
- ☐ want n. 궁핍 (= need)
- ☐ appease vt. 달래다, (갈증을) 풀어주다, 만족시키다 n. appeasement
- ☐ longing n. 갈망(= yearning, eagerness) v. long(for) (= eager for)
- ☐ somewhat that의 that은 the what and somewhat을 선행사로 하는 관계 대명사
- ☐ satisfy의 목적어는 the need that절 이하이다

As they worked towards this end and ceased to be mere food-gatherers (or, at best, hunters), men became for the first time creative and therefore (in this sense) intelligent. Born naked, no longer directed by instinct, in an environment of risks where every track must be observed and even the pine branch was food for thought. Their use of fire was followed by the conscious making of tools in order to turn raw materials (which seldom serve well thus) into clothes, home, cooked food, and ever new assets to be held against bare want.

Reflective labor first took the human race to a superior position historically, and allowed it to seek and to find what was wanted: need was the mother of thought.

But human thought certainly does not begin and end here. It can reach beyond mere short-term cash profit. The seeker takes his time to find out what is, even if that which is cannot (at least no immediately) be consumed.

A case appropriately considered, appropriately solved, must first be approached; but the approach, however necessary, is not the end of the case. For even meditative thought itself, engaged though undismayed, begins with thought born of want. Then, much more singulary aroused, and indeed imagining something much more singular, thought becomes an inquiry into that in which it does not know where to turn. So wonder begins; and today still our better part is wondering. In other words: once awakened by want, thought becomes profound. Nevertheless it is true and will be in time to come that thought was born of need. We do not dance before meat — a maxim that thought never forgets. So that it may know how to return to the thing that is needful, and not soar too high. Like that of the beasts, mankind's hunger is seldom one-storied; the more men eat, the more they hunger.

사람들이 이런 목적을 향해 연구하고 단순한 식량 모으는 자료서의 존재를 그쳤을 때, 비로소 인간은 처음으로 창조적이 되고(어떤 의미에서) 지성적이 되었다. 벌거벗고 태어난 인간은, 모든 발자취가 관찰되어야 했고 소나무 가지조차 사고를 위한 양식이었던 위험한 환경 속에서 더 이상 본능에 의해 인도되지 않았다. 인간은 불을 사용한 후 (그 자체로서는 잘 사용되기 어려운) 원료로 의복과 집과 조리된 음식을 만들었고 거의 없다시피한 곤궁에 대처하여 재산을 마련코자 도구를 발명하였다.

사색적인 노동은 우선 인간 종족을 역사상 탁월한 지위로 올려놓았으며, 필요한 것을 찾아 발견하는 일을 가능케 하였다. 결국 필요는 사고의 어머니였던 것이다.

그러나 인간의 사고는 분명 여기서 시작하여 끝난 것이 아니었다. 그것은 단기적인 금전상의 이득을 초월하여 뻗어나갈 수 있다. 설사 존재하는 것이 (적어도 간접적으로도) 소비될 수 없는 것이라 해도 찾는 자는 그것이 무엇인지 알아내려고 시간을 할애한다.

적절히 숙고되고 적절한 해답이 주어진 사태가 우선적으로 접근되어야 한다. 그러나 그러한 접근이 필수적이긴 하나 그 사태의 끝은 아니다. 순조롭게 이끌어낸 명상적 사고 자체도 필요로 인해 야기된 사고에서 시작되기 때문이다. 그리하여 훨씬 더 희한하게 야기되고, 그리고 훨씬 더 희한한 어떤 것을 상상함으로써 사고는 어디로 전향해야 할는지 알 수 없는 것에 대한 탐구가 된다. 그렇게 해서 궁금증이 시작된다. 그리고 오늘날에도 여전히 더 나은 재능이란 궁금해 하는 것이다. 다시 말해서 일단 결핍에 의해 각성되면 사고는 심오해진다. 그럼에도 불구하고 사고란 필요 때문에 생겼다는 생각은 진실이며 때가 되면 그런 생각이 들 것이다. 우리는 고기 앞에서 춤추지 않는다-이것은 사고가 결코 잊을 수 없는 격언이다. 그래서 그것은 필요한 것으로 되돌아가는 방법을 알며 너무 드높이 치솟지 않게 될 수 있다. 인간의 굶주림은 짐승들처럼 단일층인 경우가 드물다. 그래서 많이 먹으면 먹을수록 인간은 더욱 더 굶주린다.

- ☐ turn A into B A를 B로 바꾸다 (= transform A into B, change A into B)
- ☐ assets n. 자산, 귀중(유용)한 것 pl. 재산, 자산 opp. liabilities
- ☐ bare = naked, rare, scarce
- ☐ so that 결과를 나타내는 접속사(따라서)
- ☐ that of the beast의 that는 hunger이다
- ☐ one-storied a. 1층의

제 3 장 

W. K. C. Guthrie
The Greek Philosophers: From Thales to Aristotle

W. K. C. 거스리
그리스 철학자: 탈레스에서 아리스토텔레스까지

We shall probably understand Plato's philosophy best if we regard him as working in the first place under the influence of two related motives. He wished first of all to take up Socrates's task at the point where Socrates had to leave it, to consolidate his master's teaching and defend it against inevitable questioning. But in this he was not acting solely from motives of personal affection or respect. It fitted in with his second motive, which was to defend, and to render worth defending, the idea of the city-state as an independent political, economic, and social unit. For it was by accepting and developing Socrates's challenge to the Sophists that Plato thought this wider aim could be most successfully accomplished.

W. K. C. 거스리(1906~1981)는 케임브리지 대학의 고대 철학 교수였으며, 『The Greeks and Their Gods』, 『Orpheus and Greek Religions』, 『In the Beginning』등이 있으며, 여기서 소개된 『The Greek Philosophers』는 다른 철학책에 비해 평이한 서술로 희랍 철학자들의 주장의 요지와 철학사적 큰 흐름을 설명하고 있어 철학에 쉽게 다가갈 수 있도록 해준다.

우리들이 플라톤의 철학을 이해함에 있어서 가장 정확할 수 있는 것은, 아마도 우리들이 그가 첫째로 두 가지 서로 연관되는 동기의 영향 아래에서 그의 철학을 했던 것으로 보게 될 때일 것이다. 그는 무엇보다도 먼저 소크라테스의 과업을 소크라테스가 중단한 상태로 버려둔 바로 그 지점에서 계승하여 그의 스승의 가르침을 공고히 하고 피치 못할 질문에 대비하여 그것을 옹호하고자 했다. 그러나 이에 있어서 그는 개인적인 애정이나 존경심의 동기에서만 행동하지는 않았다. 그것은 그의 두 번째 동기와 조화된 것이었는데, 또 옹호할 가치가 있도록 하는 독립적인 정치, 경제, 사회 구성체로서의 도시국가에 관한 생각이었다. 왜냐하면 플라톤의 생각에 보다 폭 넓은 이 목표가 가장 성공적으로 성취될 수 있는 것은 소피스트들에 대한 소크라테스의 도전을 받아들여 발전시킴으로써 가능하였기 때문이었다.

- He wished ~ inevitable questioning.에서 골격은 wished to take up ~이며 또한 wish는 to consolidate에도 연결된다.
- take up 집어 올리다, (화제, 주제로) 채택하다, 손에 쥐다
- consolidate vt. 결합하다, 합치시키다, 통합·정리하다, 공고히 하다, 강화하다
- fit in with ~와 들어맞다, 조화하다

In some ways it will be a relief, as far as the present account is concerned, to turn from Plato to Aristotle. In either case the amount of condensation involved puts a heavy responsibility on anyone who is bold enough to make the choice of what is to be included and what left out, and to decide on a particular order of exposition and linking together of the different sides of the philosophy of each. When one has said that, however, then so far as Aristotle is concerned the chief difficulties have been stated. They are the difficulties of explaining in brief compass a highly complex philosophical system, but one nevertheless which is presented as a philosophical system in straightforward, sometimes dry, but always rational and literal prose. The dialogues of Plato are so different from this that anyone who turns back to them after my exposition may perhaps wonder at first, according to which one he lights on, whether this is indeed the writer whose thought has been here described.

I have tried to explain some of the main philosophical ideas which they contain. But the dialogues are as much literature as philosophy, and as much drama as literature. The subtle characterization of the speakers is sometimes not the least of the author's aims. Nor can anyone understand Plato if he does not appreciate the elements of poetry and religion, as well as of philosophy, which the dialogues contain. The value of such productions cannot be transmitted. It lies in the direct effect which they make on the reader. Bound up with this is something else. It opens up another whole side of Plato's thought, into which it would be very desirable to have penetrated more deeply; that is, the aesthetic approach to philosophy.

여기에서의 서술에 관한 한, 플라톤으로부터 아리스토텔레스로 옮겨간다는 것은 어떤 면에서는 하나의 구제일 것이다. 이들 둘 가운데 어느 경우이건 그들 철학의 해석에 수반되는 압축의 양 때문에, 대담하게 무엇을 포함시키되 무엇을 빠뜨릴 것인지를 선택하고 또한 특수한 설명의 순서와 각자의 철학의 여러 가지 측면을 함께 연결하는 것을 결정하게 되는 사람에게 하나의 무거운 책임을 지운다. 그렇지만 일단 그것을 말하고 나면 아리스토텔레스에 관한 한 주된 어려움을 밝혀진 셈이 된다. 그 어려움이란 하나의 고도로 복잡한 철학 체계를, 그러나 그럼에도 불구하고 솔직하고 때로는 무미건조하되 언제나 합리적이며 문자 그대로의 신문으로 쓰인 하나의 철학 체계로서 제시된 그러한 것을 간략하게 설명하는 어려움이다. 플라톤의 대화편은 이와는 아주 달라서 나의 설명을 읽고 나서 그 대화편으로 돌아가는 사람은 누구나 아마도 처음에는, 각자가 접하게 되는 대화편에 따라서는, 과연 이것이 나의 이 책에서 그의 사상이 서술된 그 저자인가에 대해 의아해 할지도 모른다.

나는 그 대화편이 담고 있는 주요한 철학 사상 가운데서 약간을 설명코자 했다. 그러나 그 대화편은 철학인 것 못지않게 문학이며, 또한 문학인 것 못지않게 희곡이다. 대화자들의 정교한 성격 묘사는 때로는 적지 않게 의도적인 것이다. 만일에 누구든 그 대화편이 담고 있는 철학적 요소들은 물론 시적, 그리고 종교적 요소들의 진가를 알지 못한다면 그는 플라톤을 이해할 수도 없다. 그러한 작품의 진가는 전해질 수가 없다. 그 진가는 그것들이 그 독자에게 미치는 직접적인 효과에 있다. 이와 밀접하게 관련되어 있는 것으로서 또한 다른 것이 있다. 그것은 플라톤 사상의 또 다른 면모를 열어 보여 주는 것으로서, 이를 더 깊이 간파하는 것은 매우 바람직한 것이다. 말하자면 그것은 철학에의 미학적 접근이다.

- ☐ In either case ~ philosophy of each. 문장에서 the amount of condensation involved가 주어, puts가 동사, who 이하 each까지가 anyone을 설명하는 관계절. each는 Plato와 Aristotle을 가리킨다.
- ☐ exposition n. 박람회, 전람회, 설명, 해설, 제시, 개진
- ☐ so far as ~하는 한에서는 (= as far as)
- ☐ They are the ~ and literal prose. 여기서 but one nevertheless의 one은 앞에 나온 a highly complex philosophical system을 지칭한다.
- ☐ compass n. 나침반, 컴퍼스, 한계
  cf) in small compass 간절히
- ☐ The dialogues of Plato ~ here described.는 so ~ that 구문, that 이하의 절은 anyone ~ may perhaps wonder ~ whether ~이 요체
- ☐ not the least(of) 최소의 ~도 없는(않는)
- ☐ transmit vt. 보내다, 회송하다, 전하다
  V + O,V + prep. + O
- ☐ bound up with(in) ~와 밀접한 관계가 있는, ~와 떨어질 수 없는
- ☐ penetrate vt. 꿰뚫다, 관통하다, 침입하다, 감동시키다, 통과하다, (~에) 스며들다

I have said that for Plato it is sense-perception that recalls to us the eternal ideas. This does not only mean that by looking at two approximately equal sticks we are put in mind of the geometrical notion of equality. It means above all things that the philosopher is sensitive to beauty, and from his susceptibility to beauty in this world is led on to the supernal beauty of the world above. Not only reason but the spirit of Eros, the love of all things beautiful, is a necessary part of his equipment, as is set forth in unforgettable prose in the *Symposium* and *Phaedrus*. Platonism is undoubtedly a two-world philosophy, and anyone whose thoughts are confined to this world can never hope to understand it.

Yet equally it is a closed book to him who is not alive to earthly beauty, which must be to the philosopher (I quote the words of Diotima to Socrates in the *Symposium*) as the first rungs of the ladder which will finally take him all the way from bodily beauty to beauty in his ways, from there to the beauty of scholarship, and from there to the wondrous vision of beauty itself, never changing nor growing nor diminishing, nor yet beautiful in one part and not in another, but beauty itself, stripped of all fleshly colour and mortal dross and standing out in the immortal radiance in which beauty and truth become one.

우리들에게 영원한 이데아를 상기시키는 것이 플라톤에게 있어서 감각적 지각이라는 것을 앞서 나는 말했다. 이는 비단 두 개의 거의 동등한 지팡이를 봄으로써 우리들이 마음속에 동등성이라는 기하학적인 개념을 지니게 된다는 것만을 의미하지는 않는다. 그것은 무엇보다도 철학자가 아름다움에 민감하다는 것을 의미하는 것이니, 이 세상에서의 아름다움에 대한 그의 민감성으로부터 천상의 세계에 존재하는 이 세상 것이 아닌 아름다움으로 인도된다. 이성뿐만 아니라 에로스의 기개, 즉 모든 아름다운 것에 대한 사랑이 그가 구비하여야 할 필수적인 부분인데, 이는 [심포지움](향연)과 [파이드루스]에 있어서 잊을 수 없는 산문으로 밝혀져 있는 바다. 플라톤 철학은 의심할 여지없이 두 세계의 철학이며, 따라서, 누구든 자신의 생각을 이 세상에만 한정시켜 가진 사람은 이 철학을 이해할 수 있으리라는 기대를 결코 가질 수 없다.

그렇지만 마찬가지로 그것은 지상의 아름다움에 민감하지 못한 사람에 대해서도 한 권의 덮여 있는 책이다. 지상의 아름다움은 철학자에게 있어서는 (나는 [향연]에서 디오티마가 소크라테스에게 한 말들을 인용한다) 사닥다리의 첫 가로장과도 같은 것임에 틀림없는데, 이 사닥다리는 그를 신체적인 아름다움으로부터 그가 종사하는 일 내지 처신에 있어서의 아름다움으로, 그리고 이로부터 학문적인 아름다움으로, 그리고 거기로부터 마침내는 아름다움 자체의 놀라운 조망에로 줄곧 인도할 것이다. 그것은 결코 변하는 일도, 커지거나 줄어드는 일도 없으며, 그렇다고 한 부분에 있어서는 아름답되 다른 부분에 있어서는 아름답지 않은 그런 일도 없고, 모든 육체의 빛깔과 사멸하는 불순물이 제거되고 거기에 있어서 아름다움과 진리가 하나로 되는 저 불멸의 광휘 속에 나타나는 오로지 아름다운 자체일 뿐인 것이다.

- ☐ It means ~world above. 문장은 philosopher is sensitive to beauty, and is led on from his susceptibility to beauty in this world to the supernal beauty of the world above로 읽을 것.
- ☐ susceptibility n. 다감함, 감수성, 민감(to) pl. 감정
- ☐ rung n. (사각다리의) 발을 딛는 가로장, (의자 따위의) 가로대, (수레의) 바퀏살
- ☐ from there to의 there는 앞에 나온 beauty in his ways를 가리키며, and from there에서 there는 그 앞의 beauty of scholarship을 가리킨다.
- ☐ never changing ~, nor yet beautiful ~, stripped of ~의 구절들은 beauty itself를 수식하는 어귀임
- ☐ dross 불순물, 부스러기, 쓸모없는 것, 찌꺼기 (= rubbish) a. drossy

We may dislike the conclusions to which Aristotle was led, but we can hardly help admiring the consistency of his thought. The theological climax of his system is reached by applying the same fundamental principles as hold good throughout. In natural generation, as we saw, the most important aspects of a parent's causation are the formal and final. He is necessary above all as providing an example of the fully formed creature to which the offspring will conform. Since the offspring is created in time, he must act as efficient cause too; there must be an initial act of begetting.

But after that, he need theoretically take no further notice of the young, whose internal *dynamic* will ensure their continued development provided the perfect members of the species only exist to furnish the model. The relation of God to the world is the same, with the necessary difference that since the world was never created but is coeval with time itself, no initial act of creation in time is called for, and the last consideration is removed which could cause God to display even a momentary interest in the world. He is nonetheless necessary to its existence, in a way which is now clear. To recall Cornford's dictum, we may say that in Aristotle 'the philosophy of aspiration' reaches its final culmination.

우리들은 아리스토텔레스가 이른 결론을 못마땅하게 여길지 모르겠으나, 우리들은 그의 생각의 일관성에 대해서는 좀처럼 경탄을 금할 수 없다. 그의 체계의 신학적인 절정은, 전체를 통해서 타당한 동일한 근본적인 원리를 적용함으로써 이르게 된다. 우리들이 보았듯, 자연적인 출산에 있어서는 어버이의 원인 작용이 가장 중요한 면은 형상적, 목적적인 것이다. 어버이는 무엇보다도 훗날 자식이 같아지게 될 그 완전히 형상화된 생물의 본보기를 마련해 주는 것으로 필요하다. 자식은 시간 속에 태어나므로 어버이는 또한 동인으로서 작용하지 않으면 안 된다. 다시 말하면 최초의 낳은 행위가 있어야만 한다.

그러나 그 다음에는 이론적으로 어버이는 더 이상 그 어린것을 돌 볼 필요가 없으니, 만일에 그 종(種)의 완전한 구성원이 존재하여 그 본 구실을 해주기만 한다면, 그 어린것의 내적인 가능태(내지 가능성)가 그것의 지속되는 발전을 보장해 줄 것이다. 세계에 대한 신의 관계도 마찬가지인데, 그 필연적인 차이는 세계가 결코 창조된 것이 아니라 시간 자체와 연대를 같이 하고 있기 때문에 최초의 시간에 있어서의 창조 행위를 전혀 필요로 하지 않는다는 것이며, 따라서 신으로 하여금 세계에 대해 어느 한 순간의 관심이나마 나타내 보이게 할 수 있는 최종적인 고려마저도 배제된다. 그럼에도 불구하고 신은 세계의 존립에 있어서 필수적인 것이며 그것은 이제 분명해진 그러한 방식으로이다. 컨포드의 단언을 상기한다면, 아리스토텔레스에 있어서 '열망의 철학'이 그 최상의 절정에 이른다고 우리들은 말할 수 있겠다.

- ☐ hold good 유효하다, 적용되다
- ☐ causation n. 원인, 인과관계
  cf) the law of causation 인과율
- ☐ begetting n. 낳기, 생기게 함, 일으킴(주로 아버지를 주어로 하여)
- ☐ But after that ~ the model. 문장에서 whose 이하의 관계절에서 provided (that) the perfect members~the model은 조건절로서 if the perfect ~로 해석한다.
- ☐ take notice of ~을 주의하다, ~을 주목하다
- ☐ The relation of God - in the world. 문장에서 that 이하의 절은 the necessary difference를 설명하는 동격절. 이 절 속에 또한 since ~ time itself라는 종속절이 있고 no initial ~ the world가 주절이 있다.
- ☐ coeval a. 같은 시대의, 동 연대의, 동기간의
  n. 동시대 사람(것)
- ☐ which could cause ~ the world의 관계절은 선행사가 consideration이 된다
- ☐ dictum n. 언명, 단언 pl. dicta
- ☐ culmination n. 최고점, 극점, 정상, 절정
  v. culminate

Aristotle's philosophy represents the final flowering of Greek thought in its natural setting, the city-state. He was the teacher of Alexander, the man who finally swept away that compact unit in which everyone could play an active part, and substituted for it the idea of a great kingdom which should embrace the world. Alexander died before his ideal was realized, and his successors carved the known world up into three of four despotically ruled empire. To be a citizen of Athens or Corinth was no longer sufficient, for the autonomy of the cities was gone forever. Looking back, it seems to us that it had already lost its reality before Alexander, yet when we read the *Politics* we see that it still formed the framework of Aristotle's mind. After him this was no longer possible.

The helplessness of man before great powers brought philosophies of a different type. It brought intense individualism, and the conception of philosophy not as an intellectual ideal but as a refuge from impotence and despair. It might be the quietism of Epicurus or the fatalism of the Stoa. The old Greek spirit of free and fearless inquiry was gone, and Aristotle's order was inverted. Some theory of conduct, something to live by, came first, and the satisfaction of the intellect was a secondary consideration. The Hellenistic world has its own achievements, but they are largely the outcome of an increased mingling of Greek with foreign, and particularly with Oriental elements. If what we want to discover is the mind of Greece, there is perhaps some excuse for stopping here.

아리스토텔레스의 철학은 그리스 사상이 그 자연적 환경에서의, 즉 도시 국가에서의 마지막 꽃핌을 의미한다. 그는 알렉산더의, 즉 모두가 능동적인 역할을 담당할 수 있는 그러한 소형의 아담함 단위 집단을 마침내 쓸어버리고는 세계를 포용할 하나의 큰 왕국의 착상으로 그걸 대체시킨 사람의 스승이었다. 알렉산더는 그의 이상이 실현되기에 앞서 죽었고, 그의 후계자들은 그들에게 알려진 세계를 서너 개의 전체적 통치 제국들로 분할했다. 아테네 또는 코린토스의 한 시민으로 있다는 것은 이젠 더 이상 충분한 것이 못되었으니, 그것은 도시 국가들의 자치권이 영원히 사라져 버렸기 때문이었다. 돌이켜보면 우리들이 보기엔 그 자치권은 알렉산더 이전에 이미 그 현실성을 잃었던 것 같다. 그렇지만 우리들이 아리스토텔레스의 [정치학]을 읽으면, 우리들은 그것이 아직도 아리스토텔레스의 마음의 기본 구조를 이루고 있었음을 보게 된다. 아리스토텔레스 이후로는 더 이상 이는 불가능했다.

커다란 권력 앞에서의 사람의 무력함은 다른 유형의 철학을 초래했다. 그 무력함은 짙은 개인주의를 초래했으며, 지적인 이상이 아닌 무능과 절망으로부터의 도피책으로서의 철학적 개념을 가져왔다. 철학은 에피쿠로스의 마음의 평정일 수도 있었고, 스토아 학파의 숙명론일 수도 있었다. 고대 그리스인들의 자유롭고 겁 없는 탐구 정신은 사라져 버렸으며, 아리스토텔레스의 질서는 뒤집혀졌다. 어떤 처세 이론이, 즉 생계를 이어 갈 무엇인가가 제일 앞섰으며, 지성의 만족은 이차적으로 생각하는 것이었다. 헬레니즘의 세계는 그 나름의 공적들이 있지만 그 공적들은 대개 그리스적인 요소들과 이국적인, 특히 동방적인 요소와의 증대된 혼합의 결과였다. 만일에 우리들이 발견하고 싶어하는 것이 그리스 정신이라면, 여기에서 멈출 구실이 어쩌면 있을 것 같다.

- He was the teacher ~ embrace the world. 문장에서 who swept away ~ and substituted ~ world는 the man을 선행사로 하는 관계절. 이 속에 in which ~ active part가 unit를 선행사로, 또한 which should ~ world가 kingdom을 선행사로 하여 포함되어 있다
- compact a. 빽빽한, 밀집한, 꽉 짜인, 아담한, (문체가) 간결한
- embrace vt. 껴안다(= hug), 포옹하다, 포함하다(= include), 받아들이다
- successor n. 상속자, 계승자, 후계자 opp. predecessor
- autonomy n. 자치권, 자치, (철학에서) 자율 opp. heteronomy
- individualism n. 개인주의, 이기주의, 개성
- impotence n. 무력, 무기력, 허약
- quietism n. 정적주의, (17세기의 신비주의적 종교 운동) 평온 n. quietist 정적주의자
- Epicurus 에피쿠로스. 쾌락을 인생 최대의 선(善)이라 한 고대 그리스 철학자(314~270 B.C)
- invert v. 거꾸로 하다, 뒤집다, 반전하다

제 4 장 

Jacob Bronowski & Bruce Mazlish The Western Intellectual Tradition: From Leonardo to Hegel

제이콥 브로노프스키 & 브루스 매즐리시 서양의 지적 전통: 다빈치에서 헤겔까지

Descartes wrote many philosophical works of which, characteristically, the most searching was a preface to a book on meteors and geometry. This preface makes a small book under the title *Discourse on Method*, and became (and remains) one of the most influential books in all philosophy, and particularly in the philosophy of science.

The title of Descartes' book reveals his interest, and the important interest of his time, in the method of reasoning about the universe. The Aristotelian method, because it was verbal, implied that the final detail of all structure always escapes analysis: it is somehow too supple, too imponderable for exact description. Descartes' vision broke sharply with this view: he had seen that the key to the universe was its mathematical structure, and from that moment nothing less could content science. Therefore Descartes' method is designed ruthlessly to unmask the imponderables, and to find in everything the lucid and exact structure. Here are his four rules of logic.

제이콥 브로노프스키(1908~1974)는 폴란드 태생 영국 수학자로 교사, 시인, 문학비평가, 역사가, 발명가, 철학가, 저술가 등 다방면에서 다재다능한 활약을 펼쳤다. 2차 세계대전 때 연합군의 무기 연구에 참여했으나 원자 폭탄의 효력을 확인하기 위해 일본을 방문했다가 피해상을 본 뒤 군사연구를 그만두고 과학과 인간의 가치의 관계를 정립하고자 했다. 과학의 도덕적 측면에 관심을 갖고 생명 과학과 인간성 분야로 선회하면서 과학의 인간적 측면을 감동적으로 표현해냈다.

데카르트는 수많은 철학적 저작을 남겼는데 그 중 가장 탐구적인 것이 기상학이나 기하학에 관한 책의 서문이란 사실은 그의 특징을 잘 나타내고 있다. 이 서문은 [방법서설]이라는 제목의 소책자가 되었는데, 그것은 모든 철학, 특히 과학철학에 있어서 가장 영향력이 큰 책 중의 하나가 되었다(지금도 그 사실에는 변함이 없다).

데카르트의 책 제목은 우주에 대해 추론하는 방법에 대한 그의 관심, 나아가서는 당시대의 커다란 관심을 나타내고 있다. 아리스토텔레스의 방법은 언어에 의한 것이었기 때문에 모든 구조의 궁극적 제목은 항상 분석을 피한다는 것을 은연중 의미하고 있었다. 즉 그것은 정확한 기술을 하기 위해서는 너무나 유연하고 너무나도 불가량적(不可量的)인 것이었다. 데카르트의 비전은 이와 같은 견해와 날카롭게 갈라섰다. 즉 그는 우주에의 열쇠는 그 수학적 구조에 있다는 것을 알았으며, 그 순간부터 수학적 구조 외에는 아무것도 과학을 만족시킬 수 없었다. 그러므로 데카르트의 방법은 불가량적인 것의 가면을 가차없이 벗겨내고 모든 것에서 투명하고 정확한 구조를 찾아내는 것을 목표로 하고 있다. 그의 논리의 네 규칙은 이와 같다.

- ☐ searching a. 엄중한, 면밀한, 철저한
- ☐ supple a. 연한, 유순한, 굽실거리는
- ☐ imponderable a. 저울질할 수 없는, 평가할 수 없는 n. 불가량물(不可量物) (열, 빛 따위)
- ☐ unmask vt., vi. ~의 가면을 벗기다, 정체를 나타내다
- ☐ lucid a. 빛나는, 명쾌한, 제정신인 n. lucidity

My first rule was to accept nothing as true which I did not clearly recognize to be so; to accept nothing more than what was presented to my mind so clearly and distinctly that I could have no occasion to doubt it.

The second rule was to divide each problem or difficulty into as many parts as possible.

The third rule was to commence my reflections with objects which were the simplest and easiest to understand, and rise thence, little by little, to knowledge of the most complex.

The fourth rule was to make enumerations so complete, and review so general, that I should be certain to have omitted nothing.

Let us single out from these rules first those which insist on clarity and simplicity — the first rule and the third. These present, and hinge on, the view that the world is built up in an orderly and understandable way from precise and definable entities. This is both the strength and the weakness of Descartes' outlook. It is his strength, because it makes him insist that the world can be explored and mapped with logical tools. It is his weakness because, in aping the geometry which had been traditional since Euclid, it implied that the fundamental entities of the universe and the laws which connect them should be self-evident.

나의 제1규칙은 내가 명백히 참이라고 인정하지 않는 것이라면, 어떠한 것도 참이라 받아들여질 수 없다는 것, 내가 그것을 의심할 아무런 이유를 갖지 않을 만큼 아주 명석하게 또 뚜렷하게 나의 마음에 나타나는 것 이외에는 아무것도 받아들이지 않는다는 것 등이었다.

제2규칙은 각 문제 또는 난점을 가능한 한 많은 부분으로 나누는 것이었다.

제3규칙은 가장 단순하고 가장 이해하기 쉬운 것으로부터 성찰하기 시작하여 거기서부터 조금씩 가장 복잡한 것의 인식에까지 올라간다는 것이었다.

제4규칙은 아무것도 빠뜨리지 않았다고 확신할 수 있을 만큼 아주 완벽하게 열거하고 전체적으로 재검토하는 것 등이었다.

이러한 규칙 가운데 먼저 명료성과 단순성을 강조한 — 제1규칙과 제3규칙 — 을 취해 보도록 하자. 이런 규칙이 나타내고 그 위에 입각해 있는 견해는 세계의 구조가 정밀하고 한정 가능한 실체로서 질서정연하고 이해할 수 있는 모양으로 되어 있다는 것이다. 이것은 데카르트의 세계관의 강점이자 약점이다. 강점이 되는 이유는 세계가 논리적 수단에 의해 탐구되고 도식화될 수 있다고 강조하기 때문이다. 약점이 되는 이유는 유클리드 이후 전통이 된 기하학을 흉내내는 데에 있어 우주의 기본적 실체 및 그것을 연결시키는 법칙이 자명하다는 것을 데카르트의 세계관이 의미하였기 때문이다.

- ☐ nothing more than = only
- ☐ that I could ~에서 that은 ~할 정도로, ~이므로의 뜻
- ☐ enumeration n. 낱낱이 세기, 열거, 목록 vt. 열거하다
- ☐ omit vt. ~하는 것을 잊다, 생략하다, 빼다 n. omission syn. neglect
- ☐ single out 뽑다, 선발하다
- ☐ hinge on ~에 따라 결정되다
- ☐ definable a. 한정할 수 있는, 정의를 내릴 수 있는
- ☐ entity n. 실재, 실재물, 실체, 본질
- ☐ it implied that ~ 문장에서 that 이하가 명사절로서 implied의 목적어이며 which connect them에서 which의 선행사는 laws이다

To show the weakness, let us quote one of Descartes' arguments. He argues in several places for the existence of God, and one place he says that once we understand the nature of God his existence becomes self-evident — just as, he says, once we understand the nature of a triangle it is evident that the sum of its three angles is two right angles. Unhappily, time has shown that nothing of the kind is evident about triangles. Even in the geometry of Euclid there is needed an additional axiom, which Euclid did not state, before it can be proved that the angles of a triangle make up two right angles. The additional axiom which is needed states that, through any point, there can be drawn one and only one line parallel to a given line; this axiom was supplied by the Englishman Playfair about 1795. There is an infinity of geometries unknown to Euclid, in which the angles of a triangle never make two right angles. It is by no means self-evident which of these geometries fits the universe at large distances from us.

In the same way, the physical sciences have found that their fundamental entities and axioms are a great deal less obvious than was hoped. Particularly as we penetrate into the world of small-scale phenomena, we find, like Gulliver, that we are no longer at home. To Descartes and to scientists for three hundred years after his birth, it seemed natural to suppose that the small units from which all matter is built must behave more simply than does matter in the large. But it is not so, and the foundations of science have proved to be more elusive and less predictable than he supposed.

그의 약점을 보여주기 위해 데카르트의 논리 중 하나를 인용해 보도록 하자. 그는 여러 곳에서 신의 존재를 논하고 있고, 한 군데서는 우리가 일단 신의 본성을 이해하게 되면 신의 실재는 자명하다고 말한다. — 그것은 마치 우리가 삼각형의 본질을 일단 이해하면 그 세 각의 합이 두 직각을 이룬다는 것이 명백해지는 것과 같다. 불행히도 시간의 변천은 삼각형에 관한 이런 종류의 명제가 반드시 명백하지 않음이 밝혀졌다. 유클리드 기하학에 있어서조차 삼각형의 내각의 합이 두 직각을 이룬다는 것이 증명되려면 유클리드가 말하지 않은 공리 하나를 추가해야 할 필요가 있다. 추가의 필요가 있는 그 공리라 함은 임의의 점을 통과하도록 그어진 일정 직선에 대한 평행선은 단 하나일 뿐이라는 것이다. 이 공리는 1795년경 영국인 플레이페어에 의해 제시되었다. 유클리드에게는 미지였던 무한히 많은 기하학들이 있었는데 그런 기하학에서는 삼각형의 내각의 합이 절대로 두 직각을 이루지 않는다는 것이다. 이러한 기하학들 중 어느 것이 우리로부터 멀리 떨어진 우주에 들어맞는지 결코 자명하지 않다.

같은 식으로 물리 과학의 기본실체 또는 공리는 우리의 기대에 어긋나게 대단히 명확성을 결여하고 있는 것임이 알려졌다. 소규모의 현상세계에 꿰뚫고 들어갈 때에는 걸리버처럼 더 이상 편안한 마음을 가질 수 없다는 것을 알게 된다. 데카르트를 비롯하여 그의 생후 300년간의 과학자들은 모든 물질은 그것이 구성되고 있는 작은 단위가, 큰 물질 그 자체보다도 일층 더 단순한 운동을 한다고 생각했었는데 이것은 그들에게 극히 당연한 것이었다. 그러나 사실은 결코 그렇지가 않았고 과학의 기초를 이루는 것은 데카르트가 생각했던 것보다 훨씬 더 파악하기 어렵고 예측하기 어려운 것임이 증명되었다.

- ☐ axiom n. 원리, 공리, 격언
- ☐ point n. 한점(부분), 취지, 암시, 시사
- ☐ parallel a. 평행의, 같은 목적의(to, with)
- ☐ infinity n. (= infinitude) 무한, 무한한 수량 cf) an ~ of 무수한
- ☐ by no means 결코 ~않다(이 아니다)
- ☐ penetrate vt. 통과하다, 꿰뚫어 보다, 깊이 감동시키다
- ☐ To Descartes ~ it ~ to 용법으로 to suppose 이하가 진주어이며, which의 선행사는 small units이다
- ☐ elusive a. 회피하는, 포착하기 어려운

We must not think Descartes short-sighted in this. The task he had in mind was to construct the machinery of the world rigorously by deductive methods. He therefore needed to operate on a fundamental set of axioms. The Jesuits who taught him had found the sanction for their axioms in authority: the authority of Aristotle, St. Thomas Aquinas, and the Ecclesiastical texts. What sanction could Descartes propose? He proposed the sanction of the intellect. The axioms of natural science, like (he supposed) the axioms of mathematics, must spring of themselves to the human mind. They must be so evident that they cannot be doubted. We reach the rock of thought when we can no longer doubt; and therefore we reach it only by doubting.

This radical doubt is the crux of Descartes' method. As his second and fourth rules show, his method is analytic: it works by taking things and thoughts to pieces. And the tool with which it takes them to pieces is given in the first rule: 'to accept nothing as true' until the mind step by step reaches those pieces, those foundations 'that I could have no occasion to doubt.'

The crux of the Cartesian method is expressed in a phrase which he often used, *de omnibus dubitandum* (we must doubt everything). This may seem strangely cynical advice from a religious man and, indeed, it did not make him popular with religious men.

우리는 이 점에 대해 데카르트가 근시안적이었다고 생각해서는 안 된다. 그가 심중에 품은 과제는 연역적 방법에 따라 세계라는 기계를 엄밀하게 구성하는 것이었다. 그러므로 그는 기본적 공리에 입각하여 작업해야 할 필요가 있었다. 그를 가르친 예수교도들은 자기들의 공리의 근거를 권위에서, 즉 아리스토텔레스나 성 토마스 아퀴나스 및 교회 원전의 권위에서 찾으려고 했던 것이다. 데카르트는 어떤 종류의 근거를 내세웠던 것인가? 그가 내세운 근거는 지성이었다. 자연과학의 공리는 수학의 공리와 같이(라고 그는 생각하였는데) 인간의 정신에 스스로 나타나는 것이 아니면 안 된다. 그것은 의심의 여지가 없을 만큼 명백한 것이어야 한다. 우리는 더 이상 의심할 수 없게 될 때 비로소 사상의 토대가 되는 바위에 닿는 것이다. 그러므로 우리는 단지 의심하는 것에 의해서만 거기에 도달할 수 있다.

이러한 극단적인 회의가 데카르트의 방법의 핵심이다. 그의 제2규칙과 제4규칙이 나타내는 바와 같이 그의 방법은 분석적이다. 즉 그것은 사물이나 사상을 작은 조각으로 나누는 일을 한다. 그리고 조각을 내는 수단은 제1규칙에 제시되어 있다. 마음이 한걸음 한걸음씩, 그러한 조각 "즉 내가 그것을 의심해야 할 아무런 이유도 갖지 않는" 그러한 토대에 닿을 때까지는 "무엇이든 참 '진리'로서 받아들이지 않는다는 것"이다.

데카르트적 방법의 핵심은 그가 흔히 쓰는 '우리는 모든 것을 의심하지 않으면 안 된다'라는 문구에서 표현되고 있다. 이 문구는 종교적 인간의 충고 치고는 이상하게도 시니컬한 것으로 들릴지 모른다. 그리고 사실 그것 때문에 그는 종교인들의 인기를 잃게 되었다.

- ☐ short-sighted a. 근시의, 선견지명이 없는, 소견이 좁은 opp. far-sighted
- ☐ rigorously a. 엄밀히, 정밀히 syn. strictly
- ☐ sanction n. 재가, 인가, 허용, 찬성 (= approval), 제재, 규약
- ☐ ecclesiastical a. 성직의, 정통 교회의 (= ecclesiastic)
- ☐ radical a. 근본적인, 철저한, 급진적인, 과격한 (= extreme), 타고난
- ☐ crux n. 가장 중요한 점, 어려운 문제, 십자가
- ☐ Cartesian a. 데카르트의 n. 데카르트 학도
- ☐ cynical a. 비꼬는, 냉소적인 (= sneering)

Yet, other religious men found their salvation by this method: Blaise Pascal, as we shall see, did so. When Descartes used the method of doubt, he reached a religious position somewhat by paradox. But his aim in using the method was always clear. Unlike Michel de Montaigne and other sceptics against whom he wrote, Descartes had no interest in a modish attitude of doubt for the sake of doubting. His aim was by way of doubt to reach down to what can be shown with certainty. This was essentially the scientific procedure of seventeenth-century physics, in which doubt played a constant part: 'to accept nothing as true' until it was established, as far as possible, beyond doubt.

And this is the way that Descartes behaved in his own life. He tells us in the *Discourse on Method* that he came to reject the bookish authorities quoted to him at La Fléche, and resolved, as we have already mentioned, to read in 'the book of the world' for himself. There he learned that the ways of men are different in different places, and that a custom which is thought ridiculous in one place is held to be sacred in another. This is the form of comparison which Charles Louis de Secondat Montesquieu used a century later in the *Persian Letters*, and Descartes anticipates him when he writes, 'it is well to know something of the manners of various peoples, in order more sanely to judge our own, and that we do not think that everything against our modes is ridiculous, and against reason, as those who have seen nothing are accustomed to think.'

그러나 이 방법에 의해 구원을 찾은 다른 종교인들도 있었다. 즉 후술하는 바와 같이 블레즈 파스칼은 그러하였다. 데카르트가 회의의 방법을 썼을 때 그는 다소 역설적이지만 종교적인 입장에 달했다고 하겠다. 그러나 그런 방법을 사용한 그의 목적은 항상 명백하였다. 미셸 드 몽테뉴를 비롯하여 데카르트가 반박한 회의론자들과 달리 데카르트는 회의를 위한 회의라는 당시 유행의 태도에는 전혀 관심을 갖지 않았다. 그의 목적은 회의를 통해 확실하게 증명될 수 있는 것에 도달하기 위해서였다. 이것이야말로 근본적으로 17세기 물리학의 과학적 절차였으며 거기에서는 회의가 늘 중요한 역할을 하고 있었다. 즉 가능한 한 의심의 여지가 없도록 확증될 때까지는 "무엇이든 참 '진리'로서 받아들이지 않는 것"이었다.

그리고 이것은 데카르트가 자신의 생활에 있어 처신한 방식이었다. 그는 [방법서설]에서 말하기를 라 플레쉬에서 인용되는 문헌의 권위를 거부하고 기술한 바와 같이 자기 혼자서 '세상이라는 책'을 읽기로 결심하였다는 것이었다. 거기서 배운 것은 인간의 풍습이란 장소가 바뀌면 달라진다는 것, 그리고 어느 장소에서는 우스꽝스럽게 생각되고 있는 관습이 다른 장소에서는 신성시되고 있다는 것 등이었다. 이것은 몽테스키외가 1세기 후에 [페르시아인의 편지]에서 사용한 비교의 형식으로서 데카르트는 몽테스키외에 앞서 다음과 같이 썼다. "우리 자신의 관습을 좀 더 건전하게 판단하기 위해서는 여러 민족의 관습을 다소간에 아는 것이 좋으며, 아무것도 본 일이 없는 사람들이 버릇처럼 생각하는 것 같이 우리의 방식과 다른 것은 모두 우스꽝스럽고 이치에 닿지 않는다고 생각지 않기 위해서도 유익하다".

- ☐ salvation n. 구제, 구제 수단
- ☐ sceptics (= skeptic) n. 회의론자, (통속적으로) 무신론자 a. sceptical n. scepticism
- ☐ modish a. 유행의, 당세풍의 ad. modishly n. ~ness
- ☐ by way of ~으로, ~을 경유하여
- ☐ bookish a. 탁상의, 학구적인, 딱딱한
- ☐ it is well ~ 문장은 to know ~ poples가 진주어이고, to judge와 that we do not think는 함께 in order에 이어진다

The books of scholars had shown Descartes that there is no certain truth in authority; the book of the world had shown him that there is none in custom. He had now to consider himself as a book — the book which was the evidence of his senses. Suppose then that this book is also written to deceive him, and that God is an evil genius who wants to keep the truth from him.

I shall consider that the heavens, the earth, colours, shapes, sounds, and all other external things, are nothing but illusions and dreams.

I shall consider myself as having no hands, no eyes, no flesh, no blood, nor any senses; yet falsely believing myself to possess all these things.

If, by this means, it is not in my power to arrive at the knowledge of any truth, I may at least do what is in my power, namely, suspend judgement, and thus avoid belief in anything false and avoid being imposed upon by this arch deceiver, however, powerful and deceptive he may be.

By these drastic means, Descartes uprooted all his accepted ideas, whether they reached him from authority, from custom, or through his senses. He had lift his mind free; not indeed blank, in the sense of John Locke, but free of all ideas except those innate to the mind. Like Socrates, he had arrived at the point where he knew only that he did not know; and from here he wanted to construct himself and the world anew. He would have to do this by pure reason, and he would have to persuade others by the same means. He did not doubt that the means of reason were within reach of all: ‘Good sense’, he writes at the beginning of the Discourse, ‘is the most equitably divided thing in the world.’ He writes in French, not in Latin, because it is this ‘common sense’ in everybody to which he must appeal.

학자들의 서적이 데카르트에게 보여준 것은, 권위에는 아무런 확실한 진리가 없다는 것이었다. 세상이라는 책이 그에게 보여준 것은 관습에는 아무런 확실한 진리가 없다는 것이었다. 그는 이제 자기 자신이 하나의 책 — 자기의 감각의 증거인 책 — 이라고 생각하지 않으면 안 되었다. 그런데 이 책도 또한 그를 속이기 위해 쓰였으며 그리고 신도 그에게서 진리를 숨겨 놓으려고 하는 악령이라고 가정하자.

하늘, 땅, 빛깔, 모양, 소리 및 기타의 모든 외적인 사물들은 환상이나 꿈에 불과하다고 나는 생각한다.

나 자신이 두 손, 두 눈, 살, 피, 또 아무런 감각도 갖지 않는데 나 자신은 이러한 모든 사물들을 갖고 있다고 잘못 믿고 있다고 생각한다.

만일 이렇게 해서 무엇인가 진리 인식의 도달에 나의 힘이 미치지 않는다면 나는 적어도 나의 힘이 닿는 것, 즉 판단을 중지하는 것을 할 수 있으며 그리하여 무엇인가 거짓된 것을 믿지 않고 아무리 저 대사기꾼인 신이 힘세고 속임수가 세다 하더라도 그에게 속아 넘어가는 것을 피할 것이다.

이러한 과감한 수단으로 데카르트는 권위에서 왔건, 관습에서 왔건 혹은 감각을 통해 왔건 일체의 자기의 기성관념을 송두리째 뽑아버렸다. 그는 자신의 마음을 해방시켰다. 실은 존 로크적 의미의 백지로 환원시키려고 한 것이 아니라 마음의 생래적인 관념 이외의 모든 관념으로부터 해방되려고 하였다. 소크라테스처럼 그는 다만 자기가 무지하다는 것만을 스스로 알게 되는 점에까지 도달하였다. 그리고 이 점으로부터 자기 자신과 세계를 새로이 재건하고자 하였다. 그는 이것을 순수이성으로 해야만 하였고, 또 남들을 같은 수단으로 설득하지 않으면 안 되었다. 그는 이성이란 수단이 모든 사람들의 손 닿는 곳에 있음을 의심치 않았다. [방법서설]의 벽두에서 쓰기를 "양식은 세상에서 가장 공평하게 배분되어 있는 것이다"라고 하였다. 그가 라틴어가 아니라 프랑스어로 쓴 이유는 모든 사람에게 있는 바로 이러한 '상식'에 대해 그가 호소하지 않으면 안 되었기 때문이다.

- ☐ the book of the world 세상이라는 책
- ☐ an evil genius 악령
- ☐ suspend vt. 매달다, 중지하다, 일시 정지하다, 연기하다
- ☐ be imposed upon 속임을 당하다
- ☐ uproot vt. 근절하다, 뿌리째 뽑다 (= root up), 몰아내다
- ☐ accepted a. 기존의, 받아들여진
- ☐ where ~ know가 point를 받는다.
- ☐ anew ad. 다시, 새로(= afresh)

제 5 장

Immanuel Kant
Critique of Pure Reason
임마누엘 칸트
순수 이성 비판

That all our knowledge begins with experience there can be no doubt. For how should the faculty of knowledge be called into activity, if not by objects which affect our senses, and which either produce representations by themselves, or rouse the activity of our understanding to compare, to connect, or to separate them; and thus to convert the raw material of our sensuous impressions into a knowledge of objects, which we call experience? In respect of time, therefore, no knowledge within us is antecedent to experience, but all knowledge begins with it.

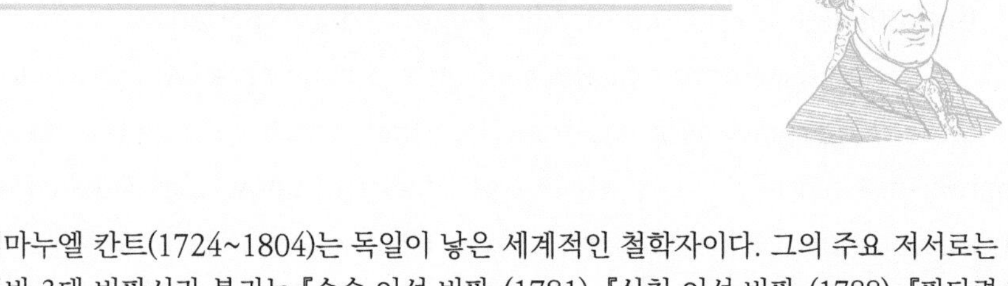

임마누엘 칸트(1724~1804)는 독일이 낳은 세계적인 철학자이다. 그의 주요 저서로는 이른바 3대 비판서라 불리는 『순수 이성 비판』(1781), 『실천 이성 비판』(1788), 『판단력 비판』(1790) 등이 있다. 프랑스 혁명과 같은 시대의 사람으로 그 이전의 서유럽 근세철학의 전통을 집대성하고, 그 이후의 발전에 새로운 기초를 확립하였다. 그는 이 책에서 뉴턴의 수학적 자연과학에 의한 인식구조에의 철저한 반성을 통하여, 종래의 신(神)중심적인 색채가 남아 있는 형이상학의 모든 개념이 모두 인간 중심적인, 즉 넓은 의미에서의 인간학적인 의미로 바뀌어야 되는 이유를 들고, 나아가 일반적·세계관적 귀결을 제시하였다.

우리의 모든 인식이 경험과 함께 시작된다는 데에는 의심의 여지가 없다. 왜냐하면 만일 인식능력이 대상에 의해서가 아니라면 그 무엇으로도 작용할 수가 없기 때문이다. 이러한 대상이야말로 우리의 감각기관을 작용시켜 한편으로는 스스로 표상을 만들어 내고, 또 한편으로는 이러한 표상을 비교하고 그들을 결합시키거나 분리시켜 감각적 인상이라는 소재를 대상인식, 즉 경험으로 바꾸는 우리의 오성을 활동하게 한다. 그러므로 시간적으로 볼 때, 우리의 어떠한 인식도 경험에 선행하지 못하며 모든 인식은 경험과 함께 시작한다.

- ☐ how should the faculty of knowledge be called into activity, if not by ~에 의해서가 아니라면, 어떻게 인식능력이 작용할 수 있겠는가
- ☐ sensuous n. 감각에 호소하는 감각적인 cf) sensual 관능주의의, 육체의, sensitive 민감한
- ☐ antecedent a. 앞서는, 선행의(to) n. 전례, 선행자 n. antecedence(-cy)

But although all our knowledge begins with experience, it does not follow that it arises from experience. For it is quite possible that even our empirical experience is a compound of that which we receive through impressions, and of that which our own faculty of knowledge (incited only by sensuous impressions), supplies from itself, a supplement which we do not distinguish from that raw material, until long practice has roused our attention and rendered us capable of separating one from the other.

It is therefore a question which deserves at least closer investigation, and cannot be disposed of at first sight, whether there exists a knowledge independent of experience, and even of all impressions of the senses? *Such knowledge* is called *a priori*, and distinguished from *empirical* knowledge, which has its sources *a posteriori*, that is, in experience.

This term *a priori*, however is not yet definite enough to indicate the full meaning of our question. For people are wont to say, even with regard to knowledge derived from experience, that we have it, or might have it, *a priori*, because we derive it from experience, not *immediately*, but from a general rule, which, however, has itself been derived from experience. Thus one would say of a person who undermines the foundations of his house, that he might have known *a priori* that it would tumble down, that is, that he need not wait for the experience of its really tumbling down. But still he could not know this entirely *a priori*, because he had first to learn from experience that bodies are heavy, and will fall when their supports are taken away.

그러나 우리의 모든 인식이 경험과 함께 시작한다고는 하더라도 반드시 모든 인식이 경험으로부터 발생하지는 않는다. 왜냐하면 우리의 경험적 인식이라는 것도 우리의 인상을 통해 받아들인 것과 우리 자신의 인식능력(감각적 인상에 의해서만 자극받는)이 자기 자신으로부터 제공하는 것, 즉 오랜 훈련에 의해 우리가 주의를 기울여 서로 분리해낼 수 있게 되기 전에는 인식의 소재에서 구별해낼 수 없는 부가물과의 결합이 진리일 수도 있기 때문이다.

그러므로 경험으로부터 독립되어 있고 또 감각기관의 모든 인상으로부터 독립되어 있는 그러한 인식이 존재하느냐는 문제는 적어도 더 깊은 연구를 요하는 것으로, 한 번 얼른 보아 해결할 수 있는 것이 아니다. 우리는 이러한 인식을 '아프리오리'한 인식이라고 부르며, 이를 경험적인 인식과 구별하는데, 이 경험적인 인식은 '아포스테리오리'하게 다시 말해서 경험 안에 그 근거를 가지고 있는 것이다.

그러나 아프리오리라는 용어는 우리의 문제에 알맞도록 전체적인 의미를 나타내기에는 역시 충분히 명확하지 못한다. 왜냐하면 사람들은 보통 경험에서 이끌어내는 여러 인식에 대하여도 우리가 선천적으로 가지고 있다거나 혹은 가지게 될 것이라고들 말하는 것이 상례이기 때문이다. 남들이 그렇게 말하는 이유는 우리가 이러한 인식을 직접 경험에서 이끌어내는 것이 아니라, 일종의 일반적인 규칙으로부터 이끌어내기 때문이지만, 이러한 규칙까지도 우리는 경험에서 빌려온 것이다. 사람들은 이처럼, 어떤 사람이 자기 집 주초 밑을 파면 그 집이 무너지리라는 것을 선천적으로 알고 있다고 말한다. 즉 집이 실제로 무너지는 경험을 해보지 않고도 안다고 한다. 그러나 전혀 선천적으로만은 그는 이 사실을 알 수 없는 것이다. 왜냐하면 그가 만일 물체라는 것이 무거운 것이어서 받치고 있던 것을 치워버리면 무너진다는 것을 이전에 경험을 통해서 알지 못했다면 그 사실도 몰랐을 것이기 때문이다.

- ☐ it does not follow that ~이 되지는 않는다, ~을 수반하지 않는다
- ☐ empirical a. 경험적인, 경험주의의 n. empiricism
- ☐ that which는 what ~으로 보아야 한다
- ☐ It is therefore a question에서 it은 whether there exists a knowledge 이하를 받는다
- ☐ a priori 연역적으로, 선험(천)적으로(인)
- ☐ a posteriori 후천적으로, 귀납적으로(인)
- ☐ wont a. ~에 익숙한, ~하는 것이 습관인 cf) are wont to say 곧잘 ~라고 말한다
- ☐ undermine v. ~의 밑을 파다, 뿌리를 침식하다, 건강을 해치다
- ☐ tumble down v. 넘어지다, 뒹굴다, 넘어뜨리다

We shall therefore, in what follows, understand by knowledge *a priori* knowledge which is *absolutely* independent of all experience, and not of this or that experience only. Opposed to this is empirical knowledge, or such as is possible a *posteriori* only, that is, by experience. Knowledge *a priori*, if mixed up with nothing empirical, is called *pure*. Thus the proposition, for example, that every change has its cause, is a proposition *a priori*, but not pure: because change is a concept which can only be derived from experience.

I content myself with casting a cursory glance, from a purely transcendental point of view, namely, that of the nature of pure reason, on the labours of former philosophers, which presents to my eyes many structures, but in ruins only.

It is very remarkable, though naturally it could not well have been otherwise, that in the very infancy of philosophy men began where we should like to end, namely, with studying the knowledge of God and the hope or even the nature of a future world. However crude the religious concepts might be which owed their origin to the old customs, as remnants of the savage state of humanity, this did not prevent the more enlightened classes from devoting themselves to free investigations of these matters, and they soon perceived that there could be no better and surer way of pleasing that invisible power which governs the world, in order to be happy at least in another world, than good conduct. Thus theology and morals became the two springs, or rather the points of attraction for all abstract enquiries of reason in later times, though it was chiefly the former which gradually drew speculative reason into those labours which afterwards became so celebrated under the name of metaphysic.

이에 따라 다음에서 우리는 아프리오리한 인식은 이러저러한 경험으로부터 독립된 인식을 뜻하는 것이 아니라, 절대적으로 모든 경험으로부터 독립되어 생기는 인식이라는 것을 이해하게 될 것이다. 이러한 인식에 대립되는 것이 경험적인 인식이다. 혹은 후천적으로만 다시 말하면 경험을 통해서 가능한 인식이 아프리오리한 인식에 대립한다. 그러나 아프리오리한 인식 중에서 경험적인 것이 조금도 섞이지 않은 것을 순수하다고 한다. 그리하여 예를 들면, "모든 변화는 그 원인을 가지고 있다"라는 명제는 아프리오리한 명제이기는 하나 순수하지는 못하다. 왜냐하면 변화라는 것은 오직 경험으로부터만 끌어낼 수 있는 개념이기 때문이다.

여기에서 나는 아주 선험적인 관점에서, 즉 순수이성의 본성이라는 관점에서 눈앞에 수많은 건축물 — 물론 폐허로 남아있지만 — 을 제시하는 이전의 철학가들이 남긴 업적을 대강 검토하는 것으로 만족하겠다.

철학의 유년 시대에 인간은 우리가 마무리 짓고 싶어 하는 곳, 즉 신에 대한 인식이나 미래에 대한 희망, 그뿐인가, 내세의 본질을 연구하는 것으로 시작했다는 사실은 그럴 수밖에 없었던 것이기는 하나, 그러나 이는 정말 기이한 일이다. 미개 상태가 있던 인류가 남긴 잔여물인 옛 관습에 기원을 둔 종교적 개념이 조야하다 하더라도, 그것이 더욱 계몽된 계층들이 이러한 문제를 자유로이 연구하는 것을 방해하지는 않았다. 이들은 적어도 내세에서는 행복을 누리기 위하여 세계를 지배하고 있는 보이지 않는 힘의 뜻에 합당한 방법으로 훌륭한 행위보다 더 근본적이고 확실한 것이 없음을 곧 깨달았다. 그러므로 신학과 도덕이 후세에 추상적인 이성 연구 일체의 두 가지 근원, 아니 견인점이 되었던 것이다. 좀 더 적절하게 표현하자면 이 두 가지는 각기 이러한 연구에 대한 연계점이었다. 그러나 주로 신학이 이 사변적인 이성을 훗날 형이상학이라는 이름으로 널리 알려져 연구 속으로 점차 끌어 들였다.

- ☐ in what follows 다음에 이어지는 것에서
- ☐ Opposed to this is empirical knowledge 도치 문장으로 분사구가 앞에 나왔기 때문에 주어, 동사가 도치되었다.
- ☐ such as is possible에서 such as는 empirical knowledge를 가리킨다.
- ☐ content oneself with ~에 만족하다
- ☐ cursory a. 서두른 (= rapid) 마구잡이의 (= careless) 대충의
- ☐ transcendental a. 선험적인, 직관적인, 초월적인 n. transcendentalism 선험철학, 초월론
- ☐ though naturally it could not well have been otherwise, 여기서 it도 that ~ men began 이하를 가리킨다. 즉 '~이 달리 될 수는 없었더라도'
- ☐ which owed their origin to에서 which의 선행사는 문장의 주어인 the religious concepts
- ☐ remnant n. 나머지, 잔여, 유물(의)
- ☐ theology n. (기독교) 신학, 종교심리학
- ☐ though it was chiefly the former 구문에서 the former는 theology를 가리킨다.
- ☐ metaphysic(s) n. 형이상학, 순정(純正) 철학

I shall not attempt at present to distinguish the periods of history in which this or that change of metaphysic took place, but only draw a rapid sketch of the difference of the ideas which caused the principal revolutions on metaphysic. And here I find three aims with which the most important changes on this arena were brought about.

1. With *reference to the object* of all knowledge of our reason, some philosophers were mere *sensualists*, others mere *intellectualists. Epicurus* may be regarded as the first among the former, *Plato* as the first among the latter. The distinction of these two schools, subtle as it is, dates from the earliest days, and has long been maintained. Those who belong to the former school maintained that reality exists in the objects of the senses alone, everything else being imagination; those of the second school, on the contrary, maintained, that in the senses there is nothing but illusion, and that the true is known by the understanding only. The former did not, therefore, deny all reality to the concepts of the understanding, but the reality was with them *logical* only, with the others it was *mystical*. The former admitted *intellectual* concepts, but accepted sensible *objects* only. The latter required that true objects should be *intelligible* only, and maintained an *intuition* peculiar to the understanding, separated from the senses which, in their opinion, could only confuse it.

나는 지금 여기에서 형이상학의 갖가지 변화가 일어난 역사상의 시기들을 구분할 생각은 없다. 다만 형이상학에서 중요한 혁명을 불러 일으킨 사상들의 차이점을 대강 살펴보는 것으로 하겠다. 그리고 이 분야에서 가장 중요한 변화들이 일어날 때 수반된 세 가지의 목표를 찾아볼 수 있는 것이다.

1. 이성인식 일체의 '대상'에 관해 논한다면, 철학자들 중에는 순수한 '감각론자'와 순수한 '지성론자'가 있었다고 볼 수 있다. 전자의 최고 학자로는 에피쿠로스를, 또 후자의 최고 학자로는 플라톤을 꼽을 수 있다. 물론 이 같은 학파상의 차이점은 대단히 미묘한 것이지만, 그러나 이는 오랜 옛날부터 시작해서 장시간에 걸쳐 그대로 지속되어 온 것이다. 감각론자들은 감관(감각기관) 안에만 현실성이 깃들어 있을 뿐, 그 밖의 일체의 것들은 상상에 불과하다고 주장하였다. 이에 비하여 지성론자들은 감관 안에는 허상만 존재하며, 오성에 의해 인식된 것만이 오직 진실이라고 주장하였다. 그러나 그렇다고 해서 감각론자들이 오성개념의 실재성을 반드시 부정한 것은 아니다. 단지 이 실재성은 그들에게 있어서 '논리적'인 것에 불과했었고, 그 반면에 지성론자들에게는 '신비적'인 것이었다. 감각론자들은 '지성적 개념'을 인정하기는 하였으나 감각적 '대상'만을 진실한 것으로 받아들였다. 또 지성론자들은 진실한 대상은 '지성적'인 것이어야 한다고 주장했고, 직관은 오성에 고유한 것이라는 견해를 피력하였다. 직관은 — 그들의 견해에 따르자면 — 이를 혼란스럽게 할 뿐인 감각과는 분리된 것이라고 보았던 것이다.

- ☐ metaphysic n. 원리체계
- ☐ arena n. 투기장, 씨름판, ~의 장(場)
- ☐ sensualist n. 호색가, 감각론자
- ☐ subtle as it is 그것이 미묘하긴 하지만, 미묘함에도 불구하고 (= though it is subtle)
- ☐ deny all reality to the concepts ~의 개념에 실재성을 거절하다(배제하다)
- ☐ mystical a. 정신적 의의가 있는, 신비설의, 초자연적인 (= supernatural)
  n. mysticism

2. With *reference to the origin* of the pure concepts of reason, and whether they are derived from experience, or have their origin independent of experience, in reason. *Aristotle* may be considered as the head of the *empiricists, Plato* as that of the *noologists*. *Locke*, who in modern times followed *Aristotle*, and *Leibniz*, who followed *Plato* (though at a sufficient distance from his mystical system), have not been able to bring this dispute to any conclusion. *Epicurus* at least was far more consistent in his sensual system (for he never allowed his syllogism to go beyond the limits of experience) than *Aristotle* and *Locke*, more particularly the latter, who, after having derived all concepts and principles from experience, goes so far in their application as to maintain that the existence of God and the immortality of the soul (though both lie entirely outside the limits of all possible experience) could be proved with the same evidence as any mathematical proposition.
3. With *reference to method*. If anything is to be called method, it must be a procedure *according to principles*. The method at present prevailing in this field of enquiry may be divided into the *naturalistic* and the *scientific*. The naturalist of pure reason lays it down as his principle that, with reference to the highest questions which form the problems of metaphysic, more can be achieved by means of common reason without science (which he calls sound reason), than through speculation. This is the same as if we should maintain that the magnitude and distance of the moon can be better determined by the naked eye than by roundabout mathematical calculations.

2. 순수이성인식의 기원에 대하여 말한다면, 이 인식은 경험에서 유래하는 것인가, 아니면 경험에 관계없이 이성에 그 근원을 가진 것인가의 문제를 지적할 수 있다. 아리스토텔레스는 '경험론자'의 거두라고 볼 수 있으며, 또 플라톤은 '정신론자'로 보아야 할 것이다. 근세에서는 아리스토텔레스를 계승한 로크와 플라톤을 상속한 라이프니츠(플라톤의 신비적 체계와는 상당히 거리가 있기는 하지만)는 이 논쟁의 결론을 내릴 수 없었다. 적어도 에피쿠로스는 그의 감각론 체계에 있어서는 아리스토텔레스와 특히 로크보다 더 일관성을 가지고 있었다 (그의 추론은 결코 경험의 한계 이상을 벗어나지 않았다). 그런데 로크는 일체의 개념과 원칙을 경험에서 이끌어낸 뒤에, 이러한 개념과 원칙을 적용하여, 신의 존재와 영혼의 불멸(이 두 대상은 기능성 경험의 한계밖에 없음에도 불구하고)은 수학의 정리(定理)와 같은 측면에서 증명될 수 있다고 주장하기까지 하였다.

3. '방법에 관해서.' 만일 어떤 무엇도 방법이라 불러도 좋다면, 그것은 '원칙의 의한' 과정을 말하는 것일 수밖에 없다. 그런데 지금 이 분야의 연구에서 행해지는 방법은 '자연론적' 방법과 '과학적' 방법으로 구별된다. 순수이성의 '자연론자'는 형이상학의 과제의 가장 중요한 문제에 관해서는 과학을 원용하지 않고 상식(그는 이것을 건전한 이성이라고 부른다)에 의한 편이 사변에 의한 것보다 더욱 많은 것을 성취한다는 것을 자신의 원칙으로 삼고 있다. 여기서 이것은 달의 크기나 거리는 눈 겨냥에 의한 편이, 복잡한 수학계산을 하는 것보다 훌륭한 규정이 된다고 주장하는 것과 같다.

- [ ] and whether they are ~은 the origin of ~을 부연 설명하는 것으로 보아야 한다
- [ ] independent of experience, in reason '경험과 독립적으로, 즉 이성에'
- [ ] noologist n. 정신론자
- [ ] though at a sufficient distance ~에서 though 다음에 he (Leibniz) is 생략. '그가 ~와는 거리가 멀더라도'
- [ ] syllogism n. 삼단논법, 연역법 v. syllogize 삼단논법으로 추론하다 a. syllogistic(al)
- [ ] naturalistic a. 자연을 따르는, 자연주의적(의) n. naturalism
- [ ] lays it down as his principle that에서 it은 that 이하의 진목적어를 받는다
- [ ] speculation n. 사색, 성찰, 투기 n. speculate a. speculative
- [ ] magnitude n. 크기, 중대(함), 위대함

This is pure misology reduced to principles, and, what is the most absurd, the neglect of all artificial means is recommended as the best way of enlarging our knowledge. As regards those who are naturalists because they *know no better*, they are really not to be blamed. They simply follow ordinary reason, but they do not boast of their ignorance, as the method which contains the secret how we are to fetch the truth from the bottom of the well of Democritus. '*Quod sapio satis est mihi, mon ego curo, esse quod Arcesilas aerumnosique Solones*' (Pers), is the motto with which they may lead a happy and honoured life, without meddling with science or muddling it.

As regards those who follow a *scientific* method, they have the choice to proceed either *dogmatically* or *sceptically*, but at all events, *systematically*. When I have mentioned in relation to the former the celebrated *Wolf*, and in relation to the other *David Hume*, I may for my present purpose leave all the rest unnamed.

The only path that is still open is the *critical*. If the reader has been kind and patient enough to follow me to the end along this path, he may judge for himself whether, if he will help, as far as in him lies, towards making this footpath a highroad, it may not be possible to achieve, even before the close of the present century, what so many centuries have not been able to achieve, namely, to give complete satisfaction to human reason with regard to those questions which have in all ages exercised its desire for knowledge, though hitherto in vain.

이것은 참으로 학문의 멸시를 원칙으로 하는 데 불과하다. 일체의 인위적인 수단을 무시하는 것을 가지고, 인식을 확장하는 '독특한' '방법'이라고 하는 것은, 정말로 불합리의 극치이다. 그런데 또 훌륭한 인식을 결여하기 때문에, 자연론자들에 관해서 말한다면, 그들을 비난하는 것은 전혀 이유 없는 것이다. 그들은 상식에 추종할 분이요, 자신의 무지를 하나의 방법으로서, 달리 말하면 데모크리토스의 깊은 우물로부터 진리를 퍼올리는 비밀을 간직하고 있는 방법이라고 해서 뽐내려는 것은 아니다. 즉 펫시우스의 "나는 자신이 아는 것을 가지고 만족한다. 아르케실라스나 솔론과 같은 지자가 되는 것은 나의 원하는 바가 아니다"가 그들의 표어인 것이다. 이 표어를 통해 그들은 과학에 관여하지도 않고, 그것과 연루되지도 않은 채 즐겁고 영광된 삶을 보내게 된다.

다음에 이때까지 '과학적' 방법을 채용한 사람들에 관해서 말한다면, 이 사람들은 '독단론적' 방법이든지, 그렇지 않으면 '회의론적' 방법이든지 둘 중의 어느 하나를 택할 수밖에 없었다. 그러나 어느 것이나 '체계적'인 방법에 순응하지 아니하면 안 될 책임이 있다. 여기서 전자에 관련해서는 유명한 볼프를, 그리고 후자에 관련해서는 데이비드 흄을 든다면, 나의 현재 의도로 보아, 다른 사람들의 이름을 열거할 필요가 없다고 생각한다.

아직 남아 있는 길은 '비판적' 방법뿐인 것이다. 독자가 나를 따라이 길을 편력하는 호의와 인내를 가지고 있다면, 그리고 그가 이 좁은 길을 탄탄대로로 만드는 데 최선을 다하면, 수세기 동안 이루지 못한 것, 즉 항상 인간 이성의 지식욕을 괴롭혔던 문제들에 대해 인간 이성에 완전한 만족을 주는 것 — 이제까지는 성공하지 못했지만 — 이 가능한 것인가 아닌가를 스스로 판단하게 될 것이다.

- ☐ misology n. 이론을 싫어함
  cf) misologist 이론을 싫어하는 사람
- ☐ what is the most absurd 다음에 is that이 생략된 것으로 보는 것이 좋다. 어처구니없는 일은 ~이다
- ☐ the secret how we are to에서 the secret과 how 이하는 동격관계이다
- ☐ muddle vt., vi. 혼란시키다, 뒤범벅으로 만들다, 낭비하다 n. 혼란(상태)
- ☐ sceptically ad. 회의적으로, 회의론적으로
  n. scepticism
- ☐ but at all events, systematically에서 at all events는 좌우간, 어떻든의 뜻, '그러나 독단록적이든 회의론적이든 체계적으로'
- ☐ leave all the rest unnamed에서 unnamed는 leave의 목적보어이다. '나머지는 언급하지 않고 남겨두다.'
- ☐ if he will help, as far as in him lies, towards에서 as far as in him lies는 '가능한 한, 그가 할 수 있는 한'의 뜻
- ☐ it may not be possible to achieve에서 it은 진주어 to achieve 이하를 받는다. achieve의 목적어는 what so many centuries ~이며 to give 이하는 to achieve의 동격절이다
- ☐ hitherto ad. 지금까지, 여기까지

제 6 장 

G. W. F. Hegel
On Art, Religion, Philosophy

G. W. F. 헤겔
예술·종교·철학에 관하여

As to development, it may be asked, what does develop and what forms the absolute content? Development is considered in the light of a formal process in action and as destitute of content. But the act has no other end but activity, and through this activity the general character of the content is already fixed. For being-in-self and being-for-self are the moments present in action; but the act is the retention of these diverse elements within itself. The act thus is really one, and it is just this unity of differences which is the concrete. Not only is the act concrete, but also the potential, which stands to action in the relation of subject which begins, and finally the product is just as concrete as the action or as the subject which begins.

헤겔(1770~1831)은 칸트, 피히테, 셸링의 체계를 집대성하여 절대적 관념론의 세계를 구축함으로써 독일 고전철학을 완성시켰다. 칸트가 인간 정신이 존재하는 사물의 총체적인 지식과 인식을 성취하기는 불가능하다고 주장했던 것에 반하여, 헤겔은 "이성적인 것은 현실적이요, 현실적인 것은 이성적이다"라는 일반 명제 하에 존재하는 것에 대한 인식의 가능성을 추구하였다.

발전에 관해서는, 무엇이 발전하는가, 또 무엇이 절대적 내용을 형성하는가에 의문을 제기할 수 있다. 발전은 운동의 형식적 과정이므로 내용이 문제되지 않는다. 운동은 운동성 외의 다른 목적을 갖지 않는다. 이 운동성을 통해 내용의 일반적인 특성이 먼저 규정되는 것이다. 왜냐하면 대자적 존재나 즉자적 존재는 운동 속에 주어진 동기들이지만 운동은 그 자체 속에 이러한 다양한 요소들을 일단 보류해 두고 있기 때문이다. 따라서 운동은 실제로 하나이며, 구체적인 차별성이 이 하나 속에 통일되는 것이다. 그러나 구체적 운동뿐만 아니라 잠재적인 운동도 이를 시작하는 주관과의 관계 속에서 계속 운동을 하여, 마침내 그 운동의 결과도 운동 자체나 운동을 시작한 주관과 마찬가지로 구체성을 가지게 되는 것이다.

- ☐ in the light of ~으로서 (= as), ~에 비추어서
- ☐ destitute of ~이 없는, ~이 결핍한 (= in want of)
- ☐ being-in-self 즉자(卽自) 존재
- ☐ being-for-self 대자(對自) 존재
- ☐ which의 선행사는 unity of differences
- ☐ potential a. 가능한, 잠재적인, 여기서는 the concrete의 경우와 같이 정관사 the와 결합해서 명사로 쓰였음. the potential의 서술어는 앞의 concrete
- ☐ subject n. 주관, 주체

Development in process likewise forms the content, the Idea itself; for this we must have the one element and then the other: both combined will form a unity as third, because the one in the other is at home with, and not without, itself. Thus the Idea is in its content concrete within itself, and this in two ways: first it is concrete potentially, and then it is its interest that what is in itself should be there for it.

It is a common prejudice that the science of philosophy deals only with abstractions and empty generalities, and that sense perception, our empirical self-consciousness, natural instinct, and the feelings of everyday life, lie, on the contrary, in the region of the concrete and the self-determined.

As a matter of fact, philosophy is in the region of thought, and has therefore to deal with universals; its content is abstract, but only as to form and element. In itself the Idea is really concrete, for it is the union of the different determinations. It is here that reasoned knowledge differs from mere knowledge of the understanding, and it is the business of philosophy, as opposed to understanding, to show that the truth or the Idea does not consist in empty generalities, but in a universal; and that is in itself the particular and the determined. If the truth is abstract it must be untrue. Healthy human reason goes out towards what is concrete; the reflection of understanding comes first as abstract and untrue, correct in theory only, and amongst other things unpractical. Philosophy is what is most antagonistic to abstraction, and it leads back to the concrete.

이와 마찬가지로 전개 과정에 있는 발전도 내용을, 즉 이념 자체를 형성하게 되는 것이다. 이를 위해서 우리는 먼저 한 가지 요소를 가지고, 다음에 또 다른 요소를 가져야 한다. 이들이 합쳐져서 세 번째의 통일을 형성하는 것이다. 왜냐하면 한 요소는 다른 것 속에서 만족을 느끼기 때문이다. 따라서 이념은 내용상 자기 속에 구체성을 가지고 있으며 방법상 두 가지가 있다. 하나는 잠재적 구체성이며 다른 하나는 이를 위하여 거기에 존재해야만 하는 것이다.

철학이라는 학문은 단지 추상적인 것이나 텅 빈 일반성만을 다루고 있는 데 반하여, 감각, 지각이나 경험적 자기 의식, 자연적 본능, 그리고 일상생활의 느낌들은 구체적이고 자기 규정적인 영역에 바탕을 두고 있다는 일반적 편견이 있다.

사실 철학도 사고의 영역에 속하고, 따라서 보편적인 것들을 취급하며, 그 내용에 있어서도 추상적이고 오로지 형식적이며 기초적인 것을 다루는 것은 사실이다. 그러나 본질상 이념은 구체적인 것이다. 왜냐하면 이념도 제각기 다른 규정들의 종합이기 때문이다. 여기서 이성적인 지식과 단순히 이해에 불과한 지식과는 구분이 된다. 이해와 대립되는 것으로서 철학의 임무라는 것은 진리나 이념에 텅 빈 일반성으로 구성되는 것이 아니라, 그 자체가 개별적이며 규정된 것으로서 보편성에 의해 구성된다는 것을 보여주는 일이다. 만일 진리가 추상적인 것이라면 그것은 진리가 아니다. 건전한 인간의 이성은 구체적인 것에로 나아간다. 오성(悟性)을 성찰해 보면, 먼저 그것은 추상적이고 사실이 아니며, 오직 이론 속에서만 올바르고 무엇보다도 비현실적인 것이다. 철학은 추상성에 대해 가장 반대적이며, 구체적인 것으로 되돌아가는 것이 그 임무이다.

- ☐ the content, the Idea itself는 서로 동격
- ☐ both combined '둘이 결합되면'의 뜻을 지니며 주어로 사용되었다
- ☐ self-determined a. 자결적, 자기 규정적
- ☐ determination n. (의미의) 확정, 규정, 한정
- ☐ It is here that ~ (강조구문) 여기서 here는 제각기 다른 규정들의 종합이란 점에서의 의미
- ☐ reasoned a. 이성에 의거한, 이성적인
- ☐ and that is in itself = and that the truth or the idea is in itself ~
- ☐ go out toward ~을 향해 나아가다
- ☐ amongest other things 그 중에서도 특히, 무엇보다
- ☐ unpractical a. 비현실적인, 비실제적인
- ☐ antagonistic a. 적대의, 반대하는

If we unite the notion of the concrete with that of development we have the motion of the concrete. Since the implicit is already concrete within itself, and we only set forth what is implicitly there, the new form which now looks different and which was formerly shut up in the original unity, is simply distinguished. The concrete must become for itself or explicit; as implicit or potential it is only differentiated within itself, not as yet explicitly set forth, but still in a state of unity. The concrete is thus simple, and yet at the same time differentiated. This, its inward contradiction, which is indeed the impelling force in development, brings distinction into being.

But thus, too, its right to be taken back and reinstated extends beyond the difference; for its truth is only to be found in unity. Life, both that which is in nature and that which is of the Idea, of mind within itself, is thus manifested. Were the Idea abstract, it would simply be the highest conceivable existence, and that would be all that could be said of it; but such a God is the product of the understanding of modern times. What is true is rather found in motion, in a process, however, in which there is rest; difference, while it lasts, is but a temporary condition, through which comes unity, full and concrete.

만일 우리가 구체성의 의미를 발전의 의미와 결합시킨다면 우리는 구체성의 운동을 보게 될 것이다. 함축적인 것은 이미 그 속에 구체성을 가지고 있고 우리는 단지 그 속에 함축적으로 있는 것을 드러낼 뿐이기 때문에, 지금 다르게 보이고, 처음의 통일 속에 원래부터 담겨있는 새로운 형태는 간단히 분별된다. 구체성은 개별적이고 외면화되어야 한다. 함축적이고 가능적인 것으로서는 그것은 단지 자신 속에서 특수화될 뿐이고 아직 통일 상태를 벗어나지 못하고 있다. 구체성은 단순하면서 동시에 특수화되어야 한다. 발전에 있어 추진력인 이러한 내적 모순이 특수성을 나타나게 한다.

그러나 원상태로 돌아가고자 하는 그 권리는 이러한 차별성을 넘어서고 있다. 왜냐하면 그 진리는 오로지 통일 속에서만 발견될 수 있기 때문이다. 따라서 자연적이며 동시에 그 가운데서 정신적이고 이념적인 삶이 드러나는 것이다. 만일 이념이 추상적인 것이라면 그것은 오로지 생각할 수 있는 최상의 존재일 것이며, 이것이 그것에 대해 말해 줄 수 있는 전부일 것이다. 그러나 그와 같은 신은 현대의 이해가 만들어낸 산물에 불과하다. 참된 것은 오히려 운동과 그 안에 휴식이 담겨진 발전 과정 속에서 발견된다. 차별성은 그것이 지속된다 하더라도 일시적 현상에 불과하며, 그것을 통해 완전하고 구체적인 통일이 나타나게 된다.

- ☐ implicit a. 함축적인 opp. explicit
- ☐ set forth 드러내 보이다, 설명하다
- ☐ the new form which ~ and which ~에서의 which는 둘 다 new form을 선행사로 한다
- ☐ for itself 단독적인, 개별적인
- ☐ differentiate vt., vi. 특수화시키다(하다)
- ☐ impel vt. 추진시키다, 앞으로 나아가게 하다 (= drive forward)
- ☐ bring into being 생기게 하다, 만들어내다
- ☐ reinstate vt. 본래대로 하다, 회복시키다
- ☐ Were the Idea abstract = If the Idea were ~
- ☐ conceivable a. 생각할 수 있는, 상상할 수 있는
- ☐ that would be all that could be said of it 생각할 수 있는 최상의 존재란 말이 그것 (즉 이념)에 대해 말해질 수 있는 전부일 것이다
- ☐ full and concrete는 unity를 수식하는 형용사임

We may now proceed to give examples of sensuous things, which will help us further to explain this notion of the concrete. Although the flower has many qualities, such as smell, taste, form, colour, etc., yet it is one. None of these qualities could be absent in the particular leaf or flower: each individual part of the leaf shares alike all the qualities of the leaf entire. Gold, similarly, contains in every particle all its qualities unseparated and entire. It is frequently allowed with sensuous things that such varied elements may be joined together, but, in the spiritual, differentiation is supposed to involve opposition. We do not controvert the fact, or think it contradictory, that the smell and taste of the flower, although otherwise opposed, are yet clearly in one subject, nor do we place the one against the other.

But the understanding and understanding thought find everything of a different kind, placed in conjunction, to be incompatible. Matter, for example, is complex and coherent, or space is continuous and uninterrupted. Likewise we may take separate points in space and break up matter dividing it ever further into infinity. It then is said that matter consists of atoms and points, and hence is not continuous. Therefore we have here the two determinations of continuity and of definite points, which understanding regards as mutually exclusive, combined in one. It is said that matter must be clearly either continuous or divisible into points, but in reality it has both these qualities.

이제 감각적인 사물을 예로 들어 구체성의 의미를 보다 잘 살펴보도록 하자. 꽃은 많은 속성, 즉 냄새, 맛, 형태, 색깔 등을 가지고 있지만 어디까지나 하나로 파악된다. 이 중 어떠한 속성도 개개의 꽃잎에 결여되어 있지 않다. 꽃잎의 개별적 부분은 꽃잎 전체가 가지고 있는 속성을 모두 소유하고 있다. 황금의 경우에도 마찬가지로 하나하나의 부스러기마다 모든 속성이 분열되지 않고 전체적으로 담겨져 있는 것이다. 감각적인 사물에 있어서는 그와 같이 다양한 요소들이 한꺼번에 모여 있는 것이 허용되지만 정신의 경우에는 대립을 포함하고 있는 차별성이 예상된다. 우리는 꽃의 냄새나 맛이 분명히 한 사물 속에 공존한다는 사실에 대해서는 반박하지도 않고 모순을 느끼지도 않는다. 그리고 그것을 대립적으로 파악하지도 않는다.

그러나 이해나 이해적 사고는 연관성 속에 있는 다양한 요소를 양립불가능한 것으로 파악한다. 예를 들면 물질은 복합적이고 연속적이라든가, 공간은 끊어지지 않고 연결되어 있다고 할 경우에, 우리는 공간에 몇 개의 분리된 점을 찍을 수가 있고 또 물질을 무한히 쪼개어 볼 수가 있다. 그때는 물질은 원자나 점으로 되어 있다고 해야 할 것이며, 따라서 연속성도 잃게 될 것이다. 여기서 이해가 하나로 연결되어 있음에도 상호 배제적이라고 파악되는 연속성과 점이라는 두 가지 특성을 발견할 수 있다. 물질은 분명히 연속적이거나 점으로 나눠질 수 있는 것이어야 하지만, 사실은 이 두 특성은 다 가지고 있는 것이다.

- ☐ which의 선행사는 앞문장 전체
- ☐ share alike 똑같이 공유하다
- ☐ in the spiritual, differentiation ~ opposition 정신적인 것 내에서는, 차별성, 즉 요소들 간의 차이는 서로 대립적인 양상을 포함하는 것으로 여겨진다
- ☐ controvert the fact or think it contradictory, that = controvert the fact that ~ or think it contradictory that ~
- ☐ place A against B: A를 B에 대립시키다
- ☐ incompatible a. 양립할 수 없는, 모순된
- ☐ uninterrupted a. 끊임없는, 연속된
- ☐ which understanding ~에서 which의 선행사는 two determinations of ~ points

Or when we say of the mind of man that it has freedom, the understanding at once brings up the other quality, which in this case in necessity, saying, that if mind is free it is not in subjection to necessity, and, inversely, if its will and thought are determined through necessity, it is not free — the one, they say, excludes the other. The distinctions here are regarded as exclusive, and not as forming something concrete. But that which is true, the mind, is concrete, and its attributes are freedom and necessity. Similarly the higher point of view is that mind is free in its necessity, and finds its freedom in it alone, since its necessity rests on its freedom. But it is more difficult for us to show the unity here than in the case of natural objects. Freedom can, however, be also abstract freedom without necessity, which false freedom is self-will, and for that reason it is self-opposed, unconsciously limited, an imaginary freedom which is free in form alone.

The fruit of development, which comes third, is a result of motion, but inasmuch as it is merely the result of one stage in development, as being last in this stage, it is both the starting point and the first in order in another such stage. Goethe somewhere truly says. “That which is formed ever resolves itself back into its elements.” Matter — which as developed has form — constitutes once more the material for a new form. Mind again takes as its object and applies its activity to the notion in which in going within itself, it has comprehended itself, which it is in form and being, and which has just been separated from it anew.

혹은 우리가 인간의 정신은 자유롭다고 할 때에 이해는 곧 다른 속성, 이 경우에는 필연을 들고 나올 것이다. 만일 정신이 자유롭다면 그것은 필연에 속박되어서는 안 된다. 바꾸어 말하면 정신의 의지나 사고가 필연성에 따라 규정된다면 그것은 자유롭지 못하며, 이들은 서로 배타적인 것이라는 것이다. 여기서 차별성은 서로 배타적인 것으로 여겨지며 구체적인 무엇을 형성하는 것으로 받아들여지지 않는다. 그러나 진실된 것, 즉 정신은 구체적이며, 자유와 필연은 이 정신의 두 가지 속성들이다. 마찬가지로 높은 차원에서 바라보면 정신은 필연 속에서 자유롭고 그 속에서만 자유로울 수 있다. 왜냐하면 그 필연은 그 자유에 의존하기 때문이다. 그러나 여기서는 자연적 사물의 경우보다 그 통일을 보여주기가 훨씬 어렵다. 그러나 분명히 필연 없는 자유는 추상적 자유이다. 잘못된 자유는 자기 의지일 뿐이고, 따라서 자기 모순적이며 무의식적으로 한정되어 있으며, 형식에 있어서만 자유로운 상상적 자유에 지나지 않는 것이다.

세 번째로 나타난 발전의 결실은 운동의 결과이다. 그러나 그것이 발전에 있어 한 단계의 결과인 한, 그것은 이 단계에서의 완성점이며, 그러한 또 다른 단계에서는 출발점이자 최초의 것이기도 하다. 괴테가 어디선가 그것을 적절히 표현하여, "한번 형성된 것은 자신을 해체하여 본래 요소로 되돌아간다."고 했다. 발전의 결과로 나온 물질은 새로운 형태를 형성하는 질료로 변하는 것이다. 정신은 이 운동성을 대상으로 삼고, 그것을, 정신이 자신의 진행과정 속에서 스스로 파악한, 즉 이제 형태와 존재를 갖춘, 새로이 정신에게서 분리된 의미(개념)에 적용시킨다.

- the understanding ~ saying that ~ 이해는 ~라고 말하면서 ~한다
- bring up v. (화제 따위) 내놓다, 꺼내다
- in subjection to ~에 종속하여
- exclude vt. 배제하다, 부정하다 n. exclusion a. exclusive
- that which is true = what is true
- without necessity (= if it were not for) ~ 필연이 없다면
- inasmuch as ~이므로, ~인 까닭에 (= because, since) ~인한 (= in so far as)
- ever ad. 늘, 항상 (= always)
- resolve into vt. 분해하다, 용해하다, 해체하다
- which as developed has form에서 as developed는 삽입구 '발달하여 형태를 갖게 된'의 의미
- in going within itself 자체 내의 진행과정 속에서, 다음 which의 선행사는 모두 notion

The application of thought to this, supplies it with the form and determination of thought. This action thus further forms the previously formed, gives it additional determinations, and makes it more determinate in itself, further developed, and more profound. As concrete, this activity is a succession of processes in development which must be represented not as a straight line drawn out into vague infinity, but as a circle returning within itself, which, as periphery, has very many circles, and whose whole is a large number of processes in development turning back within themselves.

사고를 여기에 적용시켜 보면 사고의 형태와 확정적 의미를 알 수가 있다. 이러한 운동은 나아가서 이전의 형태를 보다 더 형성시키고, 그것에 새로운(부가적인) 요소를 주어 그것을 확정적으로 만들며, 보다 발달시키고 보다 깊게 만들어 준다. 구체적인, 이러한 운동은 애매모호한 무한 속으로 나아가는 직선적 방향이 아니라, 자신 속에서 회전하는 순환으로 파악되는 발전의 연속적 과정인 것이다. 이러한 연속적 과정은 많은 순환이 있고, 전체적으로 보면 자체 내에서 되돌아가는 발전의 수많은 과정들이 있는 것이다.

- [ ] supply A with B: A에서 B를 공급하다, 조달하다, 주다
- [ ] the previously formed 이전에 형성되어진 것
- [ ] As concrete = As it is concrete
- [ ] drawn out into ~로(을 향해) 잡아 늘려진, ~을 향해 그어진
- [ ] periphery n. 원의 둘레, 원주, the line bounding a rounded surface
- [ ] turn back 되돌아가다

제 7 장 

Bertrand Russell An Inquiry into Meaning and Truth

버트런드 러셀
의미와 진리에 관한 탐구

In recent philosophy we may distinguish four main types of theory as to 'truth' or as to its replacement by some concept which I thought preferable. These four theories are:

Ⅰ. The theory which substitutes 'warranted assertibility' for 'truth'. This theory is advocated by Dr. Dewey and his school.

Ⅱ. The theory which substitutes 'probability' for 'truth'. This theory is advocated by Professor Reichenbach.

Ⅲ. The theory which defines 'truth' as 'coherence'. This theory is advocated by Hegelians and certain logical positivists.

Ⅳ. The correspondence theory of truth, according to which the truth of basic propositions depends upon their relation to some occurrence, and the truth of other propositions depends upon their syntactical relations to basic propositions.

버트런드 러셀(1872~1970)은 영국의 논리학자, 철학자, 수학자, 사회사상가로서 19세기 전반에 비롯된 기호논리학을 집대성한 인물이다. 인식론적 경험론에 논리적 분석방법을 최초로 적용하고 정립한 러셀은 논리실증주의의 아버지라 불린다. 그의 사상은 분리된 두 개의 주제를 갖고 있었다. 그 하나는 절대 확실한 지식의 탐구이고, 다른 하나는 인간의 삶에 대한 관심이었다. 1950년 노벨 문학상을 수상하였다.

현대철학에 있어서 '진리'나 혹은 이에 대신할 만하다고 생각되는 어떤 개념에 관해서 주로 네 가지 유형의 이론으로 구분할 수가 있다. 그 네 가지 이론은 다음과 같다.

Ⅰ. '보증된 주장'을 '진리' 대신에 사용하는 이론. 이러한 이론은 듀이 박사나 그의 학파에 의하여 제창되고 있다.

Ⅱ. 개연성(蓋然性)을 '진리' 대신에 사용하는 이론. 이러한 이론은 라이헨바흐 교수에 의해서 주장되고 있다.

Ⅲ. '진리'를 '정합성(整合性)'으로서 정의하는 이론은 헤겔 학도나 일부의 논리적 실증주의자들에 의해 주장된다.

Ⅳ. 진리대응설로서, 이 설에 따르면 기본명제의 진리 여부는 그들이 갖는 어떤 사상(事象)과의 관계에 의존하고, 그 이외의 명제들의 진리는 그들이 갖는 기본명제와의 구문론적인 관계에 달려 있다는 것이다.

- ☐ preferable a. 차라리 더 나은, 도리어 더 나은 (to)
- ☐ assertibility n. 주장, 주장가능성
- ☐ syntactical a. 구문론의, 구문론적인 (= syntactic) n. syntax 구문론

For my part, I adhere firmly to this last theory. It has, however, two forms, between which the decision is not easy. In one form, the basic propositions must be derived from experience, and therefore propositions which cannot be suitably related to experience are neither true nor false. In the other form, the basic propositions need not be related to experience, but only to 'fact', though if they are not related to experience they cannot be known. Thus the two forms of the correspondence theory differ as to the relation of 'truth' to 'knowledge'.

Of the above four theories, I have discussed the third in Chapter X; the first and second, which have a certain affinity, I shall discuss in a later chapter. For the present, I shall assume that 'truth' is to be defined by correspondence, and examine the two forms of this theory, according as 'experience' or 'fact' is taken as that with which truth must correspond. I will call these two theories the 'epistemological' and the 'logical' theory respectively. I do not mean to suggest that the 'logical' theory is more logical than the other, but only that it is the one technically assumed in logic, which is involved in certain difficulties if the theory is rejected.

나의 입장을 말한다면, 나는 이 마지막 이론을 굳게 고수할 생각이다. 그러나 이 이론에도 두 가지 형식이 있는데, 그들 사이에 결정을 내리는 일은 쉽지 않다. 한 형식에 있어서는 기본 명제들이란 경험에서 도출되어야 하며, 따라서 경험과 적절하게 관계 맺어질 수 없는 명제들은 참도, 거짓도 아니라는 것이다. 다른 한 형식에 있어서는, 비록 기본 명제가 경험과 관계 맺지 않으면 알려질 수 없다고 하더라도, 기본 명제는 경험과는 관계될 필요가 없고 오직 '사실'에만 관계될 필요가 있다는 것이다. 그래서 대응설의 두 가지 형식은 '진리'가 '지식'과 갖는 관계에 있어서 서로 갈라지게 된다.

이상의 네 가지 이론 가운데에서 제3의 이론은 제10장에서 이미 논의한 것이고, 서로 닮은 데가 있는 첫 번째와 두 번째 것은 나중에 다음 장에서 논의하게 될 것이다. 지금은 우선 '진리'가 대응에 의해서 정의된다고 생각하고서 경험과 '사실'이 진리가 대응해야 할 것이라는데 따른 이 이론의 두 가지 형태를 검토하겠다. 이러한 두 이론을 나는 각각 '인식론적인' 이론과 '논리적인' 이론이라고 부를 것이다. 내가 이렇게 제안하는 의도는 '논리적'이라 해서 다른 것보다 더 논리적이란 말은 아니고, 그것이 논리학에서 학술상 가정되는 이론으로서 그 이론이 부인되면 어떠한 난점에 빠진다는 데에 있다.

- adhere to 점착(부착)하다, 고수하다, 집착하다
- correspondence n. 대응, 상응, 조화, 일치, 교신
- for the present 현재로서는, 당분간 cf) up to the present 오늘에 이르기까지
- according as ~에 따라서 (뒤에 절이 온다) cf) according to는 뒤에 명사 혹은 대명사가 온다
- epistemological a. 인식론(상)의 n. epistemology
- technically ad. 기술(학술)적으로, 전문적으로, 전문어로(말하면) cf) technical term 전문어

Over a great part of the field, the two theories are identical. Everything that is true according to the epistemological theory is also true according to the logical theory, though not vice versa. All the basic propositions of the epistemological theory are also basic in the logical theory, though again not vice versa. The syntactical relations of basic propositions to other true propositions are the same in both theories. The propositions that can be known empirically are the same in both theories. There are differences, however, in regard to logic; in the logical theory all propositions are either true or false, whereas in the epistemological theory a proposition is neither true nor false if there is no evidence either for or against it. That is to say, the law of excluded middle is true in the logical theory, but not in the epistemological theory. This is the most important difference between them.

It will be observed that the correspondence used in defining 'truth', in both theories, is only to be found in the case of basic propositions. Such a proposition as 'all men are mortal', assuming it true, derives its truth from 'A is mortal', 'B is mortal' etc., and each of these derives its truth from such propositions as 'A grows cold', 'B grows cold', etc. These propositions, for certain values of A and B, can be derived from observation; they are then basic propositions in both theories. They will (if true) be basic propositions in the logical theory, even when they are not observed; the logical theory will hold that there is a 'fact' which would make the statement 'A grows cold' true, even if no one is aware of this fact-or, alternatively, that there is an opposite fact, or rather set of facts, from which it would follow that A is immortal.

대부분의 영역에 있어서는 그 두 이론이 동일하다. 인식론적인 이론에 의해서 참인 모든 것은 논리적인 이론에 있어서도 참이다. 물론 그 반대는 성립하지 않는다. 인식론적인 이론의 모든 기본명제들은 또한 논리적인 이론에 있어서도 기본적인 것이다. 물론 여기서도 그 역(逆)은 성립하지 않는다. 기본 명제가 그 밖의 다른 참된 명제에 대해서 갖는 구문론적인 관계도 두 이론에 있어서 동일하다. 경험적으로 인식될 수 있는 명제들도 두 이론에 있어서 동일하다. 그러나 논리학에 관해서는 차이점들이 존재한다. 즉 논리적인 이론에 있어서는 모든 명제가 참이거나 거짓인 반면에, 인식론적인 이론에 있어서는 그것을 밑받침하거나 배척할 만한 증거가 없는 명제는 참도 거짓도 아닌 것이다. 다시 말하면 논리적인 이론에 있어서는 배중률이 성립하지만, 인식론적인 이론이 있어서는 그렇지 못하다는 것이다. 이것이 바로 그들 두 이론에 있어서 가장 중요한 차이점이다.

'진리'를 정의하기 위해 사용된 대응관계라는 것도 두 이론에 있어서 오직 기본명제의 경우에 있어서만 발견된다는 것을 알 수 있다. '모든 인간은 죽는다.'와 같은 명제가 참인 경우에 이러한 명제의 진위는 'A가 죽는다.', 'B가 죽는다.'등등으로부터 이끌어져 나오며, 이러한 각 명제들은 다시 'A가 싸늘하게 된다.', 'B가 싸늘하게 된다.'등등과 같은 명제들로부터 그 진위가 도출된다. A와 B의 어떤 값에 대해서는 이러한 명제들은 관찰로부터 끌어낼 수 있다. 그러면 그것들은 두 이론에 있어 기본명제가 된다. 그들은 (만일 참이라면) 논리적인 이론에 있어서는 비록 그것이 관찰되지 않더라도 기본 명제가 된다. 왜냐하면 논리적인 이론이 주장하는 바는 'A는 싸늘하게 된다.'라는 진술을 참되게 해주는 '사실'은 비록 그 사실을 의식하고 있는 자가 아무도 없다고 하더라도 존재한다는 것이며, 혹은 반대로 A는 죽지 않는다는 결론으로 이끌어줄 반대되는 사실이나 사실군(事實群)이 존재한다는 것이다.

- ☐ vice versa ad. 반대로, 거꾸로, 역도 또한 같음
- ☐ syntactical a. 구문론의, 구문론적인
- ☐ empirically ad. 경험적으로, 실험·관찰에 의해 cf) empiricist 경험주의자 empiricism 경험주의
- ☐ whereas in the epistemological ~ or against it. 문장은 neither A(true) nor B(false) 구문이며, if 이하는 either for(it) or against it.으로 'for(it)이거나 against it 중의 어느 하나라는 증거가 없으면'의 뜻임
- ☐ the law of excluded middle 중간이 배제되는 원리(법칙), 배중률
- ☐ Such a proposition as ~ 'B grows cold', etc. 문장에서 Such a proposition as 'all men are mortal'은 뒤의 it(목적어)의 내용이 된다. 또한 its truth derives from ~가 assuming it true,라는 분사구문 뒤에 옴으로써 derives its truth from ~로 어순이 바뀌었음
- ☐ the logical theory는 'fact' which would make(V) the statement 'A grows cold' (O) true (O.C)의 형태로 파악할 것

In the epistemological theory, basic propositions are defined as in Chapter X. In the logical theory, they must have a definition not referring to our knowledge, but such that, with this new logical definition, 'experienced basic propositions' become identical with 'basic propositions' in the epistemological theory. The logical definition is to be obtained by observing the logical form of epistemologically basic propositions, and omitting the condition that they must be experienced, while retaining the condition that they must be true (in the sense of the logical theory).

In the epistemological theory, we say that a 'basic' sentence is one that 'corresponds' to an 'experience', or 'expresses' an 'experience'. The definition of 'corresponding' or 'expressing' is in the main behaviouristic. 'Experience' can be surveyed, but on our present view it can hardly be defined. On the alternative 'logical' view, 'experiences' can be defined as a certain sub-class of 'facts'.

Sentences which express experiences are of certain logical forms. When they express such experiences as supply the data of physics, they are always atomic. As regards the data of psychology, there are difficulties in maintaining that this is the case, but we have seen reason to think these difficulties not insuperable. There are recollections involving logical words such as 'or' and 'some'; more generally, there are 'propositional attitudes', such as believing, doubting, desiring, etc. The question of propositional attitudes is complex, and involves considerable discussion, but our analysis of belief has been intended to show that the basic propositions in regard to them are not essentially different from those required in physics.

인식론적인 이론에 있어서의 기본명제는 제10장에서와 같이 정의된다. 논리적인 이론에 있어서의 기본명제는 우리의 인식에 언급함이 없이 정의되어야만 하며, 이렇게 새로운 논리적인 정의와 함께, '경험된 기본명제'는 인식론적인 이론에 있어서의 '기본명제'와 동일하게 된다는 사실에 언급하여 정의되어야 한다. 논리적인 정의는 우선 인식론적으로 기본적인 명제들의 논리적인 형식을 관찰해서 그 명제들이 참이 될 조건은 그대로 두고서 (논리적인 이론의 의미에 있어서) 그것들이 경험된다는 조건은 제외함으로써 얻어지게 되는 것이다.

인식론적인 이론에 있어서 '기본적인' 문장은 '경험'에 '대응'되는 문장이거나 '경험'을 '표현하는' 문장이라고 한다. '대응한다'거나 '표현한다'는 것의 정의는 주로 행동주의적인 정의이다. '경험'이라는 것은 개관(概觀)될 수는 있어도 현재의 인식론적인 우리의 견해로서는 정의될 수가 없다. 또 다른 '논리적' 견지에서 본다면 '경험'이란 '사실'의 하위집합으로서 정의될 수가 있다.

경험을 표현하는 문장들은 어떤 논리적인 형식으로 되어 있다. 그러한 문장들이 물리학의 자료를 제공하는 것일 경우에 그것들은 언제나 원자적이다. 심리학적인 자료에 대해서도 마찬가지라고 주장하기에는 물론 어려움이 있기는 하나, 이러한 어려움이 그리 대단한 것은 아니라고 생각할 수 있는 이유를 우리는 살펴왔었다. '혹은'이나 '어떤'과 같은 논리어를 포함하는 기억들도 있으며, '명제태도', 즉 믿고 의심하고 욕구하는 등과 같은 것들도 존재한다. 명제태도에 관한 문제는 복잡해서 상당한 논의를 거쳐야 하지만 믿음을 우리가 분석하는 의도는 그 믿음에 대한 기본적인 명제들이 물리학에서 요구하는 명제들과 본질적으로 다른 것이 아니라는 사실을 증명하기 위한 것이었다.

- ☐ In the logical theory, 문장은 not A (referring to our knowledge), but B (referring to such that ~)의 구문으로 파악할 것. with this new logical definition은 삽입구
- ☐ The logical definition ~ must be true(in the sense of the logical theory). 문장은 be obtained by observing ~, and omitting ~, while retaining ~,의 구조로 읽을 것
- ☐ atomic a. 원자의, 원자력에 의한, 극소의, 극미의 n. atom, atomist 원자 물리학자, 원자론자
- ☐ insuperable a. 이겨낼 수 없는, 극복할 수 없는 n. insuperability

Assuming the logical forms of epistemologically basic sentences decided, we can proceed to consider the logical theory of basic sentences. But it must be said that the point of view we are now to consider is disputable. Its main merit is that it allows us to believe in the law of excluded middle.

If the law of excluded middle is assumed, any sentence which is epistemologically basic will remain true-or-false if any word in it is replaced by another word of the same logical type. But when a sentence is epistemologically basic, the fact to which it corresponds, and in virtue of which it is true, is experienced. When one or more of the words in the sentence are changed, there may be no experience which is expressed by the new sentence; there may also be no syntactical relation to any epistemologically basic sentence in virtue of which the new sentence has derivative truth of falsehood. Therefore we must either abandon the law of excluded middle or enlarge our definition of truth.

If, reverting to the epistemological theory, we abandon the law of excluded middle, we can define derivative truth in terms of 'verifiability': a sentence is 'verifiable' when it has one of certain assigned syntactical relations to one or more epistemologically basic sentences. A sentence which has no such syntactical relation will be neither true nor false. (Certain syntactical relations to basic sentences make a sentence 'probable'; in this case, also, we shall be obliged, on our present plan, to deny that the sentence is true-or-false.)

인식론상으로 기본적인 문장들의 논리적인 형식들이 정해졌다고 가정한다면 우리는 나아가서 기본문장들에 관한 논리적인 이론을 고찰할 수 있게 된다. 그런데 우리가 지금 고찰하게 될 관점에도 논란의 여지가 있음은 물론이다. 하지만 그 주된 장점은 그 관점에 의해서 우리가 배중률을 믿을 수 있게 된다는 것이다.

만일 배중률이 가정된다면 인식론상으로 기본적인 문장은 어떤 것이든 그 문장 내의 어떤 말이 동일한 논리적인 유형의 다른 말로 대신하더라도 여전히 참 혹은 거짓일 것이다. 그러나 문장이 인식론상 기본적인 것일 경우에는 그 명제에 대응하며, 그것을 참되게 해주는 그 사실이 경험된다. 문장 내의 하나 혹은 그 이상의 낱말이 변화될 때, 그 새로운 문장으로 표현되는 경험은 없을 것이며, 또한 새로운 문장이 파생적으로 참과 거짓이 되게 할 인식론상의 기본적인 문장에 대한 구문론적인 관계도 없을 것이다. 따라서 우리는 배중률을 버리던가 진리에 대한 우리의 정의를 확대하던가 해야 한다.

인식론적인 이론에 되돌아가서, 만일 우리가 배중률을 버린다면, 우리는 '검증가능성(檢證可能性)'에 의해서 파생적인 진리를 정의할 수가 있다. 어떤 문장이 '검증 가능'하다는 것은 그것이 하나 이상의 인식론적인 기본문장에 대해서 지정된 구문론적인 관계를 맺고 있을 경우이다. 이러한 구문론적인 관계가 없는 문장도 참도 거짓도 될 수 없을 것이다(기본 문장에 관한 어떤 구문론적인 관계는 한 문장을 '가능적인' 것으로 만들어주며, 또한 이러한 경우에 현재 우리의 계획상 그 문장이 참 혹은 거짓임을 부인해야 될 것이다).

- ☐ Assuming the logical ~ sentences decided는 If we assume(V) the logical forms of epistemologically basic sentences(O) decided(O. C)의 내용이 분사구문으로 된 것임
- ☐ disputable a. 논의할 여지가 있는, 진위가 의심스러운, 확실치 않은 v. dispute
- ☐ But when a ~ is experienced. 문장에서 the fact is experienced가 주절의 요체이며, to which ~, in virtue of which의 선행사는 the fact(주어)이다
- ☐ revert vi. 본래 상태로 되돌아가다, (습관, 신앙) 복귀하다, 귀속하다(to) vt. (눈길, 발길을) 돌리다
- ☐ verifiability n. 입증(증명) 가능성, 검증 가능성 a. verifiable n. verification 검증, 입증
- ☐ assigned a. 지정된, 설정된, 할당된, 배당된 vi. assign 재산을 양도하다

Per contra, we may adhere to the law of excluded middle, and seek a logical definition as opposed to an epistemological definition of 'basic sentences'. This course requires, first, a definition of 'significant' sentences. For this purpose we set up the following definitions:

A sentence is 'verifiable' when either (*a*) it is epistemologically basic, or (*b*) it has certain syntactical relations to one or more epistemologically basic propositions.

A sentence is 'significant' when it results from a verifiable sentence S by substituting for one or more words of S other words of the same logical type.

The law of excluded middle will then be asserted to apply to every significant sentence.

But this will require a new definition of 'truth'.

We said in the epistemological theory that the truth of a 'basic' sentence is defined by correspondence with an 'experience'. We may, however, substitute 'fact' for 'experience', and in that case, an unverifiable sentence may be 'true' because it corresponds with a 'fact'. In that case, if the law of excluded middle is to be retained, we shall have to say that, whenever there is a verifiable sentence 'f(*a*)' containing a certain word '*a*', which is verified by the appropriate fact about a, if '*b*' a word of the same type as '*a*', there is a fact indicated by the sentence 'f(*b*)' or there is a fact indicated by the sentence 'not-f(*b*)'.

Thus the law of excluded middle involves us in much difficult metaphysics.

이에 반하여 배중률을 고수함으로써 '기본문장'에 대한 인식론적인 정의와는 반대되는 논리적인 정의를 찾을 수도 있다. 이러한 과정은 먼저 '의미하는' 문장에 관한 정의를 필요로 한다. 이를 위해서 우리들은 다음과 같은 정의를 내려야 한다.

한 문장이 '검증가능'하다는 것은 (a) 그 문장이 인식론적으로 기본적인 경우이거나, (b) 그것이 하나 이상의 인식론적으로 기본 문장과 어떠한 구문론적인 관계를 가질 경우이다.

한 문장이 '의미하는' 것일 때는 그것이 검증가능한 문장 S로부터 그 속에 있는 하나 혹은 그 이상의 말을 동일한 논리적인 유형의 다른 말로 바꾸어 놓음으로써 생겨난 것일 경우이다.

배중률은 그러한 경우에 모든 의미 있는 문장에 적용된다고 주장될 것이다.

그러나 이것은 '진리'에 대한 새로운 정의를 요구한다.

우리는 인식론적인 이론에 있어서 '기본적인' 문장이 진리임은 '경험'과의 대응에 의해서 정의된다고 말했다. 그러나 우리는 '경험' 대신에 '사실'로 바꾸어 놓을 수 있으며, 그러한 경우에 검증할 수 없는 문장도 그것이 '사실'과 대응된다면 '참'일 수가 있다. 그 경우에 만일 배중률이 그대로 적용될 수 있기 위해서는 우리는 다음과 같이 말해야 한다. 즉, a에 관한 적합한 사실에 의해 검증되는 'a'라는 어떤 말을 포함하는 검증될 수 있는 문장 'f(a)'가 존재한다면 언제나 'b'가 'a'와 같은 유형의 말인 경우에 'f(b)'라는 문장이 지시하는 사실이 존재하던가 혹은 'not-f(b)'라는 문장이 지시하는 사실이 존재한다고 할 수 있어야 할 것이다.

그래서 배중률 때문에 우리는 수많은 형이상학적인 난점들 속에 휩싸이게 된다.

- ☐ Per contra 이에 반하여, 도리어
- ☐ A sentence is ~ same logical type. 문장은 by substituting other words of the same logical type(A) for one or more words of S(B)의 꼴로 된 것임
- ☐ substitute vt. 대용하다, 바꾸다(for), ~을 대리케 하다(for) cf) substitute A for B: B대신 A를 쓰다 (= substitute B by A)
- ☐ we shall have to ~ 'not-f(b)'. 이 문장은 whenever ~ fact about a 까지를 하나의 의미단락으로 끊어 읽고, if 'b' is a word of same type as 'a'는 뒷 문장에 의미상 연결되는 조건절
- ☐ appropriate vt. 사유하다, 훔치다, 충당하다 a. 적당한, 적절한 (to, for), 특유한, 고유한
- ☐ metaphysics n. 형이상학, 순수철학, 추상론

If the law of excluded middle is to be retained, we shall have to proceed as follows:

(1) 'Fact' is undefined.

(2) Some facts are 'experienced.'

(3) Some experienced facts are both 'expressed' and 'indicated' by sentences.

(4) If '*a*' and '*b*' are words of the same logical type, and 'f(*b*)' is a sentence expressing an *experienced* fact, then either 'f(*b*)' indicates a fact or 'not-f(*b*)' indicates a fact.

(5) 'Data' are sentences expressing and indicating experienced facts.

(6) 'Verifiable' sentences are those having such syntactical relations to data as make them deducible from data — or, we may add, more or less probable in relation to data.

(7) 'True' sentences are such as either indicate facts, or have the same syntactical relations to sentences indicating facts as verifiable sentences have to data.

On this view, verifiable sentences are sub-class of true sentences.

It seems fairly clear that the law of excluded middle cannot be preserved without the metaphysical principle (4) above.

There are difficulties in both theories of truth. The epistemological theory of truth, consistently developed, limits knowledge to a degree that seems excessive, and that is not intended by its advocates. The logical theory involves us in metaphysics, and has difficulties (not insuperable) in defining the correspondence which it requires for the definition of 'truth'.

Whichever theory we adopt, it should, I think, be conceded that *meaning* is limited to experience, but *significance* is not.

나아가서 만일 배중률이 보존되어야 한다면 우리는 다음과 같이 말해야만 될 것이다.

(1) '사실'은 정의되지 않는다.

(2) 어떤 사실들은 '경험된다.'

(3) 어떤 경험된 사실들은 문장에 의해서 '표현되고 '동시에 '지시된다'.

(4) 만일 'a'와 'b'가 동일한 논리적인 유형의 말이고 'f(b)'가 '경험된' 사실을 표시하는 문장일 경우 'f(b)'가 사실을 지시하거나 'not-f(b)'가 사실을 지시한다.

(5) '자료'는 경험된 사실을 표현하고 지시하는 문장들이다.

(6) '검증가능한' 문장들이란 그것들이 자료로부터 연역될 수 있도록 그 자료에 대해서 구문론적인 관계를 갖는 그러한 문장들이다 — 혹은 더 보탤 수 있다면 자료에 대한 관계에 있어서 다소간 가능한 그런 문장들이다.

(7) '참된' 문장들이란 사실들을 지시하는 것이거나 혹은 사실을 지시하는 문장에 대해 검증가능한 자료에 대해 갖는 것과 동일한 구문론적인 관계를 갖든가이다.

이러한 관점에서 볼 때 검증가능한 문장이란 참인 문장의 하위집합이다.

배중률은 위의 (4)에 나오는 형이상학적인 원리가 없이는 유지될 수 없다는 것은 아주 명백하다고 생각된다.

진리에 대한 양쪽의 이론에 모두 난점이 있다. 인식론적인 진리론은 줄곧 발전되어 오기는 했지만 지나쳐 보일 정도로 지식을 제한했는 데, 그러한 것을 그 주창자들이 본래 의도했던 것은 아니다. 논리적인 이론은, 우리를 형이상학에 끌어넣으며, '진리'를 정의하기 위해 필요한 대응이란 말을 정의하는 데 있어서 (대단한 것은 아니다) 난점들을 갖고 있다.

어떤 이론을 채택하든 간에 의미는 경험에 국한되지만, 의의는 그렇지 않다는 것을 인정해야만 할 것으로 나에겐 여겨진다.

- ☐ deducible a. 추론할 수 있는, 연역할 수 있는 vt. deduce 연역하다, 추론하다 (= infer)
- ☐ more or less 다소간에, 얼마간, 대강
- ☐ (7) 'True' sentences ~ have to data. 문장은 either A(indicate facts) or B(have the same~data)의 구문임.
- ☐ as verifiable sentences have (syntactical relations) to data로 볼 것
- ☐ to a degree that ~할 정도로 cf) to a certain degree 어느 정도는, 다소는
- ☐ excessive a. 과도의, 과대한, 지나친, 엄청난 n. excessiveness
- ☐ concede vt. 인정하다, 시인하다(= admit) vi. 양보하다, 용인하다 ad. concededly 명백히

As regards meaning: we may, on the usual grounds, ignore words that have a dictionary definition, and confine ourselves to words of which the definition is ostensive. Now it is obvious that an ostensive definition must depend upon experience; Hume's principle, 'no idea without an antecedent impression', certainly applies to learning the meaning of object-words. If our previous discussions have been correct, it applies also to logical words; 'not' must derive its meaning from experiences of rejection, and 'or' from experiences of hesitation. Thus no essential word in our vocabulary can have a meaning independent of experience. Indeed any word that *I* can understand has a meaning derived from *my* experience.

의미에 관해서는 흔히 있는 근거로 해서 사전적(辭典的)인 정의를 갖는 말을 무시하고서 그 정의가 명시적(明示的)인 말에만 제한할 수가 있다. 그런데 명시적인 정의는 경험에만 의존해야 한다는 것은 분명하다. '선행하는 인상(印象)이 없이는 어떤 관념도 없다'는 흄의 원리는 확실히 대상어의 의미를 학습하는데 적용된다. 또한 만일 우리가 앞에서 한 논의가 옳았다면 그러한 원리는 논리어에도 적용된다. '아니다'라는 것은 거부의 경험으로부터 그 의미가 도출되어야 하며, '혹은'이란 말은 망설임의 경험으로부터 끌어내어져야만 한다. 따라서 우리가 가진 어휘 중에 어떤 기본적인 말도 경험과 관계없이 의미를 가질 수 있는 것은 없다. 사실 '나'라는 존재가 이해할 수 있는 말은 어느 것이나 '나의' 경험으로부터 유래하는 의미를 갖는다.

- ☐ confine vt. 제한하다, 한하다(to, within), 가둬넣다, 감금하다(in, within)
  cf) confine oneself to ~에 틀어박히다
- ☐ ostensive a. 실물로 나타내 보이는, 명시하는 (= ostensible)
- ☐ antecedent a. 앞서는, 선행의, 이전의(to)
  n. 선례 opp. consequent
- ☐ 'not' must derive ~ of hesitation.
  구문은 'or' (must derive its meaning) from experiences of hesitation가 생략된 것으로 읽을 것

제 8 장

Ludwig Wittgenstein
Tractatus Logico-Philosophicus

루드비히 비트겐슈타인
논리 철학 논고

4.003 Most of the propositions and questions to be found in philosophical works are not false but nonsensical. Consequently we cannot give any answer to questions of this kind, but can only point out that they are nonsensical. Most of the propositions and questions of philosophers arise from our failure to understand the logic of our language (They belong to the same class as the question whether the good is more or less identical than the beautiful).

And it is not surprising that the deepest problems are in fact *not* problems at all.

4.0031 All philosophy is a 'critique of language' (though not in Mauthner's sense). It was Russell who performed the service of showing that the apparent logical form of a proposition need not be its real one.

루드비히 비트겐슈타인(1889~1951)은 오스트리아 빈 태생의 철학자이다. 그의 언어 철학에 있어 중심주제는 언어의 본질과 언어의 세계에 대한 관계이다. 그는 「Tractatus Logico-Philosophicus」에서, 언어의 본질은 세계를 그리고 있는 명제로 구성되어 있으며, 여기에서 명제란 '지각할 수 있는 사유의 표현'이고 그 사유는 '사상의 논리적 그림'이라는 '언어의 그림이론'을 제시했다. 그리고 언어와 세계와의 관계를 사유의 궁극적 요소들과 사유세계를 구성하는 원자나 단순자들과의 관련성에 의해서 설명하였다.

4.003 철학적 문제들에 관해 쓰였던 대부분의 명제들이나 물음들은 거짓된 것이 아니라, 비의미적(非意味的)인 것이다. 그렇게 때문에 우리는 그러한 종류의 물음들에 대해서는 결코 대답할 수 없고, 단지 그것들의 비의미성을 확정할 수 있을 뿐이다. 철학자들의 명제들이나 물음들의 대부분은 우리가 우리 언어의 논리를 이해하지 못하는 데서 생겨난다(그것들은 선(善)이 미(美)와 얼마만큼 동일한가라는 물음과 같은 종류의 것들이다).

그리고 가장 깊은 문제들이 실제로는 아무런 문제도 '아니'라는 것은 놀라운 일이 아니다.

4.0031 모든 철학은 '언어비판'이다(마우트네르적인 의미에서는 결코 아니지만). 러셀의 공적은 명제의 외견상의 논리적 형식이 명제의 실제 논리적 형식일 필요가 없다는 것을 보여준 것이다.

- ☐ proposition n. 명제, 주제, 제안
- ☐ nonsensical a. 터무니없는
  n. nonsense
- ☐ more or less 다소 (= to some extent)
- ☐ perform v. 수행(완수, 완성)하다

4.112 Philosophy aims at the logical clarification of thoughts.

Philosophy is not a body of doctrine but an activity.

A Philosophical work consists essentially of elucidations.

Philosophy does not result in 'Philosophical propositions', but rather in the clarification of propositions.

Without Philosophy thoughts are, as it were, cloudy and indistinct: its task is to make them clear and to give them sharp boundaries.

4.1121 Psychology is no more closely related to Philosophy than any other natural science.

Theory of knowledge is the Philosophy of psychology.

Does not my study of sign-language correspond to the study of thought-processes, which Philosophers used to consider so essential to the Philosophy of logic? Only in most cases they got entangled in unessential psychological investigations, and with my method too there is an analogous risk.

4.114 It must set limits to what can be thought, and, in doing so, to what cannot be thought.

It must set limits to what cannot be thought by working outwards through what can be thought.

4.115 It will signify what cannot be said, by presenting clearly what can be said.

4.12 Propositions can represent the whole of reality, but they cannot represent what they must have in common with reality in order to be able to represent it — logical form.

In order to be able to represent logical form, we should have to be able to station ourselves with propositions somewhere outside logic, that is say outside the world.

4.1212 What *can* be shown, *cannot* be said.

4.112 철학의 목표는 사고의 논리적 명료화이다.
철학은 이설(異說)이 아니라 활동이다.
철학적 저작은 본질적으로 주석들로 이루어진다.
철학적 결과는 '철학적 명제들'이 아니라, 명제들이 명료하게 되는 것이다.
철학은 이를테면 혼탁하고 흐릿한 사고를 명료하게 하고 예리하게 경계지어야 한다.
4.1121 심리학이 다른 어떤 자연과학보다 철학과 더 밀접한 관계에 있는 것은 전혀 아니다.
가설론은 심리학의 철학이다.
기호언어에 대한 나의 연구는, 철학자들이 논리학의 철학에 있어 그토록 본질적인 것으로 생각한, 사고과정에 대한 연구에 대응하지 않는가? 단지 그들은 대부분의 경우 비본질적인 심리학적 탐구에 뒤얽혀 있었으며, 나의 방법에도 이와 유사한 위험이 있다.
4.114 철학은 생각될 수 있는 것을 한계지어야 하며, 그렇게 함으로써 생각될 수 없는 것을 한계지어야 한다.
철학은 생각될 수 없는 것을, 생각될 수 있는 것을 통하여 안으로부터 한계지어야 한다.
4.115 철학은 말할 수 있는 것을 분명하게 제시함으로써, 말할 수 없는 것을 뜻할 것이다.
4.12 명제는 실재 전체를 제시할 수 있다. 그러나 명제는 그것이 실재를 제시하기 위하여 실재와 공통되게 가지고 있어야 하는 것 — 논리적 형식 — 은 제시할 수 없다.
논리적 형식을 제시할 수 있기 위해서는 우리 자신을 명제와 함께 논리의 밖에, 즉 세계의 밖에 세울 수 있어야 한다.
4.1212 보여질 '수 있는' 것은 말해질 '수 없다.'

- ☐ clarification n. 명료화, 정화 v. clarify
- ☐ body n. 실체 cf) a heavenly ~ 천체
- ☐ consist of 구성되다 (= be made up of, be composed of, comprise)
- ☐ as it were 즉, 다시 말하자면 (= namely, say)
- ☐ entangle vt. 뒤얽히게 하다, 혼란하게 하다
- ☐ the whole of reality 실재(實在), 전체
- ☐ station vt. ~에 배치하다, 주재시키다(at, on)

4.46 Among the possible groups of truth-conditions there are two extreme cases.

In one of these cases the proposition is true for all the truth-possibilities of the elementary propositions. We say that the truth-conditions are *tautological*.

In the second case the proposition is false for all the truth-possibilities: the truth-conditions are *contradictory*.

In the first case we call the proposition a tautology; in the second, a contradiction,

4.461 Propositions show what they say; tautologies and contradictions show that they say nothing.

A tautology has no truth-conditions, since it is unconditionally true: and a contradiction is true on no condition.

Tautologies and contradictions lack sense (Like a point from which two arrows go out in opposite directions to one another). (For example, I know nothing about the weather when I know that it is either raining or not raining).

4.4611 Tautologies and contradictions are not, however, nonsensical. They are part of the symbolism, much as 'O' is part of the symbolism of arithmetic.

6.13 Logic is not a body of doctrine, but a mirror-image of the world.

6.4312 Not only is there no guarantee of the temporal immortality of the human soul, that is to say of its eternal survival after death; but, in any case, this assumption completely fails to accomplish the purpose for which it has always been intended. Or is some riddle solved by my surviving forever? Is not this eternal life itself as much of a riddle as our present life? The solution of the riddle of life in space and time lies *outside* space and time (It is certainly not the solution of any problems of natural science that is required).

4.46 진리조건들의 가능한 집단들 중에는, 두 개의 극단적인 경우가 있다.
한 경우에 있어서는, 명제가 요소명제들의 모든 진리가능성들에 대하여 참되다. 우리는 진리조건들이 '동어반복적'이라고 말한다.
두 번째 경우에 있어서는, 명제가 요소명제들의 모든 진리가능성들에 대하여 거짓되다: 진리조건들이 '모순적'이다.
첫 번째 경우의 명제를 우리는 동어반복이라 부르고, 두 번째 경우의 명제는 모순이라 부른다.
4.461 명제는 그것이 말하는 것을 보여준다. : 동어반복과 모순은 그것들이 아무것도 말하지 않는다는 것을 보여 준다.
동어반복은 어떤 진리조건도 갖지 않는다. 그것은 무조건적으로 참이기 때문이다: 그리고 모순은 어떤 조건 아래서도 참이 아니다.
동어반복과 모순은 무의미하다(그로부터 두 화살이 서로 반대되는 방향으로 나아가는 한점과 같이). (예를 들어, 내가 비가 오거나 비가 오지 않는다는 것을 알 때, 나는 날씨에 대해서 아무것도 알지 못한다.)
4.461 그렇지만 동어반복과 모순은 비의미적이지는 않다, 그것들은 'O'이 산술의 보호체계에 속하는 것과 유사하게, 부호체계에 속한다.
6.13 논리학은 이설이 아니라, 세계가 반영된 상이다.
6.4312 인간 영혼의 시간적 불멸성, 즉 영혼이 죽은 후에도 영원히 살아남는다는 것은, 어떤 식으로도 보증되지 않을 뿐 아니라, 무엇보다도 사람들이 언제나 이 가정으로 달성하려하는 바를 전혀 달성시켜 주지 않는다. 내가 영원히 살아남는다는 것에 의해 수수께끼가 풀리는가? 이 영원한 삶은 현재의 삶과 똑같은 만큼 수수께끼가 아닌가? 공간과 시간 속에 있는 삶의 수수께끼에 대한 해결은 공간과 시간의 '밖에' 놓여있다 (정말로 해결되어야 할 것은 자연과학의 문제들이 아니다.)

- ☐ truth-conditions 진리조건
- ☐ truth-possibilities 진리가능성
- ☐ tautological a. 동어 반복의, 중언 부언의 n. tautology
- ☐ contradictory a. 모순의, 자가 당착의 n. contradiction
- ☐ unconditionally ad. 무조건적으로, 조건없이, 절대적으로
- ☐ arithmetic a. 산술의, 계산의 n. 산수, 계산
- ☐ space and time 시공(時空)

6.42 So too it is impossible for there to be propositions of ethics. Propositions can express nothing that is higher.

6.421 It is clear that ethics cannot be put into words. Ethics is transcendental (Ethics and aesthetics are one and the same).

6.432 *How* things are in the world is a matter of complete indifference for what is higher. God does not reveal himself *in* the world.

6.4321 The facts all contribute only to setting the problem, not to its solution.

6.44 It is not *how* things are in the world that is mystical, but *that* it exists.

6.522 There are, indeed, things that cannot be put into words. They *make themselves manifest*. They are what is mystical.

6.53 The correct method in philosophy would really be the following: to say nothing except what can be said, i.e. propositions of natural science — i.e. something that has nothing to do with philosophy — and then, whenever someone else wanted to say something metaphysical, to demonstrate to him that he had failed to give a meaning to certain signs in his propositions. Although it would not be satisfying to the other person — he would not have the feeling that we were teaching him philosophy — *this* method would be the only strictly correct one.

7. What we cannot speak about we must pass over in silence.

6.42 그렇기 때문에 윤리학의 명제들도 있을 수 없다. 명제들은 보다 높은 것은 표현할 수 없다.
6.421 윤리학이 언표(言表)될 수 없다는 것은 분명하다.
윤리학은 초월적이다 (윤리학과 미학은 하나이다).
6.432 세계가 '어떠한가'는 보다 높은 존재에게는 완전히 아무래도 무관심한 일이다. 신은 자신을 세계 '속에' 드러내지 않는다.
6.4321 사실들은 모두 과제에만 속할 뿐, 과제의 해결에는 속하지 않는다.
6.44 신비적인 것은 세계가 '어떠한가'가 아니라, 세계가 있다는 '것'이다.
6.522 실로 언표(言表)될 수 없는 것이 있다. 그것은 그 자신을 '보여 준다': 그것은 신비적인 것이다.
6.53 철학의 올바른 방법은 본래 다음과 같은 것이리라 : 말할 수 있는 것, 즉 자연과학의 명제들 — 즉 철학과는 무관한 것 — 을 제외하고는 아무것도 말하지 않기. 그리고 나서는 어떤 다른 사람이 형이상학적인 것을 말하려고 할 때에는 언제나, 그가 그의 명제들 속의 어떤 기호들에 아무런 뜻도 부여하지 않았다는 것을 지적해 주기. 이 방법이 그 사람에게는 만족스럽지 못하겠지만 — 그는 우리가 그에게 철학을 가르치고 있다는 느낌을 갖지 않을 것이다 — '이것'이야 말로 엄밀하게 올바른 유일한 방법일 것이다.
7. 말할 수 없는 것에 대해서는 침묵해야 한다.

- ☐ transcendental a. 초절(월)적인
  cf) transcendentalism 초월(절)주의
- ☐ reveal vt. 드러내다, 계시하다
  n. revelation 현시, (신의) 계시
- ☐ natural science 자연과학 opp. social science
- ☐ metaphysical a. 형이상학의, 극도로 추상적인 opp. physical
- ☐ pass over v. 넘기다, 간과하다, 무시하다

제 9 장 

Herbert Marcuse
Reason and Revolution

헤르베르트 마르쿠제
이성과 혁명

Even Hegel's most abstract and metaphysical concepts are saturated with experience — experience of a world in which the unreasonable becomes reasonable and, as such, determines the facts; in which unfreedom is the condition of freedom, and war the guarantor of peace. This world contradicts itself. Common sense and science purge themselves from this contradiction; but philosophical thought begins with the recognition that the facts do not correspond to the concepts imposed by common sense and scientific reason — in short, with the refusal to accept them. To the extent that these concepts disregard the fatal contradictions which make up reality, they abstract from the very process of reality. The negation which dialectic applies to them is not only a critique of a conformistic logic, which denies the reality of contradictions; it is also a critique of the given state of affairs on its own grounds — of the established system of life, which denies its own promises and potentialities.

헤르베르트 마르쿠제(1892~1979)는 프랑크푸르트 학파를 대표하는 사상가의 한 사람으로서 하이데거의 영향 하에 헤겔 연구를 시작하였으며, 초기 마르크스 이론과 프로이트의 정신분석이론을 흡수하여 현대 선진 산업 사회와 문명에 대한 변증법적인 부정 철학 이론을 전개하였고, 베트남 전쟁과 68 혁명 때에는 학생 운동과 좌파 이론가들에게 지대한 영향을 미쳤다. 선진산업사회를 비판하고 '정치적 급진주의'를 옹호했으며, 그의 주장은 세계 각국에 커다란 영향을 주었다. 그는 '신좌파의 아버지'로 칭송되었다.

헤겔의 개념들은 아무리 추상적이고 형이상학적이라 하더라도 모두 경험이 삼투되어 있는 것들이다. 즉 비이성적인 것이 이성적인 것이 되고 그리하여 이성의 이름으로 사실을 규정하는 세계, 그리고 부자유가 자유의 조건이 되고 전쟁이 평화의 보증인이 되는 세계의 경험을 담고 있는 것이다. 이러한 세계는 그 자체 모순적인 세계이다. 상식과 과학은 이러한 모순을 스스로 피하려 하지만, 철학적 사유는 사실이 상식과 과학적 이성이 강요하는 제개념과 부합하지 않는다는 인식으로부터, 다시 말하면 상식과 과학의 개념들을 그대로 받아들이기를 거부하는 데서 출발한다. 그 개념들이 현실을 이루고 있는 치명적인 제 모순을 무시하는 한, 그것들은 바로 현실의 생생한 과정으로부터 후퇴하고 그것을 사상해 버린다. 변증법이 이러한 개념들에 적용시키는 부정이란 실재하는 모순을 거부하는 순응주의적 논리학에 대한 비판일 뿐만 아니라, 그것은 또한 기존의 사상(事象)자체를 그 근저로부터 비판하는 것, 즉 그 자체의 전제와 가능성을 거부하는 기존 생활체제에 대한 비판이다.

- ☐ saturate vt. 삼투시키다, 흠뻑 적시다
  cf) be ~ed with ~이 충분히 스며들다
- ☐ guarantor n. 보증인, 담보인
  opp. guarantee n. 보증, 장담, 보증인
- ☐ purge vt. 깨끗이 하다(from, of), (더러움을 제거(일소)하다) (away, off, out)
  n. purgation
- ☐ with the refusal to accept them
  은 앞 문장의 philosophical thought begins에 연결된다.

Today, this dialectical mode of thought is alien to the whole established universe of discourse and action. It seems to belong to the past and to be rebutted by the achievements of technological civilization. The established reality seems promising and productive enough to repel or absorb all alternatives. Thus acceptance — and even affirmation — of this reality appears to be the only reasonable methodological principle. Moreover, it precludes neither criticism nor change; on the contrary, insistence on the dynamic character of the status quo, on its constant 'revolutions', is one of the strongest props for this attitude. Yet this dynamic seems to operate endlessly within the same framework of life: streamlining rather than abolishing the domination of man, both by man and by the products of his labor. Progress becomes quantitative and tends to delay indefinitely the turn from quantity to quality — that is, the emergence of new modes of existence with new forms of reason and freedom.

The power of negative thinking is the driving power of dialectical thought, used as a tool for analyzing the world of facts in terms of its internal inadequacy. I choose this vague and unscientific formulation in order to sharpen the contrast between dialectical and undialectical thinking. 'Inadequacy' implies a value judgment. Dialectical thought invalidates the a prior opposition of value and fact by understanding all facts as stages of a single process — a process in which subject and object are so joined that truth can be determined only within the subject-object totality. All facts embody the knower as well as the doer; they continuously translate the past into the present. The objects thus 'contain' subjectivity in their very structure.

오늘날 이러한 변증법적 사유방식은 기존의 모든 논의 및 행동 양식에 낯선 것이 되어 버렸다. 그것은 이제 과거에나 속하는 것이고 물질문명의 성과에 의해 반박되어야 하는 것처럼 보인다. 기존의 현실은 글 밖의 모든 대안을 물리치고 더 나아가 모든 것을 흡수할 만큼 전도유망하고 생산적인 것처럼 보인다. 따라서 이러한 현실을 그대로 받아들이는 것이, 아니 심지어 지지하는 것이 오직 유일하게 합리적인 방법적 원리인 것처럼 보인다. 뿐만 아니라, 그것은 그 나름으로 비판이나 변화도 배제하고 있지 않다. 오히려 그와는 반대로 현상의 역동적 성격, 즉 그것의 끊임없는 '혁명'에 대한 주장이야말로 그러한 태도를 떠받쳐 주는 가장 강력한 지주이다. 그러나 이러한 역동성이란 언제나 똑같은 삶의 테두리 안에서 작용하고 있는 것 같다. 즉 그것은 인간에 대한 인간의 지배 및 그 노동의 산물에 의한 인간의 지배를 붕괴시키기보다는 오히려 세련화되고 있다. 이제 진보는 양적인 것이 되어, 양으로부터 질로의 전화, 즉 새로운 형태의 이성과 자유를 지닌 새로운 존재양식의 출현을 무한정 지연시키게 된다.

부정적 사유능력은 변증법적 사유의 원동력으로서, 사실의 세계를 그 세계 자체의 내적 부적합성이라는 견지에서 따져 분석하는 도구로서 사용된다. 내가 이처럼 막연하고 비과학적인 정식화를 선택한 것은 변증법적 사유와 비변증법적 사유의 차이를 날카롭게 대비시키기 위해서이다. '부적합성'이란 가치판단을 포함하고 있다. 변증법적 사유는 모든 사실을 단일 과정의 각각의 단계로 이해함으로써 가치와 사실 사이의 선험적 분리 (대립)를 파기한다. 즉 그러한 과정에서 주체와 객체는 불가분적으로 상호침투되어 있기 때문에 진리는 주객일치적 전체 속에서만 규정될 수 있다는 것이다. 모든 사실들은 행동하는 주체뿐만 아니라 인식하는 주체를 구현하고 있으며 끊임없이 과거를 현재로 변혁시키고 있다. 이렇게 객체는 바로 그 자체의 구조 내에 주체성을 '포함'하고 있다.

- ☐ alien (to) a. 성질이 다른, 조화되지 않는 (= inharmonious) v. alienate(from)
- ☐ rebut vt. 반박하다, 물리치다, 퇴짜놓다 n. -tal 원고의 반박, 항변
- ☐ preclude vt. 제외하다, 방해하다 n. preclusion
- ☐ status quo n. 현상(現象)
- ☐ prop n. 지주, 버팀목, 지지자, 구원자 vt. 버티다
- ☐ streamline n., a. 유선, 유형선(의)
- ☐ invalidate vt. 무효로 하다 cf) invalid a. 병약한 n. 병자 n. invalidity
- ☐ knower n. (철학) 인식아(我), 이해하는 사람
- ☐ doer n. 행위자, 실행가

Now what (or who) is this subjectivity that, in a literal sense, constitutes the objective world? Hegel answers with a series of terms denoting the subject in its various manifestations: Thought, Reason, Spirit, Idea. Since we no longer have that fluent access to these concepts which the eighteenth and nineteenth centuries still had, I shall try to sketch Hegel's conception in more familiar terms:

Nothing is 'real' which does not sustain itself in existence, in a life-and-death struggle with the situations and conditions of its existence. The struggle may be blind or even unconscious, as in inorganic matter; it may be conscious and concerted, such as the struggle of mankind with its own conditions and with those of nature.

Reality is the constantly renewed result of the process of existence — the process, conscious or unconscious in which 'that which is' becomes 'other than itself'; and *identity* is only the continuous negation of inadequate existence, the subject maintaining itself in being other than itself. Each reality, therefore, is a *realization* — a development of 'subjectivity'. The latter 'comes to itself' in history, where the development has a rational content; Hegel defines it as 'progress in the consciousness of freedom'.

Again a value judgment — and this time a value judgment imposed upon the world as a whole. But freedom is for Hegel an ontological category: it means being not a mere object, but the subject of one's existence; not succumbing to external conditions, but transforming factuality into realization. This transformation is, according to Hegel, the energy of nature and history, the inner structure of all being! One may be tempted to scoff at this idea, but one should be aware of its implications.

그러므로 문자 그대로 객관적 세계를 구성하고 있는 주체는 무엇(또는 누구)인가? 헤겔은 여러 가지 형태로 드러나는 주체를 일컫는 '사유', '이성', '정신', '이념' 등 일련의 술어로써 대답한다. 오늘날 이러한 개념들은 18세기나 19세기에 있어서처럼 우리들에게 친숙하게 다가오지 않는 만큼, 여기에서는 헤겔의 사상을 좀 더 낯익은 용어들로 간단히 개괄해 보기로 하자.

우선 참으로 '현실적인 것'이란 반드시 자신의 존재 상황 및 조건들과의 생사를 건 투쟁 속에서 스스로를 실제로 지탱해 나가는 것이 아니면 안 된다. 그 투쟁은 무기체의 경우처럼 맹목적이고 심지어는 무의식적일 수도 있지만, 인류가 그 자신의 조건 및 자연의 조건과 싸워나가는 것처럼 의식적이고 계획된 것일 수도 있다.

'현실'이란 실존과정에서 끊임없이 새로 이루어지는 결과이며, 이 과정이란, 의식적인 것이든 무의식적인 것이든, '존재하는 어떤 것'이 '그것 아닌 다른 것으로 되어가는 과정이며, 부적합한 실존을 끊임없이 부정하는 것, 즉 주체가 스스로를 그것 아닌 다른 것으로 되어가는 과정을 계속 견지하는 것이 바로 '동일성'이다. 따라서 각각의 현실은 '실현', 즉 '주체성'의 전개과정을 의미한다. 후자는 역사 속에서 '그 자신에게로 돌아오는'것이며 그러한 전개과정은 역사 속에서 합리적인 내용을 얻는다. 헤겔은 이를 '자유의식의 진보'라 정의하고 있다.

이것 역시 하나의 가치판단이다. 그리고 이 경우는 세계 전체에 대해 내려진 가치판단이다. 그러나 헤겔에 있어서 자유는 존재론적 범주이다. 즉 자유는 단순한 객체가 아니라 자기 존재의 주체가 되는 것, 외적 조건에 굴복하는 게 아니라 사실성을 생생한 실현의 과정으로 변화시키는 것을 말한다. 헤겔에 따르면, 이러한 변화야말로 자연과 역사의 에너지요 모든 존재의 내적 구조라는 것이다! 어떤 사람들은 이러한 생각에 코웃음을 칠지도 모르나 우리는 그것이 함축하고 있는 의미를 깨달아야만 할 것이다.

- ☐ in a literal sense 문자 그대로(의 의미로)
- ☐ denote vt. 나타내다, 의미하다
  opp. connote n. denotation
- ☐ concerted a. 합의된, 협정한, 일치된
  cf) concert vt. 협조, 협정하다
- ☐ ontological a. 본체적인, 존재론적인
  n. ontology
- ☐ succumb vi. 굴복하다, 굽히다(to)
- ☐ be tempted to ~하고 싶어지다
- ☐ scoff vi. 비웃다, 조종하다(= jeer, sneer)
  n. 비웃음, 냉소(at)

Dialectical thought starts with the experience that the world is unfree; that is to say, man and nature exist in conditions of alienation, exist as 'other than they are'. Any mode of thought which excludes this contradiction from its logic is a faulty logic. Thought 'corresponds' to reality only as it transforms reality by comprehending its contradictory structure. Here the principle of dialectic drives thought beyond the limits of philosophy. For to comprehend reality means to comprehend what things really are, and this in turn means rejecting their mere factuality. Rejection is the process of thought as well as of action. While the scientific method leads from the immediate experience of things to their mathematical-logical structure, philosophical thought leads from the immediate experience of *existence* to its historical structure: the principle of freedom.

Freedom is the innermost dynamic of existence, and the very process of existence in an unfree world is 'the continuous negation of that which threatens to deny(*aufheben*) freedom'. Thus freedom is essentially negative: existence is both alienation and the process by which the subject comes to itself in comprehending and mastering alienation. For the history of mankind, this means attainment of a 'state of the world' in which the individual persist in inseparable harmony with the whole, and in which the conditions and relations of his world 'possess no essential objectivity independent of the individual.'

변증법적 사유는 세계가 자유롭지 못하다는 경험, 말하자면 인간과 자연이 소외된 상태로 존재한다는, 즉 '그 자신이 아닌 다른 것'으로 존재한다는 경험으로부터 출발한다. 어떠한 사고방식이건 이러한 모순을 그의 논리학으로부터 배제하는 한, 그것은 거짓된 논리학이다. 현실의 모순된 구조를 파악하여 그것을 변화시키는 가운데서만 이른바 사유와 실재의 '일치'가 있을 수 있다. 여기서 변증법의 원리는 사유를 철학의 한계 너머로까지 밀고 나간다. 왜냐하면 현실을 파악한다는 것은 사물의 참된 존재 양식을 파악하는 일이요, 이는 또한 그 사실들의 표면적인 사실성을 배격하는 것을 의미하기 때문이다. 배격한다는 것은 행위의 과정임과 동시에 사유의 과정이기도 하다. 과학적 방법이 '사물'의 직접적 경험에서 출발하여 그 수학적-논리적 구조에 다다르는 데 비해, 철학적 사유는 '존재'의 직접적 경험으로부터 그 역사적 구조, 즉 자유의 원리를 밝혀낸다.

자유는 존재의 가장 내적인 원동력이다. 그리고 자유롭지 못한 세계 내의 존재의 과정이란 곧 '자유를 부정하려고 위협하는 것에 대한 끊임없는 부정'이다. 이렇듯 자유는 본질적으로 부정적이다. 즉 존재는 소외감과 동시에 주체가 그 소외를 파악하고 극복함으로써 그 자신에게 되돌아오는 과정이기도 한 것이다. 인류의 역사에 있어서, 이것은 이른바 개인이 전체와 불가분의 조화 속에 있으며 그의 세계의 제반조건 및 관계가 '개인과 독립된 여하한 본질적인 객관성도 갖고 있지 않은' '세계의 상태'의 성취를 뜻한다.

- ☐ only as = only when
- ☐ factuality n. 사실성
- ☐ innermost (= inmost) a. 가장 내부의 n. 가장 깊숙한 곳
- ☐ negation n. 반대, 부정, 거부
- ☐ attainment n. 성과, 성취, 달성

As to the prospect of attaining such a state, Hegel was pessimistic: the element of reconciliation with the established state of affairs, so strong in his work, seems to a great extent due to this pessimism — or, if one prefers, this realism. Freedom is relegated to the realm of pure thought, to the Absolute idea. Idealism by default: Hegel shares this fate with the main philosophical tradition.

Dialectical thought thus becomes negative in itself. Its function is to break down the self-assurance and self-contentment of common sense, to undermine the sinister confidence in the power and language of facts, to demonstrate that unfreedom is so much at the core of things that the development of their internal contradictions leads necessarily to qualitative change: the explosion and catastrophe the established state of affairs.

Hegel sees the task of knowledge as that of recognizing the world as Reason by understanding all objects of thought as elements and aspects of a totality which becomes a conscious world in the history of mankind. Dialectical analysis ultimately tends to become historical analysis, in which nature itself appears as part and stage in its own history and in the history of man. The progress of cognition from common sense to knowledge arrives at a world which is negative in its very structure because that which is real opposes and denies the potentialities inherent in itself — potentialities which themselves strive for realization. Reason is the negation of the negative.

이러한 상태에 다다를 전망에 관해서 헤겔은 비관적이었다. 기존의 사태와 화해하려는 요소가 그의 저서에 두드러지게 나타나는 것도 이러한 비관주의 — 좋게 말하면, 현실주의 — 에 기인한 것이다. 그리하여 자유는 순수한 사유의 영역으로, 즉 '절대이념' 속으로 후퇴해 버리고 만다. 궁여지책으로서의 관념론 — 이러한 운명은 헤겔이 서양의 주요한 철학적 전통과 함께 하는 것이기도 하다.

이리하여 변증법적 사유는 그 자체가 부정적인 것이 된다. 상식의 자기만족과 자기 확신을 무너뜨리고, 사실의 언어와 힘에 대한 끔찍한 확신을 근저로부터 동요시켜, 부자유가 사물의 핵심에 뿌리박고 있는 한, 그것의 내적 모순의 발전은 필연적으로 질적 변화 — 즉 기존 사태의 폭발과 파국에 이르지 않을 수 없다는 것을 밝히는 것이 변증법적 사유의 기능인 것이다.

헤겔은 지(知)의 과제를 세계를 이성으로서 인식하는 것, 즉 사유의 모든 대상을 인류의 역사 속에서 의식적인 세계로 되어 가는 전체의 구성요소 내지 각각의 측면으로 이해함으로써 세계를 이성으로서 인식하는 것이라 생각한다. 변증법적 분석은 궁극적으로 역사적 분석이 된다. 그리고 그 분석에 따라 자연조차도 자연 자신의 역사와 인간 역사의 한 부분이며 단계로 나타나게 된다. 인식활동이 상식으로부터 참된 지(知)로 발전함에 따라 도달하는 세계는 그 구조 자체가 부정적인 세계다. 왜냐하면 실재하는 것이 그 자신이 지닌 가능성을 — 그들 스스로 실현되려고 힘쓰고 있는 가능성을 억누르고 부인하고 있기 때문이다. 이성은 곧 부정적인 것의 부정이다.

- ☐ the element of reconciliation의 동사는 seems to 이하에 연결되며 so strong in his work는 the element of reconciliation을 수식해 주는 삽입구이다.
- ☐ relegate vt. 퇴거하다 추방하다(into, to)
- ☐ Idealism (is relegated) by default
- ☐ default n. 불이행, 태만, 결핍 vt., vi. 태만하다, 이행하지 않다
- ☐ undermine vt. ~의 토대를(근본을) 침식하다, (몰래) 손상시키다, 훼손하다
- ☐ sinister a. 사악한(= wicked), 불길한, 재난의
- ☐ demonstrate that 이하에서는 so ~ that … (너무 ~해서 ~하다)의 결과용법으로 해석한다
- ☐ totality n. 총체성 a. total
- ☐ inherent a. 본래부터 가지고 있는, 고유의, 선천적인 (in)
- ☐ negation n. 부정, 부인

ENGLISH READING

HUMAN SCIENCE

제2부 역사편

제 1 장

Robert V. Daniels
Studying History: How and Why

로버트 다니엘즈
역사 연구: 어떻게 왜 해야 하나

History is the memory of human group experience. If it is forgotten or ignored, we cease in that measure to be human. Without history we have no knowledge of who we are or how we came to be, like victims of collective amnesia groping in the dark for our identity. It is the events recorded in history that have generated all the emotions, the values, the ideals that make life meaningful, that have given men something to live for, struggle over, die for. Historical events have created all the basic humans groupings — countries, religions, classes — and all the loyalties that attach to these. History is a source of inspiration, as it holds up to us the tradition and the glory, the clashing passions and heroic exploits of past generations. In it we find the drama of true life. In written form it is a branch of literature, an entertaining art whose special appeal is that its material is factual.

로버트 다니엘즈는 버몬트 대학교 교수로 재직 중에 있다. 그는 역사란 과거의 사실, 역사는 인간의 집단적 경험에 대한 기록, 즉'인간의 집단 경험'으로 정의내렸다. 이 책은 역사의 쓰임새와 분야, 역사해석, 사회과학로서의 역사 등 역사의 의미와 연구방법, 여러 영역을 탐구한 역사 연구 입문서이다.

역사란 인간의 집단적 체험에 관한 기억이다. 만일 그것이 잊혀지거나 무시된다면 그만큼 우리들의 인간적인 측면은 사라지게 된다. 역사를 모르고서는 우리들은 우리들 자신이 누구인지 또는 어떻게 해서 오늘날에 이르게 되었는지 알 수 없게 되니, 이는 마치 집단적으로 기억력 상실증에 걸린 환자들이 암흑 속을 헤매며 자신들의 신원을 찾는 것과 같은 것이다. 인간들에게 삶의 의미를 부여해 왔고, 또 그들이 무엇 때문에 살아야 하고, 싸워야 하며, 죽어야 하는지에 대한 그 어떤 근거를 마련해 준 모든 정서, 가치관, 이념들을 만들어 낸 것은 역사에 기록된 사건들이다. 역사적 사건들은 국가, 종교, 계급과 같은 기초적인 인간 집단과 그리고 그런 것들과 결부된 모든 충성심을 창조해 왔다. 지나간 세대들의 열정과 무용, 전통과 영광을 우리들에게 보여줌으로써 역사는 영감을 불러일으키는 원천이 되고 있다. 그것은 생생한 삶의 드라마이며, 글로 쓰자면 문학의 한 갈래, 즉 그 소재가 사실적이라는 점에서 각별한 매력을 지니고 있는 일종의 재미있는 예술이다.

- ☐ measure n. 일정한 액수, 측정의 기준 cf) in a great ~ 상당히
- ☐ amnesia n. 기억력상실, 건망증
- ☐ grope v. 손으로 더듬다, 암중모색하다
- ☐ exploit n. 공적, 업적 vt. 개발하다, 이용하다, 착취하다, 여기서는 명사로 쓰임

History deserves to be studied out of curiosity if nothing else. The record of man's past offers a challenge for inquiry and understanding no less stimulating than the mysteries of outer space and subatomic matter that absorb the attention of the pure scientist, whether his investigation promises to yield practical results or not. It is a field of intellectual exploration and adventure, and these are fundamental human yearnings.

Does History Teach Lessons?

Like the pure pursuit of science, the pure study of history often has immense practical significance. A person must know some history if he is even to begin to understand the world he lives in, or to act with any wisdom and perspective. History is the record of all experience. The present is only a fleeting instant, and everything we are conscious of is already in the past, has already become a part of history. Intelligent action is based on learning from past experience, and thus it is in history of one sort or another that we must seek whatever answers we may hope to find about the conduct of human affairs.

The "lessons-of-history" is indeed a familiar phrase, so much so that the lessons are sometimes learned too well. History never repeats itself exactly; no historical situation is the same as any other; even two like events differ in that the first has no precedent, while the second has.

But even in this respect history can teach a lesson — namely, that nothing ever stays the same. "You cannot step twice into the same river," said the ancient Greek philosopher Heraclitus, "for fresh waters are ever flowing in upon you." The only unchanging thing in human affairs is the constancy of change itself.

역사는 최소한 호기심만으로도 배울 만한 가치가 있다. 이는 인간의 과거에 대한 기록을 탐구해 보고 이해하려는 의욕을 불러 일으켜 준다. 왜냐하면 그것은 마치 순수과학자들이 그들 연구의 실제적인 결과에 관계없이 그들의 주의력을 몰두케 하는 외계의 공간과 미립자 세계의 신비 못지않게 우리들의 지성을 자극하는 것이기 때문이다. 역사는 지적인 개척과 모험의 장이며, 개척과 모험은 인간의 근본적인 욕구들이다.

역사는 교훈을 주는 것인가?

순수과학의 추구와 같이 역사에 대한 순수한 연구도 간혹 상당히 실제적인 중요성을 지닌다. 사람은 심지어 자기가 살고 있는 세상을 이해하기 위해서라도, 또는 조금이라도 지혜와 선견을 가지고 행동하기 위해서라도 어느 정도 역사를 알아야만 한다. 역사란 모든 경험에 대한 기록이다. 현재란 결국은 흘러가는 순간일 뿐이며 우리가 의식하고 있는 것은 곧바로 과거 속으로 흘러 들어가 어느 사이에 이미 역사의 한 부분이 되어 버린다. 지혜로운 행동이란 과거의 경험으로부터 배운 바를 그 밑바탕으로 하고 있거니와, 따라서 우리가 인간사의 지침을 찾으려 한다면 우리가 바라는 대답이 무엇이건 간에 그것은 이런 저런 종류의 역사 속에서가 아니면 안 되는 것이다.

'역사의 교훈'이라는 것은 낯익은 구절이고 또 그만큼 그런 교훈들은 너무나도 잘 알려져 있다. 역사란 결코 동일한 모양으로 되풀이되지 않는다. 어떠한 역사적 상황도 서로 똑같을 수는 없다. 설령 비슷한 두 사건이 있다 하더라도, 먼저 일어난 사건은 전례가 없었는데 반하여 나중에 일어난 사건은 전례가 있었다는 점에서 양자는 서로 다른 것이다.

이러한 면에 있어서도 역사는 하나의 교훈, 즉 그대로 머물러 있는 것은 아무것도 없다는 것을 가르쳐 주고 있다. 고대 그리스의 철인 헤라클레이토스는 "사람은 두 번 다시 같은 강물에 발을 담글 수 없는 것이니, 끊임없이 새로운 강물이 흘러오기 때문이다"라고 말했다. 인간사에 있어서 단 한 가지 변하지 않는 것이 있다면, 그것은 만사가 끊임없이 변한다고 하는 바로 그 점이다.

- ☐ The record ~ offers가 동사, a challenge가 목적어, no less ~ pure scientist가 목적 보어이며, whether 이하는 양보의 부사절이다
- ☐ no less A than B: B 못지않게 A(형용사) 하다
- ☐ subatomic a. 아(亞)원자의, 미립자의 n. subatom
- ☐ exploration n. 답사, 탐험, 탐구 (= inquiry) 진찰
- ☐ yearning n. 동정, 열망(for, of, towards) a. 동경하는
- ☐ fleeting a. 잠시의, 덧없는, 무상한 syn. transient
- ☐ it is in history of ~ 는 it ~ that 문장으로 it은 we must seek이며 whatever ~는 양보절
- ☐ so much so ~될 정도로, 대단히, ~해서, 그만큼 더
- ☐ precedent n. 전례, 종래의 관례, 판례 a. 앞서는, 이전의

The process of history is unique, but nonetheless intelligible. Each situation and event is distinct, but each is connected to all the foregoing and succeeding ones by a complex web of cause and effect, probability and accident. The present may be the consequence of accidents, or of irresistible forces, but in either case the present consequences of past events are real and irreversible.

The unique present, just as each unique point in the past, is utterly unintelligible unless we understand the history of how it came to be.

While history is a record of unique happenings, it is something more than chaos. To perceive the elements of order in the chaotic record of past events is the great task of the historian. Events, people, groups, institutions fall into certain classes that exhibit at least partial regularities. We can use the words *France, king, war, caravan route* independently of particular time and people and still know more or less what we are talking about. On a broader scale the historian can conceive of historical "trends" or "processes," where one event leads to another in a more or less logical way. Thinking in such terms is very important when it comes to understanding how the present — which is really the immediate, perceivable past — has grown out of the more remote past.

역사의 과정은 독특한 것이지만 그럼에도 불구하고 이해될 수 있다. 상황과 사건들은 독특하지만 그 각각의 것들은 원인과 결과, 개연성과 우연성이라는 복잡한 그물에 의하여 그것들에 선행하고 후속되는 사건들과 관련을 맺고 있다. 현재적 상황이란 우연의 결과일 수도 있고 불가항력의 결과일 수도 있겠지만, 그러나 그 어느 경우에 있어서건 과거의 사건들이 빚어낸 현재의 결과라고 하는 것은 엄연한 사실이며 돌이킬 수 없는 것이다.

만일 우리가 어떻게 해서 오늘에 이르게 되었는가 하는 역사에 관한 지식이 없다면, 과거에 시시각각으로 일어난 독특한 상황들과 마찬가지로 현재의 이 독특한 상황도 이해할 수 없는 것이다.

역사는 독자적인 사건들의 기록이면서도, 혼란 이상의 것이다. 과거 사건들의 무질서한 기록 가운데에서 질서의 요소를 파악해 내는 일은 역사가들이 해야 할 특별한 임무이다. 사건들, 사람들, 집단들, 제도들은 적어도 부분적인 동질성을 나타내는 일정한 범주 속에 포함된다. 우리들은 특정한 시대와 사람들에 무관하게 '프랑스'니 '왕'이니 '전쟁'이니 '개척자'니 하는 단어들을 사용할 수 있으며, 그러면서도 우리들이 무엇에 대하여 이야기를 하고 있는지에 대해서도 다소 알 수 있다. 넓은 안목을 통하여 역사가들은 어떠한 하나의 사건이 다소 논리적인 방식으로 또 다른 사건으로 전개되어 가는 역사적인 '추세'라든가 '흐름'을 파악할 수가 있다. 이러한 식으로 사고한다는 것은 현재 — 이것은 참으로 직접적이고 또한 지각이 가능한 과거이다 — 가 어떻게 하여 보다 먼 과거로부터 성장되어 나왔는가를 우리가 이해하려고 할 때에 매우 중요하다.

- ☐ foregoing a. 잇달아 일어나는, 계속하는, 다음의 (= following)
- ☐ irreversible a. 거꾸로 할 수 없는, 전도불능의, 철회할 수 없는
- ☐ utterly a. 완전히, 순전히, 아주
- ☐ fall into ~이 되다, ~에 빠지다, ~하기 시작하다 (= begin)
- ☐ caravan n. 이동식 주택, (사막을 건너는) 대상

The same approach is the only way in which we can rationally anticipate the future — to observe the processes of change or development to have been going on up to now and to project them into the future, i.e., to guess what will happen if they continue in the same way.

Professional historians do not have any monopoly on the thoughtful study of human affairs. All of the other social sciences and humanities are engaged in this, though people in each discipline work from their own particular standpoint. History, however, must be drawn upon by all other fields. It offers the raw record of what has happened, and it sets the context of unique situations in the stream of time within which the other forms of specialized inquiry must operate.

This outward-looking emphasis on the broad range of human affairs does not exhaust the value of history. The study of history is important not only for what it tells us about our world, but also for its value in developing our powers of thinking. Successful historical study forces us to train and exercise all the essential aspects of intellectual activity — it excites curiosity and the spirit of inquiry; it disciplines the faculty or reason; it cultivates the arts of self-expression and communication. Historical study is also fundamental in developing the attitudes of mind that distinguish the educated man — the habits of skepticism and criticism; of thinking with perspective and objectivity; of judging the good and the bad and the in-between in human affairs; of weighing the pros and cons and discerning the different shades of gray that lie between the white and the black. Historical study leads toward, though it does not guarantee, the attainment of the greatest value that the philosophers have held up for us — wisdom.

마찬가지로 미래라는 것도 이러한 접근방법에 의해서만이 합리적으로 예측 — 지금까지 진행하여 온 변화의 발전과정을 관찰하고 다시 그것을 미래에 투영하는, 말하자면 같은 식으로 계속될 경우 장차 일어날 사태가 무엇인가 하는 것에 대한 추측 — 을 할 수 있는 것이다.

인간사에 관한 사려 깊은 연구가 전문적인 역사가들에 의해서만 독점되고 있는 것은 아니다. 여타의 모든 사회과학과 인문과학들이 각기 그들 나름의 특수한 관점에 입각하여 이 문제에 참여하고 있다. 그러나 여타의 모든 학문들은 역사학의 도움을 받지 않으면 안 된다. 역사학은 일어난 일들에 관한 자료적인 기록을 제공해 주며, 다른 형태의 전문적인 연구가 행해져야 할 독특한 상황의 전후맥락을 시대적 흐름 속에서 정리해 주기 때문이다.

우리는 지금까지 역사학이 인간사를 폭넓게 망라하는 학문이라는 점에 관하여 외면적인 강조를 해왔는데, 그러나 그 점만이 이 학문의 가치의 전부는 아니다. 역사학은 그것이 우리들이 살고 있는 세계에 대하여 말해주고 있을 뿐만 아니라 또한 우리들의 사고력을 발전시켜 준다는 의미에서도 중요하다. 역사 공부를 성공적으로 할 경우에 우리들은 지적 활동의 모든 필수적인 측면들을 훈련하고 연마하게끔 된다. 즉 그것은 호기심과 탐구정신을 자극하고 추론능력을 세련시켜 주며 자기표현과 대화의 기술을 향상시켜 줄 것이다. 역사공부는 또한 교양인들이 지니게 되는 독특한 사고태도, 즉 회의와 비판의 습관, 앞을 내다보는 선견과 객관성을 가지고 사고하는 습관, 인간사에 있어서 선과 악, 그리고 그 사이의 중간적인 것들을 분별하는 습관, 옳고 그름의 비중을 재고, 흑과 백 사이의 회색 속에 들어 있는 여러가지 명암의 정도차를 분간해 내는 습관들을 발전시켜 나가는 데 있어서도 또한 필수적이다. 역사 공부야말로 철학자들이 우리에게 제시하여 주는 지혜로 — 지혜를 확실히 보장해 주지는 않지만 — 이끌어 준다.

- ☐ monopoly n. 전매, 독점 vi. 전매하다
- ☐ discipline n. 훈련, 수양, 예절, 징계, 기강
- ☐ draw upon(on) 유발하다, ~에 의지하다, 여기서는 수동태로 쓰였으므로 다른 학문들이 사학에 의존해야 한다는 뜻
- ☐ within which 이하는 the context에 연결되며 in the stream of time은 부사구
- ☐ discipline vt. 훈련(단련)시키다, 징계하다
- ☐ faculty n. 1 기능, 작용; 정신적 능력 2 대학의 학부
- ☐ in-between a. 중간적인 n. 중간물, 중개자 (= go-between)
- ☐ attainment n. 1 도달, 달성 2 학식, 재능, 예능 ex) the attainment of one's aim 목적의 달성

제 2 장 

Robin George Collingwood
The Idea of History

로빈 조지 콜링우드
역사 이념

History, like theology or natural science, is a special form of thought. If that is so, questions about the nature, object, method, and value of this form of thought must be answered by persons having two qualifications.

First, they must have experience of that form of thought. They must be historians. In a sense we are all historians nowadays. All educated persons have gone through a process of education which has included a certain amount of historical thinking. But this does not qualify them to give an opinion about the nature, object, method, and value of historical thinking. For in the first place, the experience of historical thinking which they have thus acquired is probably very superficial; and the opinions based on it are therefore no better grounded than a man's opinion of the French people based on a single weekend visit to Paris.

콜링우드(1889-1943)는 영국의 철학자이자 역사가로 옥스퍼드 대학교의 정교수를 지냈다. 그는 그리스도교 역사 이해에 있어서 매우 중요한 학자로 평가받는다. 그의 역사 이해 위에서 하나님의 간섭과 섭리를 찾아내 고자 한다. 『예술의 원리』, 『자서전』, 『형이상학론』, 『철학적 방법론』, 『로마 시대 영국』 등의 주목할 만한 책들을 썼다.

역사학은 신학이나 자연과학이 그런 것처럼 사고의 한 특수 형태이다. 만일 그렇다면 이 특수형태의 사고의 본질, 대상, 방법 그리고 가치에 관한 의문에 대해서는 다음과 같은 두 가지의 자격을 소유하고 있는 인물이 해답을 주어야 한다.

첫째, 그 해답자는 이와 같은 형태의 사고에 대해서 경험을 가진 자이어야 한다. 즉, 그는 역사가이어야 한다. 어떤 의미에서 볼 때, 우리는 현재 모두가 역사가이다. 교육을 받은 모든 인물들은 어느 정도 역사적 사고가 포함되어 있는 교육과정을 경과하였다. 그러나 이 교육과정이 그들에게 역사적 사고의 본질, 대상, 방법, 가치에 대한 이견을 제시할 수 있는 자격을 부여하지는 않는다. 왜냐하면, 첫째로, 이와 같이 해서 획득한 그들의 역사적 사고에 대한 경험은 매우 피상적인 것이며, 따라서 그 경험에 기초를 두고 있는 의견들은 단순한 주말여행으로 파리(Paris)를 방문한 경험을 기초로 해서 프랑스 민족에 관하여 갖는 사람의 의견과 마찬가지로 확고한 기초를 갖지 못한 의견이기 때문이다.

- ☐ that = history, so = is a special form of thought
- ☐ qualification n. 자격
- ☐ and the opinions(which are) based on it are ~에서 the opinions의 동사는 are에 연결
- ☐ no better than ~나 매한가지, ~에 지나지 않다
- ☐ ground(ed) vt. (사실에) 입각하다, 기초를 두다, ~에 입각(의거)하다(on, upon)

In the second place, experience of anything whatever gained through the ordinary educational channels, as well as being superficial, is invariably out of date. Experience of historical thinking, so gained, is modelled on text-books, and text-books always describe not what is now being thought by real live historians, but what was thought by real live historians at some time in the past when the raw material was being created out of which the text-book has been put together. And it is not only the results of historical thought which are out of date by the time they get into the textbook. It is also the principles of historical thought that is, the ideas as to the nature, object, method, and value of historical thinking. In the third place, and connected with this, there is a peculiar illusion incidental to all knowledge acquired in the way of education: the illusion of finality. When a student is *in statu pupillari* with respect to any subject whatever, he has to believe that things are settled because the text-book and his teachers regard them as settled.

The second qualification for answering these questions is that a man should not only have experience of historical thinking but should also have reflected upon that experience. He must be not only an historian but a philosopher; and in particular his philosophical thought must have included special attention to the problems of historical thought. Now it is possible to be a quite good historian (though not an historian of the highest order) without thus reflecting upon one's own historical thinking. It is even easier to be quite good teacher of history (though not the very best kind of teacher) without such reflection. At the same time, it is important to remember that experience comes first, and reflection on that experience second. Even the least reflective historian has the first qualification.

둘째로, 일상적인 교육경로를 통하여 획득한 경험은 그것이 어떤 것이든 간에 피상적인 것이며 동시에 늘 시대에 뒤떨어진 것이다. 이렇게 해서 획득된 역사적 사고에 대한 경험은 교과서의 형식대로 작성된 것이며, 그리고 교과서는 그것이 어떤 것이든, 실제로 살아 있는 역사가에 의해서 현재에 사고되고 있는 것을 기술한 것이 아니라, 어느 정도 시간이 경과된 과거에, 즉 교과서 편찬의 원래 자료가 만들어져 있었던 시기에 실제로 살아있던 역사가들에 의해서 사고된 것을 기술한 것이다. 여기서 문제시되는 것은 거기서 획득된 역사적 사고의 제 결론이 그 교과서가 편찬되던 시기에 이미 시대적으로 뒤떨어져 버렸다고 하는 점에 있는 것만이 아니라, 역사적 사고의 제 원리, 즉 역사적 사고의 본질, 대상, 방법 그리고 가치에 관한 제 관념도 또한 문제가 된다. 세 번째로, 그리고 이상에서 논의된 문제와 관련해서 교육의 방법으로 획득된 모든 지식에는 특수한 환상, 즉 단정이라는 환상이 따르고 있다. 어느 학생이 생도의 입장에서 어떤 주제에 대한 견해를 갖게 될 때, 그것이 어떤 것이든 간에 그는 사물들이 고정되어 있는 것으로 믿지 않을 수 없다. 왜냐하면, 그의 교과서와 선생이 사물을 고정된 것으로 생각하고 있기 때문이다.

이러한 제 의문에 대해서 답변할 수 있는 제2의 자격을 가진 사람이란, 역사적 사고에 대한 경험을 가지고 있을 뿐만 아니라, 그 경험에 대한 성찰을 할 수 있는 사람이다. 즉 그 사람은 역사가일 뿐만 아니라 철학자이기도 해야 한다. 그리고 특히 그의 철학적 사고에는 역사적 사고에 관한 제 문제에 대해 특별한 관심이 포함되어 있어야 한다. 자기 자신의 역사적 사고에 대하여 이같이 성찰할 수 없는 사람도 매우 훌륭한 역사가(최고의 역사가는 아닐지라도)는 될 수 있다. 또 그와 같은 성찰을 할 수 없어도 훌륭한 역사교사가 되는 것(가장 훌륭한 유형의 교사는 아닐지라도)은 보다 용이하다. 그러나 그와 동시에 첫째로 경험하고, 둘째로 그 경험에 대한 성찰을 해야 한다는 사실을 기억한다는 것은 중요하다. 최소한의 성찰을 할 수 있는 역사가라 할지라도 첫 번째 자격은 갖추고 있는 것이다.

- ☐ whatever gained through ~ channels는 삽입구이며 주어는 experience of anything 이고 동사는 is에 연결 된다
- ☐ out of which에서 which의 선행사는 raw material(원자재), out of = from
- ☐ And it is not only에서 it는 앞 문장 전체의 내용이며, 이 문장은 다음 문장 it is also ~와 not only A but also B의 형식으로 이어진다
- ☐ in statu pupillari 생도의 입장에서
- ☐ reflect upon vt. 회고하다, 곰곰이 생각하다, 숙고하다 a. reflective
- ☐ At the same time 동시에(= simultaneously)

He possesses the experience on which to reflect; and when he is asked to reflect on it his reflections have a good chance of being to the point. An historian who has never worked much at philosophy will probably answer our four questions in a more intelligent and valuable way than a philosopher who has never worked much at history.

I shall therefore propound answers to my four questions such as I think any present-day historian would accept. Here they will be rough and ready answers, but they will serve for a provisional definition of our subject-matter and they will be defended and elaborated as the argument proceeds.

(a) The definition of history

Every historian would agree, I think, that history is a kind of research or inquiry. What kind of inquiry it is I do not yet ask. The point is that generically it belongs to what we call the science: that is, the forms of thought whereby we ask questions and try to answer them.

그는 자기가 무엇에 대해서든 성찰해 본 경험은 가지고 있으므로, 누가 그에게 그 경험에 대해서 성찰해 보라고 요구한다면, 그는 자기성찰을 그 점에 맞추어서 할 수 있는 충분한 능력을 가지고 있기 때문이다. 철학에 대해서 많은 것을 연구해 본 적이 없는 역사가는, 역사에 대해서 많은 것을 연구해 본 적이 없는 철학자보다 더 지적이고 가치 있는 방법으로 이상의 네 가지 의문에 대해서 답변할 것이다.

그러므로 나는 오늘날의 역사가가 용인해야 할 것이라고 생각되는 네 가지 의문에 대한 답변을 제시하고자 한다. 이들은 졸속한 해답이 될 것이다. 그러나 이들은 우리의 주제를 임시적으로 정의하는 데는 도움이 될 것이다. 그리고 나는 논의과정에서 이들을 변호하며 상세한 설명을 덧붙여 갈 것이다.

(a) 역사학의 정의

역사학은 일종의 조사 또는 연구라는 내 생각에 대해서 모든 역사가는 동의할 것이다. 나는 여기서 그것이 어떠한 종류의 연구인가에 대해서는 묻지 않는다. 문제의 초점은 역사학이 발생학적으로 볼 때, 소위 과학에 속한다고 하는 것이다. 즉 과학이란 의문을 제기하고 그에 대한 해답을 얻고자 하는 사고의 형태를 말한다.

- propound vt. 제출하다, 제의(제안)하다 n. proposition 제안, 제의, 주장, (수학) 정리, 명제
- provisional a. 임시의(= temporary), 잠정적인, 일시적인
- whereby ad. (그것에 의하여) ~하는 (= by which)

Science in general, it is important to realize, does not consist in collection what we already know and arranging it in this or that kind of pattern. It consists in fastening upon something we do not know, and trying to discover it. Playing patience with things we already know may be a useful means towards this end, but it is not the end itself. It is at best only the means. It is scientifically valuable only in so far as the new arrangement gives us the answer to a question we have already decided to ask. That is why all science begins from the knowledge of our own ignorance: not our ignorance of everything, but our ignorance of some definite thing — the origin of parliament, the cause of cancer, the chemical composition of the sun, the way to make a pump work without muscular exertion on the part of a man or a horse or some other docile animal. Science is finding things out: and in that sense history is a science.

(b) The object of history

One science differs from another in that it finds out things of a different kind. What kind of things does history find out? I answer, *res gestae* : actions of human beings that have been done in the past. Although this answer raises all kinds of further questions many of which are controversial, still, however they may be answered, the answers do not discredit the proposition that history is the science of *res gestae*, the attempt to answer questions about human actions done in the past.

일반적으로 과학은 우리가 이미 알고 있는 것을 수집하는 것과 그 수집된 것을 이러한 또 그 밖에 다른 종류의 유형으로 배열하는 것으로 구성되지 않음을 깨닫는 것이 중요하다. 또 과학은 우리가 알지 못하고 있는 어떤 것에 집착해서 그것을 발견하고자 하는 노력으로 구성된다. 우리가 이미 알고 있는 사물에 대하여 인내로써 집착하는 것은 이와 같은 목적을 위해서 유용한 수단일 수 있다. 그러나 그것이 목적 자체일 수는 없다. 그것은 기껏해야 수단일 뿐이다. 그것은 우리가 질문하기로 결심한 것에 대한 해답을 그 새로운 정리가 우리에게 제공할 때에 한해서만 과학적으로 가치가 있다. 이와 같은 이유로 모든 과학은 우리 자신의 무지에 대한 인식으로부터 비롯되는 것이다. 여기서 무지란 모든 사물에 대한 우리의 무지가 아니라 어떠한 일정한 사물에 대한 무지이다. 즉 의회의 시원, 암의 원인, 태양의 화학적 구성, 인간 또는 그 밖의 순종적인 동물의 일부분에서 근육 운동이 없이 이루어지고 있는 펌프 작용의 원리 등에 대한 무지이다. 과학은사물을 발견해 내는 것이다. 그리고 이러한 의미에서 역사학은 일종의 과학이다.

(b) 역사학의 대상

어떠한 과학이 타과학과 구별되는 것은 그 과학이 각각 다른 종류의 사물을 발견해내고 있다는 데 있다. 역사학은 어떠한 종류의 사물을 발견해내는가? 나도 과거에 이미 행하여진 인간의 행동, 즉 res gestae라고 답변한다. 이 답변으로 해서 많은 논쟁을 일으킬 수 있는 그 이상의 질문이 야기될 것이다. 그러나 그 질문에 대해서 어떠한 답변이 나온다 할지라도, 그 답변이 역사학이란 인간행동의 과학, 즉 과거에 행하여진 인간행동에 대한 질문을 답변하려는 시도라는 전제를 불신하게끔 하지 않는다.

- ☐ science의 동사는 does not consist in에 이어지며, it is important to realize는 삽입절
- ☐ play patience with 집착하다, 참을성 있게 견디다
- ☐ at best 기껏해야 cf) at most 많아야 (in)so far as ~하는 한(에서는)
- ☐ parliament n. 의회 cf) congress (미국) 국회, diet (일본) 국회
- ☐ docile a. 유순한, 다루기 쉬운
- ☐ res gestae 과거에 이루어진 인간의 행동
- ☐ Although로 시작되는 종속절은 however they may be answered까지이며, 주절의 주어는 다음에 나오는 the answers이다
- ☐ controversial a. 논의의 여지가 있는, 논쟁의 n. controversy, contention, debate
- ☐ discredit vt. 믿지 않다, 의심하다 n. 불신, 불명예 opp. credit

(c) How does history proceed?

History proceeds by the interpretation of evidence: where evidence is a collective name for things which singly are called documents, and a document is a thing existing here and now, of such a kind that the historian, by thinking about it, can get answers to the questions he asks about past events. Here again there are plenty of difficult questions to ask as to what the characteristics of evidence are and how it is interpreted. But there is no need for us to raise them at this stage. However they are answered, historians will agree that historical procedure, or method, consists essentially of interpreting evidence.

(d) Lastly, What is history for?

This is perhaps a harder question than the others; a man who answers it will have to reflect rather more widely than a man who answers the three we have answered already. He must reflect not only on historical thinking but on other things as well, because to say that something is 'for' something implies a distinction between A and B, where A is good for something and B is that for which something is good. But I will suggest an answer, and express the opinion that no historian would reject it, although the further questions to which it gives rise are numerous and difficult.

My answer is that history is 'for' human self-knowledge. It is generally thought to be of importance to man that he should know himself: where knowing himself means knowing not his merely personal peculiarities, the things that distinguish him from other men, but his nature as man. Knowing yourself means knowing, first, what it is to be a man; secondly, knowing what it is to be the kind of man you are; and thirdly, knowing what it is to be the man you are and nobody else is. Knowing yourself means knowing what you can do; and since nobody knows what he can do until be tries, the only clue to what man can do is what man has done. The value of history, then, is that it teaches us what man has done and thus what man is.

(c) 역사학은 어떻게 진행되는가?

역사학은 증거의 해석으로 진행한다. 여기서 증거란 단순한 기록 문서라고 호칭되는 사물들에 대한 집합명사다. 그리고 기록 문서란 현재 여기에 존재하고 있는 사물이며, 역사가가 이에 대해서 사고함으로써, 그가 과거 사건에 대해서 묻고 있는 질문에 대한 해답을 얻을 수 있는 그러한 종류의 사물이다. 여기서 다시 증거의 제 성격은 어떤 것이며, 그것을 어떻게 해석해야 될 것인가에 관한 어려운 질문이 많이 야기된다. 그러나 우리가 현 단계에서 그 같은 질문을 제기할 필요는 없다. 그 질문에 대해서 어떻게 답변이 되든, 역사적 과정 또는 방법은 본질적으로 증거를 해석하는 것으로 성립된다는 사실에 대해서 역사가들은 동의할 것이다.

(d) 마지막으로, 역사학의 목적은 무엇인가?

이 질문은 다른 것에 비해서 어려운 셈이다. 이 질문에 답변하는 사람은 본인이 이미 답변한 바 있는 세 가지 질문에 대해 답변하는 사람에 비해서 더 광범위하게 성찰하지 않으면 아니 될 것이다. 그가 성찰해야만 될 것은 역사적 사고에 대한 것뿐이 아니라, 다른 사물에 대해서도 마찬가지다. 왜냐하면 어떤 사물이 어떤 사물을 '위한' 것이라고 말하는 것은 A와 B 간의 구별을 암시하는 것이기 때문이다. 여기서 A는 어떤 사물을 위해서 좋고 B는 어떤 사물이 좋게 하는 대상이 된다. 그러나 나는 하나의 답을 시사 하고자 한다. 그리고 비록 그 답으로 해서 야기되는 그 이상의 질문이 수적으로 많고 난해하더라도 역사가가 결코 그것을 부정하지 못한 의견을 표하고자 한다.

나의 답은, 역사학이란 인간의 자아인식을 '위한' 것이라는 데 있다. 인간이 자기를 인식한다는 것은 인간에게 중요하다고 일반적으로 생각되고 있다. 여기서 자기를 인식한다는 것은, 단순히 자기의 개인적 특성, 즉 타인과 자기와의 구별은 인식한다는 사실을 의미하는 것이 아니라, 인간으로서의 자신의 본성을 인식한다는 것을 의미한다. '너 자신을 알라'라는 말이 갖는 의미는 첫째, 인간이란 무엇이냐를 알리는 것이요, 둘째, 너는 어떠한 류의 인간인가 하는 점을 알라는 것이요, 셋째, '너' 즉 다른 사람이 아닌 너는 어떠한 인간인가라는 점을 알라는 것이다. '너 자신을 알라'는 말이 갖는 의미는 네가 무엇을 할 수 있는가 하는 점을 알라는 것이며, 또 그가 무엇을 할 수 있는지는 그가 그것을 하려고 노력하기 이전까지는 아무도 모르므로, 인간이 무엇을 할 수 있는가를 해결할 수 있는 유일한 단서는 인간이 무엇을 행하여 왔는가 하는 것이다. 따라서 역사학의 가치는 인간이 무엇을 해 왔는가, 그리고 인간이 무엇인가 하는 것을 우리에게 가르쳐 준다는 데 있다.

- ☐ collective a. 집단의, 공동의
- ☐ consist (of) ~으로 이루어져 있다 (= compose of) cf) consist(in) ~에 존재하다, 있다(= lie in)
- ☐ what ~ for? 무슨 목적으로, 왜, 무엇 때문에
- ☐ reject v. 배척하다; 각하하다, 거절하다
- ☐ although 이하 종속절의 주어는 the further questions ~ gives rise까지며 동사는 are이다
- ☐ self-knowledge n. 자각, 자기인식
- ☐ merely ad. 다만, 단지 ~에 불과하여
- ☐ peculiarity n. 1 특색, 특성 2 이상한 버릇
- ☐ clue n. 실마리, 단서 (= clew)

제 3 장

Thomas Carlyle
Heroes, Hero-Worship and the Heroic in History

토마스 칼라일
역사 속의 영웅, 영웅 숭배, 그리고 영웅 정신

We have undertaken to discourse here for a little on great men, their manner of appearance in our world's business, how they have shaped themselves in the world's history, what ideas men formed of them; what work they did; -on heroes, namely, and on their reception and performance; what I call hero-worship and the heroic in human affairs. Too evidently this is a large topic; deserving quite another treatment than we can expect to give it at present. A large topic; indeed, an illimitable one; wide as universal history itself. For, as I take it, universal history, the history of what man has accomplished in this world, is at bottom the history of the great men who have worked here.

토마스 칼라일(1795~1881)은 밀과 더불어 빅토리아 시대 영국 지성계의 양대 산맥으로 꼽히는 영국의 역사가이자 문인이다. 그는 교회 등 모든 종교 형식을 거부하면서도 칼뱅주의의 확고한 도덕성을 견지했으므로 '신학없는 칼뱅주의자'로 불린다. 그의 대표작인 이 책에서 그는 성실하고 용기있는 영웅적 지도자가 필요하고 그들을 존경해야 하며, 영웅을 알아보기 위해서는 안목을 갖춘 작은 영웅들이 필요하므로 영웅들로 가득한 세계에서만 진정한 영웅 숭배가 가능하다는 이상주의적인 주장을 폈으며, 이에 따른 역사에서의 개개인의 역량을 중요시했다.

나는 여기서 잠시 동안 위인에 관해서, 위인이 이 세상사에 관여한 방식, 즉 위인은 세계사에서 어떻게 하여 자기를 형성하고, 사람들은 그 위인을 어떻게 보고, 위인은 어떠한 일들을 하였는가, 영웅과 그가 받은 대우와 그 공적, 즉 내가 말하는 영웅 숭배와 인간사에서의 영웅성에 관하여 말하겠다. 말할 것도 없이 이것은 큰 주제로서, 내가 여기서 기대하고 있는 취급 방법과는 전연 다른 취급 방법을 취할 가치가 있는 것이다. 이는 크고도 틀림없이 제한이 없는 주제이며 보편적 역사, 즉 인간이 이 세상에서 달성한 일체의 것의 역사는 근본적으로는 이 세상에서 활동한 위인의 역사이기 때문이다.

- ☐ hero-worship n. 영웅, 숭배
- ☐ the heroic 영웅성, 영웅적임
- ☐ illimitable a. 무한한, 끝없는 (= endless)
- ☐ at bottom 본심은, 사실은

They were the leaders of men, these great ones; the modelers, patterns, and in a wide sense creators, of whatsoever the general mass of men contrived to do or to attain; all things that we see standing accomplished in the world are properly the outer material result, the practical realization and embodiment, of thoughts that dwelt in the great men sent into the world: the soul of the whole world's history, it may justly be considered, were the history of these. Too clearly it is a topic we shall do no justice to in this place!

One comfort is, that great men, taken up in any way, are profitable company. We cannot look, however imperfectly, upon a great man, without gaining something by him. He is the living light-fountain, which it is good and pleasant to be near. The light which enlightens, which has enlightened the darkness of the world; and this not as a kindled lamp only, but rather as a natural luminary shining by the gift of heaven; a flowing light-fountain, as I say, of native original insight, of manhood and heroic nobleness; in whose radiance all souls feel that it is well with them.

그들, 이러한 위인들은 인간의 지도자였던 것이다. 즉 위인은 일반 대중이 할 수 있었던 또는 수행했던 것의 원안 작성자이자 표준이며 넓은 뜻으로서의 창조자였다. 즉 세계에서 달성되고 있는 모든 것은, 이 세상에 태어난 위인들이 품고 있던 사상의 외적·물질적 결과이며, 실제적인 재현·구현이다. 전 세계 역사의 진수는 그러한 사상의 역사라고 해도 무방할 것이다. 이것이 이 자리에서는 충분히 다루어질 수 없는 주제임은 너무나도 명백한 일이다!

한 가지 다행한 것은 위인은 어떠한 방법으로 다루어도 유익한 반려자가 된다는 것이다. 아무리 불완전하게 본다 하더라도, 우리들은 위인으로부터 반드시 무엇인가를 얻게 되는 것이다. 그것은 살아 있는 빛의 샘으로써, 곁에 있으면 유익하고 즐겁기도 하다. 그것은 세상의 암흑을 비추고 또 이제까지 비추어 온 빛이다. 이것은 단지 켜놓은 등불이 아니고, 그보다도 오히려 하늘의 선물에 의하여 태어나면서부터 반짝이는 발광체이다. 이것은 내가 말하듯이 태어나면서부터 갖추어진 독특한 통찰력과 용기와 영웅적 고결성이 용솟음치는 빛의 샘이다 — 그 빛을 쬘 때 뭇사람들은 그것이 그들에게 유익한 것임을 느낀다.

- ☐ They were the leaders of men, these great ones. 문장에서 these great ones는 men이 아니라 they를 가리킨다.
- ☐ modeler n. 모형(소상)을 만드는 사람, 조형가
- ☐ in a wide sense 넓은 의미에서
- ☐ embodiment n. 구체화(= realization), 구현, 화신 v. embody
- ☐ it may justly be considered 그것이 정당하게 평가된다면
- ☐ a topic we shall do no justice to 마지막 to는 전치사로 그 목적어는 topic. '우리가 공정하게(충분히) 평하지 못할 주제'
- ☐ profitable a. 유리한, 벌이가 많은, 유익한 (= beneficial)
- ☐ cannot look upon a great man, without ~ (불완전하게라도) 우리가 위대한 사람을 관찰한다면, 항상 (그로 인해 무엇인가를 얻을 수 있을 것이다)
- ☐ enlighten v. 계몽하다, 밝혀주다, 가르치다 n. enlightenment
- ☐ kindle vi. 태우다, 불붙이다, 타오르게 하다
- ☐ luminary n. 발광체, 권위자, 위대한 지도자

On any terms whatsoever, you will not grudge to wander in such neighborhood for a while. These six classes of heroes, chosen out of widely-distant countries and epochs, and in mere external figure differing altogether, ought, if we look faithfully at them, to illustrate several things for us. Could we see them well, we should get some glimpses into the very marrow of the world's history. How happy, could I but, in any measure, in such times as these, make manifest to you the meanings of heroism; the divine relation (for I may well call it such), which in all times unites a great man to other men; and thus, as it were, not exhaust my subject, but so much as break ground on it! At all events, I must make the attempt.

It is well said, in every sense, that a man's religion is the chief fact with regard to him. A man's, or a nation of men's. By religion I do not mean here church-creed which he professes, the articles of faith which he will sign and, in words of otherwise, assert; not this wholly, in many cases not this at all. We see men of all kinds of professed creeds attain to almost all degrees of worth or worthlessness under each or any of them. This is not what I call religion, this profession and assertion; which is often only a profession and assertion from the outworks of the man, from the mere argumentative region of him, if even so deep as that. But the thing a man does practically believe (and this is often enough without asserting it even to himself, much less to others); the thing a man does practically lay to heart, and know for certain; concerning his vital relations to this mysterious universe, and his duty and destiny there, that is in all cases the primary thing for him, and creatively determines all the rest.

여러분들은 어떠한 조건 아래에 있든, 잠시 동안 그 주변을 방황하는 것을 개의치 않을 것이다. 아득히 떨어져 있는 나라들과 시대에서 뽑아낸, 단지 겉모양으로만 모습을 달리하고 있는 이들 여섯 종류 영웅을 참된 마음으로 바라본다면 몇 가지 일들이 분명해질 것이 틀림없다. 만일 그들을 잘 살펴 볼 수가 있다면 실로 세계사의 진수를 훑어볼 수가 있는 것이다. 만일 내가 지금과 같은 시대에, 어떻게 하든 영웅적 행위가 지니는 의미, 즉 어느 시대이든 위인을 다른 사람들과 결속시키는 거룩한 관계(라고 나는 이것을 이처럼 불러도 무방하리라 생각한다)를 여러분들에게 분명히 하고, 그렇게 함으로써 이 주제에 관한 모든 것을 완전히 설명하는 것이 아니라, 그 밑받침을 할 수 있기만이라도 한다면, 이보다 다행한 일은 없다! 어쨌든 나는 이것을 해보지 않으면 안 된다.

사람이 갖는 신앙이 그 사람을 보는 데 있어서 중요한 사실이라고 함은 모든 뜻에서 정곡을 찌른 말이다. 개인이 품고 있는 종교나 한 국민이 품고 있는 종교도 마찬가지이다. 여기서 나는 종교라는 말을 썼지만, 그것은 사람이 선서하는 교회의 교리나, 서명이나 말, 그 밖의 다른 방법에 의하여 표명하는 신조 따위를 뜻하는 것은 아니다. 반드시 이것을 뜻한다고 할 수는 없고 대개의 경우 이것은 전혀 아니다. 온갖 종류의 신조를 공공연히 품고 있는 사람이, 즉 그 모든 신조 혹은 그 어느 신조를 지닐 사람이 온갖 정도의 덕이나 부덕에 도달하고 있음을 우리가 보아 오는 터이다. 이 선서나 표명은 내가 말하는 종교가 아니다 그것은 사람의 외적으로 하는 것이며, 혹은 깊다 하더라도 그 사람이 기껏해야 논쟁적인 심정에서 하고 있는 것에 지나지 않기 때문이다. 그러나 사람이 현재 믿고 있는 것(이것은 극히 종종, 자기 자신에게까지, 더군다나 타인에 대해서 선언하는 일이 없는 것이다), 사람이 실제로 마음속에 아로새기고 확신을 지니고 있는 것이 신비적인 우주에 대한 자기의 중대한 관계, 그 속에 있어서의 의무와 숙명에 대한 그것이 어떠한 경우이든 그 사람에게 있어서는 가장 귀중한 것이며, 그것이 다른 모든 것을 창조적으로 결정한다.

- ☐ on any terms whatsoever (어떤 조건에라도) 결코 ~않다
- ☐ grudge v. 주기 싫어하다, 못마땅해 하다
- ☐ Could we see them well은 if가 생략 되었으므로 주어, 조동사가 도치(= if we could see)
- ☐ marrow n. 골수, 정수
- ☐ How happy, could I but (= only) ~ make manifest ~ = How happy I am, if I could but ~ make manifest ~ (요즈음 같은 때에 어떻게 해서든지) 내가 여러분에게 ~을 밝힐 수 있다면 얼마나 기쁘겠는가
- ☐ as it were 말하자면
- ☐ not exhaust my subject but so much as break ground on it 내 주제를 속속들이 규명하는게 아니라 (하지는 못하더라도), 그것에 대한 착수정도라도 한다면 (얼마나 기쁘겠는가)
- ☐ break ground 땅을 파다, 기공(착수)하다
- ☐ A man's or a nation of men's은 앞 문장의 a man's를 부연 설명한다
- ☐ from the mere argumentative region in him, if even so deep as that 그 정도나 깊다고 하면(기껏 깊다고 하면) 단지 그의 논쟁적 영역에서 나온(공언이나 주장)

That is his religion; or, it may be, his mere skepticism and *no religion*: the manner it is in which he feels himself to be spiritually related to the unseen world or no world; and I say, if you tell me what that is, you tell me to a very great extent what the man is, what the kind of things he will do is. Of a man or of a nation we inquire, therefore, first of all, what religion they had?

Was it heathenism, — plurality of gods, mere sensuous representation of this mystery of life, and for chief recognized element therein physical force? Was it Christianism; faith in an invisible, not as real only, but as the only reality; time, through every meanest moment of it, resting on eternity; pagan empire of force displaced by a nobler supremacy, that of holiness?

Was it skepticism, uncertainty and inquiry whether there was an unseen world, any mystery of life except a mad one; — doubt as to all this, or perhaps unbelief and flat denial? Answering of this question is giving us the soul of the history of the man or nation. The thoughts they had were the parents of the actions they did; their feelings were parents of their thought: it was the unseen and spiritual in them that determined the outward and the actual; — their religion, as I say, was the great fact about them. In these discourses, limited as we are, it will be good to direct our survey chiefly to that religious phasis of the matter.

그것이 바로 그 사람의 종교이다. 혹은 어쩌면 그 사람의 단순한 회의주의와 무종교인지도 모른다. 그러나 그것이 그 사람이 '보이지 않는 세계' 혹은 '무의 세계'와 영적으로 연결되어 있다고 느낄 수 있는 길이다. 그러므로 그것이 어떠한 것인가를 말해 준다는 것은 그 사람이 어떠한 인물인가, 그 사람이 할 만한 일이란 어떠한 것인가를 대단히 깊이 파고들어서 말해 주는 셈이 된다. 그리하여 개인에 대해서나 국가에 대해서도 우리들은 우선 그것이 어떠한 종교를 품고 있는가라는 것을 묻는다.

그 종교는 우상 숭배이고 — 다신교이고, 그 생명의 신비를 단지 감각적으로 표현한 것이며, 그 안에서 인정되고 있는 주요한 요소는 폭력인가? 그것이 바로 기독교이며, 단지 진실한 것으로서만이 아니라 유일한 진실로서의 '보이지 않는 것'에 대한 신앙이고, '시간'은 그 가장 덧없는 순간이라 할지라도 모두 '영원'에 의존하고, 이교도의 폭력제국도 보다 고귀한 주권, 신성 제국에 의하여 대신 될 수 있는 것인가?

또는 그것은 과연 '보이지 않는 세계'가 실재하는가, 광란하는 생명의 신비가 아니라 무엇인가의 생명의 신비가 있는가 어떤가하는 회의이자 두려움, 의문이고 — 이들 일체의 것에 대한 의혹 또는 오히려 불신과 완전한 부정인가? 이 물음에 대한 해답이 그 사람 혹은 그 국가의 역사 정신을 우리들에게 가르쳐 준다. 그 품고 있는 사상이 그 행한 행위의 어버이이고, 그들의 감정이 그들의 사상의 어버이였다. 외적·실제적인 것을 결정한 것은 그들 내부의 눈에 띄지 않는 영적인 것이었다 — 내가 말하듯이 그들의 종교는 그들에 관한 중대한 사실이었던 것이다. 이 강연에서는 한정된 것이기는 하지만, 주로 문제의 종교적인 면을 알아보는 것이 좋으리라 생각한다.

- ☐ we acquire의 what religion they had?가 목적어이다.
- ☐ heathenism n. 이교, 우상숭배 (= paganism), 야만 (= barbarism)
- ☐ representation n. 재현, 표시, 설명, 연출 n. represent
- ☐ pagan n. 이교도, 우상, 숭배자
- ☐ supremacy n. 최고(권), 주권
- ☐ pagan empire of force displaced by a nobler supremacy, that of holiness? 맨 앞에 was를 첨가해서 생각해야 한다. '이교도의 폭력제국은 숭고한 최고권, 신성제국에 의해 대치되었던가?'
- ☐ that of holiness 구문에서 that은 empire을 의미한다.
- ☐ flat denial 완전한 거부, 전적인 부정
- ☐ it was the unseen and spiritual in them that determined 구문은 determined의 주어를 강조하기 위한 구문이다. '바로 그것들 속에 있는 보이지 않고 영적인 것이 ~을 결정한다.'
- ☐ limited as we are 우리가 제한되었더라도 (지면상으로) (= though we are limited)
- ☐ survey n. 개관, 조망, 측량
- ☐ phasis n. 상, 국면 (= phase) pl. phases

제 4 장 

Karl Federn
The Materialist Conception of History

칼 페데른
유물론적 사관

In the Introduction to the *Criticism of Political Economy*, by Karl Marx, we find the following propositions:

(1) In the course of social economic production men enter into certain relations, and certain conditions are formed by them, of necessity and independently of their will. These conditions of production correspond to a certain stage of development of the material forces of production.

(2) Conditions of production, taken as a whole, constitute the economic structure of society — this is the material basis on which a superstructure of laws and political institutions is raised and to which certain forms of political consciousness correspond.

(3) The political and intellectual life of a society is determined by the mode of production, as necessitated by the wants of material life.

칼 페데른은 이 책에서 마르크스와 그의 제자들에 의해 제기된 역사 개념에 대한 오류를 밝히고 있다. 그는 마르크스의 『정치사상 비평』의 도입부에서 15개 명제를 살펴보고 있다.

마르크스는 헤겔의 변증법과 포이에르바하의 유물론을 종합, 심화하여 이들로부터 변증법적 유물론을 완성하고 이를 인간 사회와 역사에 적용하는 유물사관으로 정립하였다.

칼 마르크스 저서 [정서, 경제학 비판 1] 서문에서 우리는 다음과 같은 명제를 발견한다.

(1) 사회, 경제적 생산과정에서 인간은 일정한 관계들을 맺게 되며, 그로 인해 필연적으로 그들의 의지와 무관하게 일정한 조건들이 형성된다. 이러한 생산조건들은 물질적 생산력 발전의 일정 단계에 조응한다.

(2) 생산조건들은 전체적으로 볼 때, 사회의 경제구조를 이룬다. 이것이 물적 토대이며, 그 위에 법률과 정치적 기구라는 상부구조가 구축되며, 그것에 일정한 형태의 정치의식이 대응된다.

(3) 사회의 정치적, 지적 생활은 물질적 삶의 필요에 의해 요구되므로 생산양식에 의해 결정된다.

- ☐ independently of ~와 관계없이, 독립하여
- ☐ taken as a whole 전체적으로 보아서(보면)
- ☐ necessitate v. 필요로 하다, 요하다
- ☐ by the wants of ~이 부족하여, 빈곤하여

(4) It is not men's consciousness that determines the forms of existence, but, on the contrary, the social forms of life that determine the consciousness.

(5) Arrived at a certain stage of their development, the material forces of production come into conflict with the existing conditions of production, or — this is but a juristic form of expressing the same fact — with the system of property under which they displayed their activity.

(6) From forms of the development of the forces of production, the conditions of production now turn into fetters of these forces.

(7) Then a period of social revolution sets in.

(8) Owing to the alteration of the economic basis, the whole immense superstructure is, gradually or suddenly, subverted.

(9) In order to understand such a revolution, it is necessary to distinguish between the changes in the conditions of economic production which are a material fact and can be observed and determined with the precision of natural science, on one hand, and on the other, the legal, political, religious, artistic and philosophic — in short, ideological forms in which men become conscious of this conflict and fight it out.

(10) As little as an individual can be judged from the opinion he has of himself, just as little can a revolution be judged from men's consciousness of it. On the contrary, this consciousness is to be explained by the conditions of their material life, by the conflict between the social forces of production and the conditions of production.

(4) 인간의 의식이 존재형식을 결정하는 것이 아니라 반대로 삶의 사회적 형식이 의식을 결정한다.

(5) 물질적 생산력은 그 발전의 일정 단계에 도달하면, 기존의 생산 조건들과 혹은 같은 사실을 법률적인 형태로 표현하는 것이지만 — 그것(물질적 생산력)의 활동을 통제하는 소유체계와 갈등을 일으킨다.

(6) 생산조건들은 생산력의 발전형식에 있어 이제 그 생산력의 족쇄로 변한다.

(7) 그렇게 되면 사회적 혁명의 시기가 시작된다.

(8) 경제적 토대의 변화에 의해 거대한 전체 상부구조가 서서히 혹은 갑작스럽게 전복된다.

(9) 그러한 혁명을 이해하기 위해, 한편으로 물질적 요소이자 자연 과학과 같이 정밀하게 관찰되고 결정될 수 있는 경제적 생산조건들에 있어서의 변화와, 다른 한편으로는 법적, 정치적, 종교적, 예술적, 그리고 철학적 형태, 다시 말해서 이념적 형태 — 그 안에서 인간이 이 갈등을 의식하고 퇴치하는 — 사이의 구별이 필요하다.

(10) 한 개인이 자기 자신에 대해 가지는 견해에 판단될 수 없는 것처럼, 하나의 혁명은 이에 관한 사람들의 의식에 의해 판단될 수 없다. 반대로 이 의식은 그들의 물질적 삶의 조건들에 의해, 즉 사회적 생산력과 생산조건 간의 갈등에 의해 설명되어야 한다.

- ☐ come into conflict with 싸우다, 충돌하다
- ☐ juristic a. 법학자적인, 법칙의, 법률상의 n. jurist 법학자, jurisdiction 사법권
- ☐ fetter n. 족쇄, 구속, 속박
- ☐ set in 일어나다, 시작하다, 굳어지다
- ☐ subvert v. (종교, 국가 등을) 타도하다, 멸망시키다 n. subversion
- ☐ precision n. 정확, 정밀 a. 정밀한
- ☐ ideological a. 이념적인, 공론의 n. ideology
- ☐ as little as an individual can be judged ~ just as little can a revolution be judged 한 개인이 거의 ~으로 판단되지 않는 만큼, 혁명도 ~으로 판단되지 않는다

(11) No form of society can perish before all the forces of production which it is large enough to contain, are developed, and at no time will outworn conditions be replaced by new higher conditions as long as the material necessities for their existence have not been hatched in the womb of the old society itself.

(12) Mankind never sets itself a problem that it cannot solve. On close examination it will always be found that no social problem ever arises unless the material conditions which make its solution possible, are either already in existence or at least developing.

(13) In bold outline, one may distinguish between Asiatic, Autique, Feudal and Modern Capitalist forms of production, as being the progressive economic forms of society.

(14) The present Capitalist conditions of production are the last antagonistic form of society; though not in the sense of individual antagonism: the antagonism arises from the social conditions of individuals. The productive forces, however, that are developing under the present system, are at the same time creating the material conditions which will make the solution of this antagonism possible.

(15) This social system represents therefore the closing period of the prehistoric era of human society.

We may look upon these propositions, which have become famous, as the basis of Historical Materialism. They were written in London in the year 1859. Marx says, however, that as early as 1841, when writing a criticism of *Hegel's Philosophy of the Law*, he had become aware of the truth that "constitutions and laws, and the whole organization of society, cannot be explained by the so-called development of human intellect, but are rooted in the forms of material life."

(11) 어떠한 사회 형태도 그것이 수용하기에 알맞은 모든 생산력이 발달될 때까지는 사멸하지 않으며, 낡은 조건들은, 보다 고양된 새로운 조건에 의해 그것들의 존재에 대한 물질적 필요성이 그 모체인 구(舊)사회 자체에서 부화되지 않는 한 대치되지 않을 것이다.

(12) 인간은 자신에게 결코 해결할 수 없는 문제를 부과하지 않는다. 자세히 살펴보면, 어떤 사회적 문제도 그 해결을 가능케 하는 물질적 조건이 이미 존재하거나 적어도 형성되지 않는 한 야기되지 않음을 항상 발견할 것이다.

(13) 사회의 발전적 경제형태로서 우리는 아시아적, 고대적, 봉건적, 그리고 현대의 자본주의적 생산형태를 뚜렷하게 구별할 수 있을 것이다.

(14) 현대 자본주의의 생산조건은 최후의 적대적 사회형태이다. 비록 개인적인 적대감의 의미에서는 아니지만 말이다. 적대감은 개인들의 사회적 조건에서 야기된다. 어쨌든 현재의 체제하에서 발전해 가는 생산력은 동시에 이 적대감의 해결을 가능케 하는 물질적 조건을 창조해 간다.

(15) 따라서 이 사회체제는 인간사회의 전사(前史) 시대를 마감하는 시기로 나타난다.

사적 유물사관의 토대로서 유명해진 이 명제들을 살펴보도록 하자. 그것들은 1859년 런던에서 쓰였다. 그러나 일찍이 1841년, 헤겔의 [법 철학]에 대한 비평을 쓰면서, 그는 '헌법과 법률, 그리고 사회의 전체조직은 소위 인간의 지적발달에 의해 설명되는 것이 아니라, 물질적 생활 형태에 뿌리박고 있다는 진리를 인식하게 되었다'고 주장한다.

- [ ] at no time 결코 (한번도) ~않다
- [ ] outworn a. 낡아버린, 진부한, outwear (입어서 헐게 하다)의 과거분사형
- [ ] hatch v. (앞에서) 까다, 부화하다, 계획하다
- [ ] womb n. 자궁, 태내, 모체
- [ ] sets itself a problem 자신에게 문제를 부과하다
- [ ] on (close) examination (자세히) 검사한 후에, 조사해 본즉
- [ ] in bold outline 굵은 선으로, 뚜렷이
- [ ] feudal a. 영지(봉토)의, 봉건(제도)의 n. feudalism
- [ ] antagonistic a. 반대의, 적대적인 n. antagonism 반대, 적대, 반항심
- [ ] prehistoric a. 전사(前史)의, 유사이전의, 구식의(여기서는 자본주의 사회까지를 포괄하는 계급사회의 역사를 뜻하는 마르크스주의의 용어)
- [ ] era n. 연대, 시대, 기원

Eighteen years had to pass before he set about fully developing his ideas. The propositions are couched in the somewhat heavy and obscure philosophical language of the time, though their meaning is quite discernible. They are followed by a number of short sentences jotted down incoherently, headings, etc.; the whole a kind of draft of what was destined to complete and to illustrate Marx's thought. The introduction to the *Criticism of Political Economy* remained unfinished, a fragment. Marx never found the necessary time to write a complete work in which to expound his Theory of History; he only sowed the seed from which a new philosophy of history was to germinate.

In his other writings, as, for instance, in *Hired Labour* and *Capital* and in *Capital* itself, we find some similar utterances; in his historical writings like *The 18th Brumaire* and *Class Struggle in France* we may see illustrations of his opinions on history, but nothing important is added to the theory. Only in a posthumous work by Marx and Engels, *German Ideology*, which was not published until 1933, do we find, though interspersed with diffuse polemics against several philosophic writers of the period, some interesting pages on the subject.

In the propositions 5~10, Marx, after adding a short comment, proceeds to explain the great social revolutions: changes in the economic structure of society lead to changes in the political superstructure and in the forms of consciousness.

그의 사상이 완전히 발전하는 데에는 무려 18년이 걸려야 했다. 이 명제들은 비록 그 의미를 이해할 수 있긴 하지만, 당시의 좀 무겁고 불투명한 철학적 언어로 표현되었다. 그것들 뒤에는 일관성 없이 내뱉어진 수많은 짧은 문장과 표제 등이 이어진다. 이는 전체적으로 마르크스의 사상을 완성시키고 설명해 줄 일종의 초안이다. [정치·경제학 비판]의 서문은 미완성작으로 남아 있다. 마르크스는 그의 역사 이론을 한 권의 책으로 완성시킬 만한 시간을 충분히 가지지 못했다. 그는 단지 새로운 역사철학이 돋아날 씨를 뿌렸을 뿐이다.

예를 들어 [고용 노동과 자본] 그리고 [자본론]과 같은 그의 다른 저서에서 우리는 비슷한 언급을 얼마간 찾을 수 있다. [부르메르의 피의 18일]과 [프랑스의 계급투쟁]과 같은 그의 역사저서에서 우리는 역사에 대한 그의 견해의 실례를 볼 수 있으나, 중요한 것은 그 이론에 첨가되지 않았다. 1933년에서야 출판된 마르크스와 엥겔스의 유저인 [도이치 이데올로기]는 비록 당시의 몇몇 철학저술가의 입장을 거부하는 여러 논점으로 산만할 지라도, 거기에서 우리는 그 주제에 대한 흥미 있는 몇 페이지를 찾을 수 있다.

5에서 10까지의 명제에서 마르크스는 짧은 논평을 덧붙인 후에 계속해서 사회의 대혁명을 설명한다. 사회의 경제구조상의 변화는 정치적 상부구조, 그리고 의식형태상의 변화로 이어진다.

- ☐ Eighteen years had to pass before ~ 18년이 걸려서야 ~했다
- ☐ set about ~하기 시작하다, ~하려 하다, (소문을) 퍼뜨리다
- ☐ discernible a. 보고 알 수 있는, 식별할 수 있는 n. discernment
- ☐ jot n. 조금, 적음 vt. 간단히 몇 자 적어두다 (down)
- ☐ incoherently a. 조리가 서지 않는, 모순된, 흐트러진
- ☐ heading n. 표제, 순자르기
- ☐ draft n. 초고, 도안, 초안그림, 징병
- ☐ be destined to ~하기로 예정되다
- ☐ expound v. 상세히 설명하다, 해석하다 (= interpret)
- ☐ germinate v. 싹이 트다(트게 하다), 자라나기 시작하다 n. germination
- ☐ utterance n. 발성, 발언, 말씨, 유포 v. utter
- ☐ posthumous a. 사후의, 저자의 사후에 출판된
- ☐ intersperse v. 흩뿌리다, 발산하다, 퍼뜨리다
- ☐ polemic a. 논쟁의, 논쟁을 좋아하는 n. 논쟁
- ☐ comment n. 1 주해 2 단평(短評), 평론 v. 주석하다; 논평하다
- ☐ proceed v. 1 나아가다 2 ~에서 나오다, 발하다 3 다시 계속하여 ~하다; ~을 시작하다

Yet, as preliminary to all this, Marx informs us in the first proposition of two facts, namely, that the conditions of production which form the economic structure of society, are "necessary and independent of human will", and that they correspond to a certain development of the productive forces.

One might object to the wording of the proposition that the term "necessary" is meaningless, and "independent of human will" ambiguous. To a determinist all events are effects of causes and, as such, necessary. The words "independent of human will" either mean the same thing as "necessary", or Marx — though this can hardly be assumed — used the words in their everyday sense, without any reference to the question of free will or necessity, in order to distinguish between men's voluntary acts and those facts which are independent of their will like the soil, the climate, the racial qualities.

그런데 이 모든 것의 예비조건으로서, 마르크스는 첫 번째 명제에서 두 가지 사실을 우리에게 알려준다. 즉 사회의 경제구조를 형성하는 생산조건들은 필연적이며, 인간의 의지와 무관하다는 것과 그것들은 생산력의 일정한 발전에 대응한다는 것이다.

우리는 '필연적'이란 용어는 무의미하며, '인간의지와 무관하다'는 말은 모호하다는 이유를 들어 그 명제의 내용에 반대할 수도 있다. 결정론자에게 있어서 모든 사건은 원인의 결과이며 따라서 필연적이다. "인간의지와 무관하다"는 말은 "필연적"과 같은 뜻이거나, 또는 마르크스는 — 거의 가능성이 없긴 하지만 — 인간의 자발적 행동과 토지, 기후, 민족성과 같이 그들의 의지와는 무관한 사실들을 구별하기 위해 이 말을 자유의지나 필연성의 문제에 구애받지 않고 일상적인 의미로 사용했을 것이다.

- ☐ object to (against) A that B: A에 대한 반대이유로 B를 내세우다
- ☐ wording n. 말씨, 어법, 용어
- ☐ as such 그것(그것 같은 것)으로서, 여기서는 '원인의 결과로서', '원인의 결과임에 따라'의 뜻이다
- ☐ without any reference to ~에 관계없이, ~을 상관치 않고.

제 5 장 

Jacob Bruckhardt
Reflections on History

야코프 부르크하르트
역사에 관한 성찰

Our work in this course will consist in linking up a number of historical observations and inquiries to a series of half-random trains of thought.

After a general introduction defining what we shall take as falling within the scope of our inquiry, we shall speak of the three great powers, state, religion, and culture, dealing first with their continuous and gradual interaction, and in particular with the influence of the one variable, culture, on the two constants. We shall then discuss the accelerated movements of the whole process of history, the theory of crises and revolutions, as also of the occasional abrupt absorption of all other movements, the general ferment of all the rest of life, the ruptures and reactions — in short, everything that might be called the theory of storms.

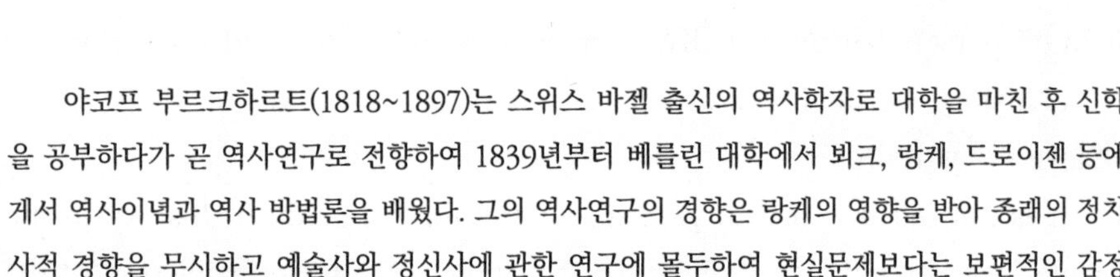

야코프 부르크하르트(1818~1897)는 스위스 바젤 출신의 역사학자로 대학을 마친 후 신학을 공부하다가 곧 역사연구로 전향하여 1839년부터 베를린 대학에서 뵈크, 랑케, 드로이젠 등에게서 역사이념과 역사 방법론을 배웠다. 그의 역사연구의 경향은 랑케의 영향을 받아 종래의 정치사적 경향을 무시하고 예술사와 정신사에 관한 연구에 몰두하여 현실문제보다는 보편적인 감정으로 과거를 관조한다는 데 그 특징이 있다.

우리가 여기에 내세운 과제는 일련의 역사적 관찰들과 연구들을 거의 두서도 없는 사색과정으로나마 연결시켜보고자 하는 것이다.

우리는 우리들의 고찰 범위 내에 속하는 것들에 대한 우리의 정의를 하나의 일반 입문적인 서술로 제시한 다음에, 세 가지의 커다란 제 세력들인 국가, 종교, 문화에 관해 이야기하게 될 것이다. 우선은 이들의 지속적이고 점차적인 상호작용을, 특히 동적인 문화가 정적인 두 개의 요소들에게 주는 영향을 취급할 것이다. 이어 우리는 세계사의 전체과정에 있어서 가속화된 운동들, 모든 다른 운동들의 폭발적이고 돌발적인 합병작용과 같은 위기들과 혁명들에 관한 학설, 그 밖의 모든 생에 있어서 함께 작용하는 것들, 격동의 흐름들이라고 지칭될 수도 있는 단절들과 반동들에 관한 모든 학설을 고찰할 것이다.

- ☐ random a. 닥치는 대로의, 임의의, 무작위의
- ☐ train n. 열차, 행렬, 차례, 순서, 정돈
- ☐ one variable과 culture는 동격
- ☐ abrupt a. 돌연한, 뜻밖의, 비약적인, 퉁명스러운
- ☐ ferment n. 효소, 발효, 동요 (= commotion) 흥분
- ☐ rupture n. 파열, 파괴, 불화, (의학) 탈장 vt. 터뜨리다

We shall then pass no to the condensations of the historical process, the concentration of movements in those great individuals, their prime movers and chief expression, in whom the old and the new meet for a moment and take on personal form. Finally, in a section on fortune and misfortune in world history, we shall seek to safeguard our impartiality against the invasion of history by desire.

It is not our purpose to give directions for the study of history in the scholar's sense, but merely hints for the study of the historical aspect of the various domains of the intellectual world.

We shall, further, make no attempt at system, nor lay any claim to 'historical principles.' On the contrary, we shall confine ourselves to observation, taking transverse sections of history in as many directions as possible. Above all, we have nothing to do with the philosophy of history.

그 다음에 우리는 세계사적인 것의 집약, 기존하는 것과 새로운 것이다 함께 그 원동력으로서 또는 그 중요한 표현으로서 순간적이면서도 개인적으로 되어버리는 여러 운동들이 위인들에게 집중된 것을 고찰할 것이다. 끝으로 세계사에 있어서의 행복과 불행에 관한 장에서는, 소망하는 바를 역사 속으로 옮겨가는 행위에 반대하면서 우리들의 객관성을 유지하고자 노력할 것이다.

우리는 학문적인 의미에 있어서의 역사학적 연구를 위한 방향을 제시하려는 것이 아니라 학문세계의 여러 가지 영역들이 지닌 역사적인 국면에 대한 연구를 위해 단지 암시만을 제시하고자 할 뿐이다.

뿐만 아니라 우리는 모든 체계적인 것을 포기한다. 우리는 '역사적 법칙들'을 세우려하지도 않는다. 인지하는 것만으로 만족하며 역사를 통해서 단면들을, 그것도 가능한 한 여러 가지 방향들에서 그 횡단면들을 제공하고자 한다. 우리는 역사철학이라는 것과 무관하다.

- ☐ condensation n. 압축, 응축, 액화, (사상, 문장의) 요약
- ☐ safeguard n. 보호, 안전장치, 보장 조항 vt. 보호하다, 포위하다
- ☐ impartiality n. 공평함
- ☐ lay claim to ~을 주장하다, ~을 자칭하다
- ☐ confine oneself to ~에 틀어박히다, 국한하다
- ☐ transverse n. 가로지르는 것, 횡단도로, 가로축 a. 가로의, 횡단하는 cf) ~ section 횡단면

The philosophy of history is a centaur, a contradiction in terms, for history coordinates, and hence is unphilosophical, while philosophy subordinates, and hence is unhistorical.

To deal first with philosophy: if it grapples direct with the great riddle of life, it stands high above history, which at best pursues that goal imperfectly and indirectly.

But then it must be a genuine philosophy, that is, a philosophy without bias, working by its own methods.

For the religious solution of the riddle belongs to a special domain and to a special inner faculty of man.

As regards the characteristics of the philosophy of history current hitherto, it followed *in the wake of history*, taking longitudinal sections. It proceeded chronologically. In this way it sought to elicit a general scheme of world development, generally in a highly optimistic sense.

역사철학이란 하나의 괴물이며 형용의 모순이다. 왜냐하면 역사란 통합적이므로 비철학이고, 철학은 (다른 것을)종속시키므로 비역사적이기 때문이다.

우선 철학 그 자체만을 논급해 본다면, 만일 철학이 실제로 거대한 일반적인 생의 수수께끼와 직접적으로 대결한다면, 철학은 기껏해야 이러한 목적을 불완전하고도 간접적으로만 추구하는 역사 위에 높이 군림한다.

그렇지만 철학은 진정한 철학, 즉 그 자체의 독자적인 방법으로 편견을 가지지 않는 철학이어야만 한다.

왜냐하면 수수께끼를 종교적으로 해결한다는 것은 하나의 특수한 영역에 속하는 일이며, 인간의 한 특수한 내면적 능력에 속하기 때문이다.

지금까지의 역사철학의 특성에 관해서 말해 본다면, 그것은 역사의 '뒤를 쫓아 왔으며' 그 종단면들을 제시했었으니, 즉 그것은 연대기적인 방법을 취했었다. 그것은 이러한 방법으로 세계전개의 한 일반적인 법칙에 도달하고자 했으며, 대개는 대단히 낙관적인 의미를 추구했다.

- ☐ centaur n. (그리스 신화의) 켄타우르스(반인반마의 괴물), 명기수
- ☐ contradiction n. 부인, 부정, 반박, 모순, 당착
- ☐ coordinate vt., vi. 대등하게 하다(되다), 통합하다
- ☐ subordinate vt. 하위에 두다, 종속시키다
- ☐ grapple vt. 붙잡다, 파악하다
- ☐ bias n. 사선, 선입관, 편견(for, towards, against)
- ☐ faculty n. 능력, 기능, 교수단, (대학의) 학부
- ☐ hitherto ad. 지금까지(는), 지금까지 보아서는
- ☐ longitudinal a. 경도의, 경선의, 세로의
- ☐ elicit vt. (사실 따위를) 이끌어 내다, 꾀어내다 n. elicitation

Hegel, in the introduction to his *Philosophy of History*, tells us that the only idea which is 'given' in philosophy is the simple idea of reason, the idea that the world is rationally ordered: hence the history of the world is a rational process, and the conclusion yielded by world history *must* [sic] be that it was the rational, inevitable march of the world spirit — all of which, far from being 'given', should first have been proved. He speaks also of the 'purpose of eternal wisdom', and calls his study a theodicy by virtue of its recognition of the affirmative in which the negative (in popular parlance, evil) vanishes, subjected and overcome. He develops the fundamental idea that history is the record of the process by which mind becomes aware of its own significance; according to him, there is progress toward freedom. In the East, only one man was free, in classical antiquity, only a few, while modern times have set all men free. We even find him cautiously putting forward the doctrine of perfectibility, that is, our old familiar friend called progress.

We are not, however, privy to the purposes of eternal wisdom: they are beyond our ken. This bold assumption of a world plan leads to fallacies because it starts out from false premises.

The danger which lies in wait for all chronologically arranged philosophies of history is that they must, at best, degenerate into histories of civilizations (in which improper sense the term philosophy of history may be allowed to stand); otherwise, though claiming to pursue a world plan, they are colored by preconceived ideas which the philosophers have imbibed since their infancy.

There is, however, one error which we must not impute to the philosophers alone, namely, that our time is the consummation of all time, or very nearly so, that the whole past may be regarded as fulfilled in us, while it, with us, existed for its own sake, for us, and for the future.

헤겔은 바로 그의 [역사철학]의 서문에서 말하기를, 철학에 부여된 유일한 이데아란 이성이라는 단순한 이데아, 즉 이성이 세계를 지배하고 그러므로 세계사는 이성적으로 전개되는 과정이며, 세계사의 성과는 세계정신의 이성적이고 필연적인 진행이라는 것으로 되어야 한다고 했다. 그러나 모든 것은 결코 '부여된' 것이 아니므로 먼저 증명이 되었어야만 했었다. 그는 "영원한 지혜의 목적"에 관해서 말했으며, 자신의 고찰을 하나의 신정론으로서 간주했으니, 이 긍정적인 것 속에서는 부정적인 것(흔히 말하자면, 악)이 종속되고 극복되어 사라져 버리게 된다. 그는 "세계사는 정신이 어떻게 자기의식에 도달하는가를 서술한 것이다"라는 사상을 전개시켰는데, 그에 따르면 자유를 향한 진보라는 것이 있다. 동양에서는 한 사람만이 자유스러웠고, 고대 민족들에게서는 몇 사람만이 자유로웠으며, 그 다음의 시기가 모든 사람을 자유스럽게 만들었다는 것이다. 완전성, 즉 조심스럽게 도입된 저 유명한 소위 진보에 관한 학설이 그에게서 발견된다.

우리는 그러나 영원한 지혜의 목적에 관해 잘 알고 있지 않다. 그것들은 우리의 시야 바깥에 있다. 또한 그와 같이 세계적인 계획을 대담하게 가정하는 것은 오류로 나아간다. 왜냐하면 그러한 가정은 잘못된 전제들로부터 출발하기 때문이다.

연대기적으로 배열된 역사철학들에 도사리고 있는 위험은 그것이 잘 해봐야 문명이 역사 정도로 퇴보해 버리지 않을 수 없다는 점이다. (이러한 부당한 의미 속에서나 사람들은 역사철학이라는 표현을 가치 있는 것으로 만들 수 있다) 만일 그렇지 않다면, 세계적 계획을 추구한다는 명목 하에 철학자들이 유년기 이래로 흡수했었던 이념들로 채색되어 있기 일쑤이다.

물론 우리가 철학자들의 오류라고만 탓할 수는 없는 것들이 있다. 말하자면 우리들의 시대는 모두 시대들의 정점이거나 또는 그것에 거의 가까운 것이라고 하며, 그리고 존재했던 모든 것은, 우리 시대에 와서 완성된 것으로서 간주될 수 있고 우리들 시대는 그 자체로서, 우리와 미래를 위해 존재한다고 하는 생각이 그것이다.

- ☐ theodicy n. 악의 존재를 신의 섭리라고 하는 주장, 신정설(新正設)
- ☐ by virtue of ~에 의해, ~의 덕택으로
- ☐ affirmative a. 확연적인, 긍정적인, 긍정의 opp. negative
- ☐ parlance n. 말투, 어법, 어조
- ☐ overcome 여기서는 과거분사로서 '정복된'의 뜻
- ☐ antiquity n. 낡음, 고대, (pl.) 고대의 풍습
- ☐ perfectibility n. 완전, 가능성, 완전히 할 수 있음
- ☐ privy to ~에 관해서 내밀히 알고 있는, ~에 내밀히 관여하여
- ☐ ken n. 시야, 이해, 지식, 지식의 범위
- ☐ degenerate vi. 나빠지다, 타락하다(to), 퇴보하다(form)
- ☐ preconceive vt. ~ 선입관을 갖다, 예상하다 cf) a~d idea 선입관, 편견
- ☐ imbibe vt. 마시다, 흡수하다 vi. (사상 따위를) 받아들이다, 동화하다
- ☐ impute vt. (죄 따위를) 씌우다, 전가하다, ~의 탓으로 돌리다 (= ascribe (to))
- ☐ consummation n. 완성, 극점, 극치, 죽음, 종말
- ☐ while it ~ 여기서 it는 the whole past

History from the religious standpoint has its special rights. Its great model is St. Augustine's *City of God*.

There are also other world forces which may interpret and exploit history for their own ends; socialism, for instance, with its history of the masses. We, however, shall start out from the one point accessible to us, the one eternal center of all things — man, suffering, striving, doing, as he is and was and ever shall be. Hence our study will, in a certain sense, be pathological in kind.

The philosophers of history regard the past as a contrast to and preliminary stage of our own time as the full development. We shall study the *recurrent*, *constant*, *and typical* as echoing in us and intelligible through us.

The philosophers, encumbered with speculations on origins, ought by rights to speak of the future. We can dispense with theories of origins, and no one can expect from us a theory of the end.

All the same, we are deeply indebted to the centaur, and it is a pleasure to come across him now and then on the fringe of the forest of historical study. Whatever his principles may have been, he has hewn some vast vistas through the forest and lent spice to history. We have only to think of Herder.

For that matter, every method is open to criticism, and none is universally valid. Every individual approaches this huge theme of contemplation in his own way, which may be his spiritual way through life: he may then shape his method as that way leads him.

종교적으로 역사를 조망하는 일은 그 자체의 특수한 권리를 갖고 있다. 그 위대한 모델은 아우구스티누스의 작품인 [신국론]이다.

또 다른 세계의 제 세력들도 역사를 자신들의 목적에 따라 해석하고 이용한다. 예를 들면, 사회주의자들이 역사를 대중의 역사로 해석하는 것이 바로 그러한 것이다. 우리들의 출발점은, 우리들에게 가능한 한 지점, 모든 사물들의 한 중심적인, 과거에도 현재에도 미래에도 그러할 것인 고통 받고 노력하며 행동하는 인간이다. 그러므로 우리들의 고찰은 어떤 의미에서는 병리학적인 고찰이 될 것이다.

역사 철학가들은 과거의 것을 우리들에게 대립되는 것으로, 또 충분히 발달한 우리 시대 이전의 단계로 간주한다. 우리는 '반복되는 것', '항시적인 것', '유형적인 것'을 우리들에게서 공명되고 있는 것, 이해될 수 있는 것으로서 간주한다.

역사 철학가들은 기원에 관한 사색에 빠져있고 그러므로 당연히 미래에 관해서 이야기해야만 한다. 우리는 기원들에 관한 저 학설들을 제외시킬 수 있으며, 어떤 누구도 우리들에게 종말에 관한 학설을 요구할 수는 없다.

항상 사람들은 상당한 감사를 괴물에게 해야 하는 빚을 지고 있으며 이 괴물을 역사연구들의 가장자리까지 기꺼이 모신다. 그의 원리가 어떠한 것이었던 간에 그는 몇몇 강력한 조망을 숲을 통해 투시했으며 역사에다가 양념을 제공했다. 이에 대해서는 우리는 헤르더를 생각해 보면 되겠다.

그러므로 모든 방법들이란 비판될 여지가 있으며, 보편적으로 유효한 것이라곤 없다. 모든 개체는 '그 자신의' 태도를 통해 이 거대한 문제에 접근하며, 이 태도란 바로 그 자신의 정신적인 인생 행로인 것이며, 이 태도에 따라서 그는 자신의 방법을 형성할 것이다.

- ☐ standpoint n. 입장, 견지, 관점
- ☐ exploit n. 공, 공훈, 공적 vt. 개발하다, 이용하다
- ☐ pathological a. 병리학의, 병리상의, 병적인 n. pathology 병리학
- ☐ recurrent a. 재발하는, 순환하는
- ☐ encumber v. 방해하다, (의무, 빚 따위를) 지우다, 막다(with) cf) be ~ed with cares 걱정거리로 번민하게 되다
- ☐ speculation n. 사색, 결론, 추측, 이론
- ☐ dispense with ~없이 때우다, ~을 면제하다
- ☐ come across 가로질러 오다, 우연히 발견하다
- ☐ now and then 때때로
- ☐ fringe n. 가장자리, (학문의) 초보적인 지식
- ☐ vista n. 길게 내다보이는 경치, 전망, 추억
- ☐ valid a. 확실한 근거가 있는, 타당한, 유효한

제 6 장

Friedrich Meinecke
The German Catastrophe

프리드리히 마이네케
독일의 파국

Everything, yes everything, depends upon an intensified development of our inner existence. We named the culture of the German spirit as the second of the two areas in which this must proceed. The work of Bismarck's era has been destroyed through our own fault, and we must go back beyond its ruins to seek out the ways of Goethe's era. The heights of the Goethe period and of the highly gifted generation living in it were reached by many individual men, bound together merely in small circles by ties of friendship. They strove for and to a large degree realized the ideal of a personal and wholly individual culture. This culture was thought of as having at the same time a universal human meaning and content.

프리드리히 마이네케(1862~1954)는 독일의 역사학자로 비스마르크 제국의 발전, 빌헬름 제국의 전쟁과 몰락, 바이마르 공화국의 실패, 나치의 제3제국과 제2차 세계대전 등을 체험했던 독일 현대사의 산증인이라 할 수 있다. 특히 그는 자신의 역사적 체험과 철학적 사상을 결합해 이념사와 정신사를 높은 차원으로 구성시킨 현실적인 학자였다.

오늘날 모든 것은 우리 내면의 존재성을 강력히 발전시키는 데에 달려있다. 우리들은 이 내면화가 출발해야 할 두 영역 중 두 번째 것으로서 독일의 정신문화를 들었다. 우리는 비스마르크의 업적을 우리 자신과 과오로 인하여 무너뜨렸으니, 거기서 그 폐허를 넘어 괴테 시대에 이르는 길을 되찾아야 한다. 괴테 시대의, 혹은 괴테 시대에 생존한 뛰어난 사람들의 높은 봉우리는 오직 서로의 우정을 통해 소집단으로만 결합된 많은 개개인이 인격적이고 지극히 개성적인, 그러나 또 한편으로는 보편 인간적인 의미와 내용을 지녀야 했던 교양의 이상을 얻고자 노력하고, 또한 그것을 고도로 실현함으로써 올라갈 수 있었다.

- ☐ generation(who were) living in it (= the Goethe period)
- ☐ bound a. 묶인, 속박된
- ☐ strive (for) vi. 얻으려고 애쓰다, 항쟁(분투)하다(with), 노력하다(after)
- ☐ to a large degree 몹시, 대단히, 상당히

The religious revival that we desire is in its deepest foundation an affair of the individual human soul thirsting for a healthy recovery. It seeks strongly the formation of communities, because most people get a feeling of security and safety only by being linked together in a local religious community as part of a wider church organization. This means a great measure of organization and cooperation.

But all organizations always tread upon the rank and file and sacrifice or curtail part of the individuals own inclination. But does organization alone promote spiritual culture? Does not spiritual culture demand a sphere for individual inclination, for solitude, and for the deepening of one's self?

Doubts about the certain value of organization begin in connection with the upper schools and the examination system in Germany, where so much that is external comes into play and what is inward may be injured. In Goethe's day the external things retreated very much into the background, so the inward things could develop more freely. We cannot imitate that; we stand too much under the pressure of everything that the external has meanwhile created and organized around us. In order to keep our striving for inner development free from the pressure of these organizations, we must ourselves, paradoxically enough, occasionally turn to organizing. To what a high degree today, for instance, is the arrangement of concerts organized. The daily life of the artist is swept into a whirlpool of modern activity, whereas in the palace and house music of Goethe's day there was much more freedom, unconstraint, and truly individual spontaneity.

그에 반하여 우리가 원하고 있는 종교적인 재생은 가장 깊은 근처에 있어서는 구제를 필요로 하는 개개인의 영혼의 문제이기는 하나, 처음부터 지극히 강력하게 공동체의 형성을 갈구했으며, 이는 좀 더 넓은 교회 조직체의 한 부분으로서의 각 지방에 있는 종교 단체에 가입해야만이 비로소 보호와 안전의 감정을 얻을 수 있었기 때문이다. 이것은 곧 조직에 의한 강력한 영향력이 있어야 한다는 것을 의미한다.

조직이란, 그러나 또한 언제나 대열을 짓고 행진하는 것이며, 자의와 같은 부분은 포기하거나 그것을 제거하는 것이다. 그럼에도 우리들은 그런 조직만을 통해 정신문화를 꽃피울 수 있을 것인가? 정신문화는 바로 자의, 고독 및 자기심화의 영역을 요구하지 않는 것일까?

조직의 절대적인 가치에 관한 의혹은, 이미 고등교육에 있어서 또한 시험제도에 있어서 분명히 나타나 있다. 왜냐하면, 거기에는 극히 외면적인 것이 행세하는 한편 내면적인 것은 손상될 우려가 있기 때문이다. 괴테 시대에는 외면적인 것은 대단히 후퇴하여 단지 배경적인 역할을 했을 뿐이고, 대신에 내면적인 것이 더욱 자유로이 발전될 수 있었다. 우리들은 괴테 시대의 이러한 점을 모방할 수는 없다. 우리들은 그동안 외부 세계가 우리 주위에 이룩해 놓고 또한 조직화한 것에 지나치게 억압당하고 있다. 그러나 그러한 조직의 억압으로부터 벗어나서 우리들의 내면적인 형성욕을 확보하기 위해서는 때때로 패러독스하게도 이 조직화하려고 하는 수단에 호소하지 않을 수 없는 것이다. 예를 들면, 오늘날 음악회라는 것이 얼마나 고도로 조직화되고 그로 인하여 예술가들의 일상생활이 얼마나 광범위하게 근대적인 활동성의 와중에 던져져 있는가. 그러나 괴테 시대의 궁정음악이나 가정음악에 있어서는 그것은 훨씬 자유롭고 여유 있는, 그리고 참으로 자연적인 것이었다.

- ☐ thirst (for) vt. 갈망하다(after)
  a. thirsty (for)
- ☐ tread (upon) vt. 짓밟다, 걷다
- ☐ file vt. 종대로 나아가게 하다, 줄지어 나가다
- ☐ curtail vt. 짧게 줄이다, 생략하다, 박탈하다 (of)
- ☐ inclination n. 기호, 의향, 좋아함
  v. incline
- ☐ come into play 움직이기 시작하다, 활동하기 시작하다
- ☐ stand의 목적절은 that the external has 이하의 절이다
- ☐ We must 다음 동사는 turn to에 연결된다. paradoxically enough와 occasionally는 부사로서 동사를 수식하고 있다.
- ☐ to what a high degree 얼마나 굉장하게, 대단히
- ☐ the arrangement of concerts가 주어이고 동사는 is organized로서 도치된 것이다
- ☐ Whereas conj. ~임에 반하여 (= while on the other hand)
- ☐ unconstraint n. 불구속, 자유
  opp. constraint
- ☐ spontaneity n. 자발성, 무의식, 자연스러움
  a. spontaneous

Therefore our spiritual culture, especially our art, poetry, and science, must be assigned a high place in the external apparatus of our civilization. Today in Germany this apparatus lies in ruins. It is impossible to restore it as it was. Perhaps a restoration in every respect is not necessary. It would be much better if the German spirit could grow up again so free, so personal, so spontaneous and unconstrained as formerly, and need no hot-house forcing. Nevertheless, today some organizational assistance is needed in order to afford the first nourishment to those hungering and thirsting after beauty and the spirit.

To know that many places in Germany are already stirring with efforts of this kind is one of the very few experiences of our time which can give us immediate comfort. One hears of culture leagues and culture communities in the cities.

One hears of theatrical productions in which the treasures of German drama are again rising into the light. Young men and old crowd to concerts in which the great old German music is played. But here and there the immediate purpose of these cultural activities is proclaimed to be the denazifying of the German spirit. Let us not speak too much of this purpose. Let us not take too ponderously as an objective what we most urgently desire. Just as there ought not to be too much organization in this field, the purposeful aspect and matters which border on the political sphere must be handled with tact and moderation. Spiritual life and the striving for spiritual values are their own justification and work most deeply where their movements can be most free from political tendencies. Indeed they work most deeply and beneficially by themselves when they go their own ways spontaneously and unregulated.

그러므로 우리의 정신문화 특히 예술, 문학 및 학문은 당연히 지극히 외면적인 오늘날의 문명이란 기구 속에서 상위를 차지했던 것이다. 오늘날 독일에서 그러한 도구는 분쇄되고 있다. 그것을 다시 지난날처럼 회복한다는 것은 불가능하다. 아마 또 어쩌면 그럴 필요도 없을지 모른다. 독일의 정신이 다시 한 번 이전과 같이 자유롭고, 인격적으로, 자발적으로, 그리고 자주적으로 성장할 수 있게 되어 온실의 지붕을 하등 필요로 하지 않게 된다면 물론 그편이 더 한층 훌륭할 것이다. 그러나 오늘날, 정신과 미를 갈망하고 있는 사람들에게 최초의 양분을 제공할 수 있게 되기에는 필경 어느 정도의 조직적인 후원이 필요하다.

그런데 독일의 여러 지방에서 그와 같은 노력이 일어나고 있다는 사실은, 직접 우리의 마음을 위로해 주는, 우리 생애에 있어 극히 드문 체험에 속한다. 우리들은 많은 도시에서 문화연맹 혹은 문화단체가 창설되었다는 소식에 접하고 있으며,

여러 가지의 극장상연을 통하여 독일 극장의 잊혔던 재보가 다시 햇빛을 보고 있다는 사실을 듣는다. 그리고 위대한 독일 음악이 연주되는 음악회에는 노소를 막론하고 밀어닥치고 있다. 이때 또한 이곳저곳에서 그것을 통하여 독일의 정신에서부터 나치적인 요소를 제거하고자 하는 직접적인 의도가 표명된다. 그러나 그 의도에 관하여 지나치게 언급해서는 안 된다. 우리들의 가장 절실한 소원이어야 하는 것을 의향으로서 지나치게 과장해서는 안 된다. 이 영역에서는 조직화가 과도하게 이루어져서도 안 되는 것과 마찬가지로 정치적인 영역에 접해있는 중대한 목적을 지닌 국면과 문제들도 또한 분별 있고 절도 있게 취급되어야 한다. 정신적인 생활, 혹은 정신적인 가치의 추구는 그 속에 이미 정당성을 지니고 있으며, 정치적인 경향으로부터 자유롭고 움직일 수 있을 때 가장 큰 역할을 하는 법이다. 아니 그뿐만이 아니라 그것은 자주적으로 규칙에 얽매이지 않고, 그 자신의 길을 나아갈 때 가장 중대하고 또 유익한 영향을 미치는 것이다.

- ☐ assign vt. 할당하다, 지정하다(to)
- ☐ apparatus n. 기구, 장치, 기관, 도구
- ☐ hot-house n. 온실, hot-house forcing 강제로 하는 것(때가 이르기도 전에 인위적으로 이루려는 것)
- ☐ proclaim vt. 분명히 나타내다, 선언하다 n. proclamation
- ☐ denazify vt. 비(非)나치화하다
- ☐ ponderously ad. 대단히, 무겁게, 지나치게, 숙고해서 v. ponder 숙고하다, 깊이 생각하다
- ☐ border (on) vi. 접경하다, 접하다 n. 테두리, 경계
- ☐ tact n. 재치, 솜씨 a. tactful 재치 있는, 솜씨 좋은 cf) tactical a. 전술적인
- ☐ go one's own way 자기 생각대로 하다.

We desire therefore that these cultural strivings of ours shall have as free and unconstrained a treatment as possible. Thereby something further will be reached, which is also urgently to be desired but which must not be pushed too obviously and consciously: namely, the winning back of a spiritual contact with the other Occidental countries. For it is a fact that precisely the cultivation of our own peculiarly individual German spiritual life is what can bind us in the purest and most natural way with the spiritual life of other nations. What is more individual and German than the great German music form Bach to Brahms? It was precisely this that was taken up most thankfully by the rest of the world and brought us spiritually nearer to it.

In comparison with the universal effect which our music as a whole has been able to exert, the other fields of our cultural life — art, poetry, science — have exerted their effect only in the case of single great achievements. But it has always been a fact that a specifically and genuinely German spiritual production has succeeded in having a universal Occidental effect. What is more German than Goethe's *Faust* and how powerfully has it cast its radiance upon the Occident! Whatever springs from the very special spirit of a particular people and is therefore inimitable is likely to make a successful universal appeal. This fact is not limited in its application only to the relation of the German to the Occidental spirit. It also illustrates a fundamental law of the Occidental cultural community in general. We just mention it, but it could be more thoroughly demonstrated than is possible here.

그러므로 우리들은 이러한 문화를 위한 노력이 될 수 있는 대로 자유롭고 자발적으로 취급되기를 희망한다. 그럼으로써 또한 그 이상의 무엇을 얻을 수 있을 것이다. 그 무엇이란, 그것도 또한 절실히 간구되기는 하나, 그러나 지나치게 계획적으로 또한 경향적으로 추구되어서는 안 된다 ― 즉 다른 서양 여러 민족과의 정신적인 접촉의 회복 외에는 없는 것이다. 왜냐하면, 우리의 특수한 개성적인 독일의 정신생활의 배양이야말로, 우리들을 가장 순수하게 또 자연스럽게 다른 여러 민족의 정신생활과 결합시킬 수 있기 때문이다. 바하에서부터 브람스에 이르는 위대한 독일 음악 이상으로 개성적이며 독일적인 것이 무엇이 있으랴. 그리고 그것이야말로 가장 고맙게 다른 세계에 전해지고, 그리고 우리들을 정신적으로 그들과 가깝게 하는 것이다.

독일 음악은 전부 그와 같이 세계적인 영향을 미칠 수 있었거니와, 우리의 문화생활의 다른 영역 ― 예술, 문학, 학문 ― 은 개별적인 위대한 작품에 있어서만 영향을 주었을 뿐이다. 그러나 그 경우에도 언제나 특히 또 진정한 독일적인 정신상의 작품이야말로 서양세계에 보편적인 영향을 줄 수 있었던 것이다. 괴테의 '파우스트' 이상으로 독일적인 것은 없었으며, 그리고 서양에 대한 그의 감화는 얼마나 깊었던가. 그리고 어느 특별한 개인의 독특한 정신으로부터 그 무엇이 발생되었던가에, 그리고 바로 그로 인해 모방될 수 없는 것이라고 해도, 그것은 곧 성공적으로 보편적인 호소력을 지니게 되는 것이다. 그러한 사실은, 아마 서양정신에 대한 독일 정신의 관계에만 국한되어 있는 것이 아니라, 일반적으로 서양적인 문화공동체의 근본 법칙을 표시하는 것이다. 이 근본 법칙에 관하여 우리들은 훗날 의견을 진술하고자 하거니와, 그때에는 지금 할 수 있는 것 이상으로 한층 깊이 그 근거를 밝힐 수 있을 것이다.

- ☐ winning back은 서양의 다른 여러 나라와의 정신적 접촉을 통해 우호적 관계를 성취하는 것을 말한다
- ☐ Occidental a. 서양의
- ☐ It was precisely this that ~ 문장은 It - that 강조 용법에 따라 that 이하 먼저 해석한 뒤 that 앞의 대명사를 강조해준다.
- ☐ what 이하 문장과 how powerfully 이하 문장은 감탄문의 형식이다.
- ☐ spring vt. 생기다, 발생하다
- ☐ inimitable a. 모방할 수 없는 opp. imitable v. imitate
- ☐ limit(ed) to ~에만 한정되다, in its application은 삽입구이다

What is more Italian than Raphael's Madonna della Sedia, and what a magic spell it casts at the same time on every sensitive cultured Occidental person! How deeply are Shakespeare's plays rooted in English soil, and yet how tremendously they have shaken and permeated the whole Occident! In order to exert a universal influence, spiritual possessions of this kind must always blossom forth naturally, uniquely, and organically out of any given folk spirit. They must originate free, spontaneous, purposeless, from the most inner creative impulse.

So as soon as there stirs the vain purpose of demonstrating to the rest of the Occident the superiority of one's own folk spirit, imitating the racial madness of the Third Reich, its influence on the Occident is nil and other peoples reject it with scorn.

Four decades ago, in the field of political history, I tried to show that cosmopolitanism and the modern idea of the national state were not originally rigid contrasts, but existed together for mutual enrichment or, as one might say after the fashion of Goethe and Hegel, in a polar and dialectical tension and connection with one another. Today, after a generation of the most tremendous revolutions, let us recognize that for Occidental cultural life a similar dialectic is applicable. Here also cosmopolitanism and national feelings are not rigid contrasts but are interwoven with one another. The cosmopolitan cultural community of the Christian Occident, as it has actually existed and as according to our most ardent wishes it should now again blossom forth, did not originate only from superimposed and essentially universal ideas and ideals, but also from quite individual and inimitable contributions of individual folk spirits. The most universal and the most individualistic can here be married to one another.

라파엘로의 '작은 의자의 마돈나' 이상으로 이탈리아적인 것은 없거니와, 그러면서도 그것은 또한 동시에 서양의 감수성이 있는 모든 문화인에게 얼마나 깊이 매력을 주고 있는가. 셰익스피어의 극은 얼마나 깊이 영국의 지반에 뿌리 박혀 있으면서도, 서양 전체에 얼마나 심각한 감명과 감동을 주고 있는 것인가. 그러나 언제나 그와 같은 정신재가 세계적인 영향을 미칠 수 있으려면 소박하게, 본원적으로 또 유기적으로 그때그때의 민족정신에 의하여 개화된 것이어야 한다. 그것은 자유롭고 자주적으로, 무경향으로 또한 가장 내면적인 창조에의 충동에 의하여 이루어져야 한다.

그 자신의 민족정신의 우월성을 서양의 다른 민족에게 과시하려는 유치한 의도가 밝혀지자 — 제3제국의 종족적인 망상은 그렇게 하고자 기도하였다 — 서양적인 영향은 사라지고 다른 민족은 조소로써 그것을 거부한다.

40년 전에 나는 정치사의 분야에서, 세계시민주의와 근대적인 국민 국가의 이념은 원래 결코 완고한 대립이 아니라 서로 결실을 돕는 — 괴테나 헤겔에 따라서 이렇게 말할 수도 있을 것이다 — 대극적이면서도 변증법적인 긴장과 공존의 관계에 있음을 밝히려고 시도한 바있다. 오늘날, 지극히 놀랄만한 변혁을 겪은 1세대 후에, 우리들은 지금 서양의 문화생활에도 동일한 변증법이 적용된다는 인식에 도달하였다. 여기에서도 세계 시민주의와 국민정신은 또한 결코 완고한 대립이 아니라 서로 함께 묶여 있다고 할 것이다. 사실에 있어서, 존속한 바 있는 그리고 또 우리의 가장 열렬한 소원에 따라서 오늘날 다시 개화할 그리스도교적인 서양의 세계 민족의 문화 공동체는 지극히 개성적이고 모방할 수 없는 기여에 의해서도 이루어졌던 것이다. 가장 보편적인 것과, 가장 개성적인 것은 여기에서 서로 융합될 수 있다.

- ☐ spell n. 마력 (= incantation), 매력 (= charm, fascination)
- ☐ permeate vt. 스며들다, 침투하다
- ☐ as soon as 이하 문장은 종속절이며 주절의 주어는 its influence에 걸린다
- ☐ stir vi. 움직이다, 꿈틀거리다
- ☐ demonstrating의 목적어는 the superiority ~ spirit이며 imitating은 the vain purpose에 공동으로 걸리는 것이다
- ☐ Reich n. G. 독일 정부
- ☐ nil n. 무(無) cf) nihilism 허무주의, 회의론 syn. nihility 무, 허무
- ☐ cosmopolitanism n. 세계(동포)주의
- ☐ polar a. 정반대, 극지의 n. polarity 양극성 v. polarize
- ☐ dialectical a. dialectic
- ☐ The cosmopolitan ~ Occident가 가 주어이며 그것의 동사는 did not originate ~ 이하에 연결된다. 그 사이에 있는 as로 시작되는 부사절 2개는 삽입절이다
- ☐ superimpose(d) vt. 첨가되다, 겹쳐놓다, 덧붙이다

Is that not a rich comfort for us in our present tragic situation? We do not need any radical change in schooling in order to function effectively again in the Occidental cultural community. But the Nazi megalomania with its unculture and afterculture must absolutely disappear. Its place does not have to be taken by pale, empty, abstract cosmopolitanism, but by a cosmopolitanism which in the past was formed by the cooperation of the most individual German contributions and which is to be further formed in the future. The German spirit, we hope and believe, after it has found itself again, has still to fulfil its special and irreplaceable mission within the Occidental community.

이러한 사실은 오늘날의 비극적인 상황 하에 있는 우리들에게 하나의 큰 위안이 아닐까. 우리들은 다시 서양적인 문화공동체의 일원으로서 활동하는 데 있어, 결코 근본적인 재교육을 필요로 하지 않는다. 철저히 말살되어야 하는 것은 비문화와 사이비 문화를 수반한 나치의 과대망상뿐이다. 그러나 그에 대신할 것은, 창백한, 내용이 빈약한, 추상화된 세계 시민주의가 아니라 가장 개성적인 독일의 정신적 업적에 의하여 지난날 형성되고 앞으로도 또 형성되어야 할 세계시민주의이다. 독일 정신은 자기 자신에로의 귀로를 발견한 뒤에는 또한 서양적인 공동체 속에서 그의 특수한 독자적인 사명을 수행하여야 한다고 우리들은 희망하고 또한 믿어도 좋을 것이다.

- ☐ megalomania n. 과대망상증
- ☐ unculture n. 비문화
- ☐ afterculture n. 사이비 문화
- ☐ The German spirit의 동사는 has still to fulfill에 연결된다

제 7 장

Arnold J. Toynbee Civilization on Trial

아놀드 토인비
문명의 위기

Our present Western outlook on history is an extraordinarily contradictory one. While our historical horizon has been expanding vastly in both the space dimension and the time dimension, our historical vision — what we actually do see, in contrast to what we now could see if we chose — has been contracting rapidly to the narrow field of what a horse sees between its blinkers or what a U-boat commander sees through his periscope.

This is certainly extraordinary; yet it is only of a number of contradictions of this kind that seem to be characteristic of the times in which we are living. There are other examples that probably loom larger in the minds of most of us. For instance, our world has risen to an unprecedented degree of humanitarian feeling.

아놀드 토인비(1889~1957)는 슈펭글러에 이어 세계사를 형태학적으로 파악한 현대 영국의 역사가로서, 서재 속에서만 머물러 있었던 학자가 아니라 외교가로 당대의 정치현실에도 참여하였다. 특히 그는 고대사를 전문적으로 연구하면서, 위기의식이 지배하던 20세기 전반의 국제관계를 직접 취급했던 외교 전문가의 학문적 지식과 체험적인 지식을 살려 세계사를 조망했다.

현대 서구인이 역사를 바라보는 전망은 터무니없이 모순에 찬 것이다. 서구인이 바라보는 역사의 지평은 공간의 차원에서나 시간의 차원에서 널리 확대해 가고 있기는 하지만, 서구인이 보고 있는 역사적 시각은 — 실제에 있어서 서구인이 현재 보고 있는 바, 즉 우리들이 원하기만 한다면 더 많이 볼 수도 있는 것과 대조를 이루고 있는 — 오히려 좁혀진 시야로 급속히 축소해 왔던 것이다. 그것은 마치 눈가리개 사이로 밖을 내다보는 말의 시야와도 같으며, 또는 U보트의 함장이 잠망경을 통해서 외부를 살피는 것과 같다고 하겠다.

이와 같은 역사 시야의 축소는 분명히 어처구니없는 일이다. 그러나 이것은 우리들이 오늘날 살아가고 있는 이 시대의 특징을 이루고 있다고 생각되는 수많은 모순 중에 속해 있는 하나의 모습에 불과하다. 다수 현대인의 마음속에 보다 커다랗게 그림자를 드리우고 있는 또다른 실례들이 있다. 이를테면 현대 세계는 인도주의적인 입장이 전례를 볼 수 없을 정도로 고양되고 있는 시대다.

- ☐ field of what ~ or what ~으로 읽을 것, field와 what으로 시작되는 2개의 phrase는 동격임
- ☐ U-boat: U보트(제1, 2차 세계대전 시 독일의 대형 잠수함)
- ☐ commander n. 지휘관, 사령관
- ☐ periscope n. 잠망경(잠수함), 전망경(참호)
- ☐ loom vi. (걱정이) 마음을 누르다, 어렴풋이 나타나다, 다가오다, 어렴풋이 보이다
- ☐ unprecedented a. 선례(전례)없는 cf) without precedent 전례 없는, 미증유의

There is now a recognition of the human rights of people of all classes, nations, and races; yet at the same time we have sunk to perhaps unheard-of depths of class warfare, nationalism, and racialism. These bad passions find vent in cold-blooded, scientifically planned cruelties; and the two incompatible states of mind and standards of conduct are to be seen today, side by side, not merely in the same world, but sometimes in the same country and even in the same soul.

Again, we now have an unprecedented power of production side by side with unprecedented shortages. We have invented machines to work for us, but have less spare labour than ever before for human service — even for such an essential and elementary services as helping mothers to look after their babies.

We have persistent alternations of widespread unemployment with famines of manpower. Undoubtedly, the contrast between our expanding historical horizon and our contracting historical vision is something characteristic of our age. Yet looked at in itself, what an astonishing contradiction it is!

Let us remind ourselves first of the recent expansion of our horizon. In space our Western field of vision has expanded to take in the whole of mankind over all the habitable and traversable surface of this planet, and the whole stellar universe in which this planet is an infinitesimally small speck of dust. In time, our Western field of vision has expanded to take in all the civilizations that have risen and fallen during these last 6000 years; the previous history of the human race back to its genesis between 600,000 and a million years ago; the history of life on this planet back to perhaps 800 million years ago.

모든 계급, 모든 민족, 모든 인종의 인권이 다 같이 인정받고 있는 시대다. 그러면서 동시에 현대인은 계급 투쟁과 민족주의와 인종주의라고 하는 전대미문의 고민 속에 잠겨 있다. 이 악에 받친 정열들은 그 출구를 과학적으로 계획된 냉혈적 잔인 행위에서 찾아내고 있는 것이다. 양립할 수 없는 두 개의 마음 상태, 양립할 수 없는 이 두 개의 행동 규범은 오늘날 우리가 살고 있는 하나의 세계에서뿐만 아니라, 때로는 국적을 같이하는 나라에서, 아니 한 인간의 같은 영혼 속에서까지 나란히 공존하고 있음을 발견하게 된다.

뿐만 아니라 우리들은 현재 전대미문의 생산력과 전대미문의 물자 결핍 속에 나란히 끼어 살아가고 있다. 인간은 인간을 대신하여 일할 수 있는 기계를 발명했지만, 인간을 돌보아 준다는 점에서는 그 이전 어느 시대보다도 일손에서 여가를 낼 수 없는 시대에 살아가고 있다. 심지어 어머니들이 갓난아기를 돌보는 것과 같이 필수적이고도 기본적인 일에서까지도 그런 형편이 되고 말았다.

우리들은 실업의 확대와 인력의 기근이 끊임없이 교체하는 속에서 살아가고 있는 것이다. 의심의 여지도 없이 역사적 지평이 확대일로에 있다는 것과 역사적 시각이 축소하고 있다는 것 사이의 모순도 우리 시대의 어떤 특징을 나타내는 것이다. 그러나 본질에 있어서 그 정체를 살펴볼 때, 그것은 참으로 놀라운 모습이 아닌가!

최근에 도달한 인간 지평의 확대를 우선 상기해 보기로 하자. 서구인의 시야는 공간 차원에서 확대해 갔는데, 그것은 유성이라고 하는 이 지구에서 거주가 가능하며 여행이 가능한 전체 표면에서 생을 누리고 있는 인류전체의 거주 공간을 포함하고, 그 가운데서 지구는 한없이 미소한 먼지 부스러기에 불과한 대우주를 또한 포함하기에 이르렀다. 시간 차원에서 서구인의 시야는 확대하여 지난 6000년 동안 부침한 모든 문명사를 포함하기에 이르렀으며, 나아가서 60만 년 내지 100만 년 전의 사이에 일어난 인류의 발생기에까지 소급하는 인류사의 전 단계를 비롯하여, 아마도 8억 년까지 소급되는 지상의 생명사까지 포함하기에 이르렀다.

- ☐ warfare n. 전투, 고전, 전쟁
  cf) economic ~ 경제 전쟁
- ☐ vent n. 구멍, 출구 vi. 수면에 얼굴을 내밀다 vt. 구멍을 내다
- ☐ cold-blooded a. 냉혈의, 차가운 피를 가진
- ☐ incompatible a. 성미가 안 맞는, 상반되는, 모순된, 양립할 수 없는
- ☐ persistent a. 고집하는, 완고한, 계속적인, 버티는 opp. deciduous
- ☐ alternation n. 교대, 교체
  cf) alternation of generations 세대 교번(교체)
- ☐ infinitesimally ad. 무한소로, 극소량으로, 무한히 작게
- ☐ speck n. 작은 반점 (= spot), 작은 조각, 단편 (= particle), 작은 알갱이, 얼룩 (= stain)
- ☐ in time 때를 맞춰, 머지않아, 조만간, 가락(박자)이 맞아
- ☐ has expanded to take in ~은 확장되어서 ~을 포함하기에 이르렀다는 뜻. to 부정사의 결과적 용법
- ☐ genesis n. 발생, 기원, 내력 (= origin)

What a marvellous widening of our historical horizon! Yet, at the same time, our field of historical vision has been contracting; it has been tending to shrink within the narrow limits in time and space of the particular republic or kingdom of which each of us happens to be a citizen. The oldest surviving Western states — say France or England — have so far had no more than a thousand years of continuous political existence; the largest existing Western state — say Brazil or the United States — embraces only a very small fraction of the total inhabited surface of the Earth.

Before the widening of our horizon began — before our Western seamen circumnavigated the globe, and before our Western cosmogonists and geologists pushed our the bounds of our universe in both time and space — our pre-nationalist mediaeval ancestors had a broader and juster historical vision than we have today.

For them, history did not mean the history of one's own parochial community; it meant the history of Israel, Greece, and Rome. And, even if they were mistaken in believing that the world was created in 4004 B. C., it is at any rate better to look as far back as 4004 B. C. than to look back no farther than the Declaration of Independence or the voyages of the *Mayflower* or Columbus or Hengist and Horsa (As a matter of fact, 4004 B. C. happens, though our ancestors did not know this, to be a quite important date: it approximately marks the first appearance of representatives of the species of human society called civilizations).

Again, for our ancestors, Rome and Jerusalem meant much more than their own home towns.

이 얼마나 역사에 대한 지적 지평의 놀라운 확대인가! 그러나 동시에 인간의 역사적 시각은 축소되어 왔던 것이다. 그것은 인간 각자가 우연히도 한 시민으로 태어났던 그 시민이 속해 있는 공화국이나 왕국이라는 특정 지역의 시간과 공간이라는 좁은 한계 내에서 계속 축소되어 가는 경향을 보였다. 오늘날 남아 있는 가장 오래된 나라라 해봐야 프랑스나 영국인데, 그 정치적 지속 수명은 길어야 1000년 미만이며, 최대 규모의 서구식 국가라고 해봐야 미국과 브라질 공화국인데, 거주 가능한 지구 전체 표면 중에서 얼마 되지 않는 지역 부분을 차지하고 있을 뿐이다.

우리들의 시야의 지평이 확대하기 시작하기 이전, 말하자면 서구의 항해자들이 지구를 주항하기 이전, 그리고 서구의 우주 진화 개벽론자나 지질학자들이 인간을 둘러싸고 있는 우주의 한계를 시공 속에서 확대해 가기 이전, 국가주의자들이 아니었던 중세의 우리 선조들은 오늘의 우리들보다는 폭넓고 보다 타당한 역사적 시각을 지니고 있었다.

저들 선조들에게 있어서 역사는 저들 자신의 지역 공동체의 역사가 아니고, 그것은 이스라엘 사회나 그리스 사회나 로마 사회의 역사를 의미하고 있었다. 저들은 세계가 기원전 4004년에 창조되었다는 것을 믿는 오류를 범하고 있기는 했지만, 여하튼 기원전 4004년까지 과거 역사를 소급해서 생각했다는 것은, (국가주의자들인 우리들이 미국 시민이라고 가정할 때-역주) 미국 독립 선언 시대나 메이플라워, 콜럼부스, 헨기스트, 호사 시대 정도의 과거밖에 소급 못하는 데비하면 더 나을 것이다(사실인즉 중세의 선조들이 알지는 못했지만, 기원전 4004년이라는 연대는 매우 중요한 시기 절정이라고 생각할 수 있다. 그것은 문명이라고 부르는 인류사회의 대표적 종들이 어슷 비슷하게 처음 등장하여 나타나고 있었던 시기에 해당하고 있다).

또한 우리 선조들에게 있어서 로마나 예루살렘은 저들이 살아 온 고향보다 더 큰 의미를 지니는 곳이었다.

- ☐ Before ~ have today. 전체 문장의 주어는 our prenationalist mediaeval ancestors
- ☐ circumnavigate vt. 배로 일주하다, (세계를) 주항하다
- ☐ cosmogonist n. 우주 진화론자
  cf) cosmogony 우주 진화론, 우주 개벽설
- ☐ parochial a. 교구의, 지방적인, 좁은, 편협한
- ☐ happen to 마침(공교롭게) ~하다, 우연히 ~하다
- ☐ species n. pl. 종류 (= kind), 종(種)
  cf) the species 인류

When our Anglo-Saxon ancestors were converted to Roman Christianity at the end of the sixth century of the Christian era, they learned Latin, studied the treasures of sacred and profane literature to which a knowledge of the Latin language gives access, and went on pilgrimages to Rome and Jerusalem — and this in an age when the difficulties and dangers of travelling were such as to make modern war-time travelling seem child's play. Our ancestors seem to have been big-minded, and this is a great intellectual virtue as well as a great moral one, for national histories are unintelligible within their own time limits and space limits.

앵글로색슨의 선조들이 기독교 기원 6세기 말에 로마 카톨릭으로 개종하게 되었을 때, 저들은 라틴어를 배웠으며, 라틴어의 지식으로써 접근해 갈 수 있었던 성(聖) 문학과 세속 문학의 보고를 학습할 수가 있었다. 그리하여 로마와 예루살렘을 향하여 순례의 여행을 떠나곤 하였다. 이는 여행의 어려움이나 위험이 오늘날 전시중의 여행을 어린애 장난으로 보이게 할 정도였던 그러한 시대에 행해진 것이었다. 우리의 선조들은 도량이 넓은 훌륭한 위인들이었던 것같이 생각된다. 그리고 이는 도덕적 장점인 동시에 커다란 지적 미덕이다. 왜냐하면 국가 단위의 역사는 그 자체의 시간과 공간의 한계 안에서는 이해 불가능한 상태에 있기 때문이다.

- ☐ era n. 기원, 연대, 시대, 시기 (= period)
- ☐ sacred a. 신성한 (= holy), 신에게 바쳐진, 종교적인 opp. secular
- ☐ and this ~ child's play.에서 this was made in an age when ~로 읽을 것, when 이하는 age를 설명하는 관계 부사절
- ☐ unintelligible a. 이해할 수 없는, 알기 어려운, 불명료한 opp. intelligible n. intelligibility

제 8 장 

E. H. Carr
The New Society

E. H. 카
새로운 사회

The function of this last lecture is to draw together some of the threads which I have been spinning over the past five weeks and draw out the rudimentary pattern of some conclusions. The hope with which I embarked on these lectures — a hope not perhaps easily realizable in our time — was to be able to combine honesty and frankness with a measure of reasoned optimism for the future. It may be thought that I have passed too lightly over the possibility of catastrophe. Of that possibility I have throughout been intellectually conscious. But no society can live and function under the constant obsession of its own impending dissolution: the hypothesis of survival must be accepted, faith in the possibility of survival must exist, in order that society may be able to live and work for it. It may be thought that I have not dwelt with sufficient emphasis on the predicament in which we find ourselves. The gravity of that predicament I have no inclination to deny: what I wish to deny is that there is any predetermined pattern in history or pre-arranged destiny which condemns us to despair. As Lenin, who, being a good Marxist, was certainly not blind to the determinist elements in history, once remarked: "There is no situation from which there is absolutely no way out." So much I would say with confidence of our present situation.

E. H. 카(1892~1982)는 라스키와 함께 현대 영국의 대표적 정치학자이며, 문필가이자 역사학자이다. 1916년 외무성에 들어가 외교관으로 활약했고, 이후 웨일즈 대학에서 국제 정치학 교수를 역임했으며, 제2차 세계대전 중에는 정보성의 외교부장 및 [런던 타임즈] 논설위원을 역임하였다.

이 마지막 강연에서 할 일은 지난 5주간에 걸쳐서 엮어 온 몇 개의 실 끝을 모아서 일종의 기본적인 결론을 끌어내는 일이다. 내가 이 강연을 시작할 때 가졌던 희망 — 우리 시대에서는 쉽사리 실현될 수 있을 것 같지 않은 희망이지만 — 은 정직하고 솔직한 태도와 미래에 대한 어느 정도의 합리적인 낙관론을 결합시킬 수 있었으면 하는 것이었었다. 파국이 올 가능성을 너무 간과하고 있다고 생각할는지는 모르겠다. 그러나 이 가능성은 머리로는 충분히 알고 있는 것이다. 그러나 어는 사회든지 목전에 닥쳐올 붕괴에 항상 사로잡혀 있어 가지고는 존립할 수도 활동할 수도 없는 것이다. 살아갈 수 있다는 가설이 먼저 받아들여지고, 살아 갈 수 있다는 이 가능성에 대한 신념이 존재하는 곳에서야 사회는 그것을 목표로 존립할 수 있고 활동할 수가 있을 것이다. 또 우리가 부닥치고 있는 난국에 대하여 내가 충분히 설명을 하지 않았다고 생각할는지는 모르겠다. 나로서는 이 난국의 중대성을 부정할 생각은 없다. 내가 부정하고 싶은 것은 예정된 역사의 유형이 있다든지, 또는 우리를 절망으로 몰아넣는 운명이라는 것이 있다든가 하는 것이다. 레닌은 우수한 마르크스주의자로서 역사 속에 있는 결정론적 요소를 전혀 무시하지는 않았음에도 이렇게 말한 적이 있다. "절대로 빠져나갈 길이 없는 그런 상황은 없다"라고. 나도 현재의 상황에 대하여 자신을 가지고 이와 같이 말하고 싶다.

- ☐ spin vt. 잣다, 방적하다, (장황하게) 이야기하다
- ☐ draw out 꺼내다, (계획을) 세우다, 파견하다
- ☐ pass over ~을 생략하다, ~을 무시하다
- ☐ throughout ad. 시종, 최후까지, 도처에
- ☐ gravity n. 진지함, 중대함, 중력

But this does not mean that every conceivable exit is open. The dilemma of free will and determinism is logically inescapable. We are both free and not free. Time is short, and if we waste too much of it trying all the wrong exits we may well perish in the conflagration. The enquiry on which I have been engaged in these lectures rests on the belief that the study of history will help in the discovery which exits are available and which are not. The crisis has caught us — to revert to my old metaphor — in midstream. The fierce current which has borne us away from our moorings on the shore behind us is threatening to carry us down into the gulf. We can avoid disaster only if we bend all our efforts to navigate our ship towards the unknown shore in front. If too many of our crew are too much absorbed in nostalgic contemplation of the ruins on the backward shore, the navigation of the ship goes by default, and the prospect of our only means of escape is put in serious jeopardy.

Let me repeat, however, the *caveat* which I put forward in my first lecture, that no historical judgments are absolute and that any historical interpretation depends in part on the values held by the historian, which will in turn reflect the values held by the age and society in which he lives. It is therefore incumbent on the historian, whether explicitly or by implication, to make clear the values on which his interpretation rests, and this I shall attempt to do. But first let me contest an obvious criticism. Does not the admission that the values held by the historian necessarily enter into the history that he writes deprive history of any objective character? Can history in these conditions be more than a reflection of the whim of the historian? Now it seems to me foolish and misleading to deny the subjective element in history.

그렇다고 해서 모든 출구가 열려 있다고 하는 의미는 아니다. 자유의지와 결정론의 딜레마는 논리적으로 피할 도리가 없는 것이다. 우리는 자유로우면서도 또한 자유롭지가 않다. 시간이 없는 까닭에, 출구를 잘못 찾아 헤매는 데 시간을 너무 허비하면 우리는 불에 싸여 죽을는지도 모른다. 내가 이 강연에서 계속해 온 탐구는, 역사를 연구하면 어느 출구는 이용할 수 있는 것이고 또 어느 출구는 이용이 불가능한가 하는 것을 아는 데 도움이 될 것이라는 신념에 입각해 있다. 우리는 — 전에 쓴 비유이지만 — 개울 복판에서 위험에 싸여 있다. 지나온 강변에 있는 정박지로부터 우리를 휩쓸어 온 격류가 우리를 심연으로 쓸어 내려가려고 하고 있다. 우리가 이 재난을 피할 수 있는 오직 하나의 길은 전력을 다하여 앞에 보이는 미지의 강변으로 우리의 배를 밀고 나가는 일이다. 만일 많은 선원이 뒤에 두고 온 강변의 폐허를 바라다보면서 향수에만 젖어 있다면, 배는 제 맘대로 움직여서 단 하나의 도피 방법의 전망마저 흐려지고 말 것이다.

그러므로 첫 강의에서 내가 말한 '경고'를 다시 되풀이하고 싶다. 즉 여하한 역사적 판단도 절대적인 것은 아니라는 점, 그리고 모든 역사적 해석은 부분적으로 역사가 자신이 신봉한 가치에 의존하고 있고, 이 가치는 또 역사가가 살고 있는 시대와 사회가 신봉하는 가치를 반영하고 있다는 점이다. 따라서 명백히 밝히건 은연중이건 간에 역사가로서는 자기 해석이 기초하고 있는 가치를 분명히 할 책임이 있는 것으로서, 나도 이러한 일을 하고자 한다. 그러나 우선 명백한 한 가지 비판에 대하여 대답부터 해두어야 하겠다. 역사가가 믿는 가치가 반드시 그가 쓰는 역사에 들어간다고 인정하면 역사의 객관성이 없어지지 않는가, 이와 같은 역사는 역사가의 망상의 반영에 지나지 않는 것이 아닌가 하는 비판이다. 그러나 나는 역사에 있어서 주관적 요소를 부정하는 것은 어리석은 일이요, 또 오해로 인도할 것이라고 보는 바이다.

- ☐ conceivable a. 있을 법한, 생각할 수 있는
- ☐ conflagration n. 큰 불, (재해의) 돌발
- ☐ revert vi., vt. 되돌아가다(to), 돌이키다
- ☐ The fierce ~ the fierce current가 주어로서 which ~ behind us의 선행사이고 is threatening이 동사
- ☐ mooring n. 정박지
- ☐ contemplation n. 응시, 관조, 숙고 (= meditation)
- ☐ default n. 태만, 불이행, 부족 (= lack)
- ☐ jeopardy n. 위험 (= risk) vt. jeopardize
- ☐ caveat n. 경고, 수속, 정지 통고
- ☐ which ~ first lecture의 선행사는 caveat, that이 이끄는 두 개의 절은 모두 lecture의 내용이다. 또 historian 다음의 which는 the values를 받는다
- ☐ It is therefore ~는 it ~ to 문장으로 to make ~ rests가 진주어이고 this도 이 주어의 내용을 받는다
- ☐ incumbent a. 의지하는(on), 의무로서 지워지는(on, upon), 현직의
- ☐ Does not the admission ~에서 that ~ writes가 admission의 내용이며 deprive가 동사이다
- ☐ deprive A of B: A에서 B를 빼앗다
- ☐ whim n. 잘 변하는 마음, 변덕
- ☐ misleading a. 그르치기 쉬운, 오해하기 쉬운

Anyone who believes in the divine right of kings — a belief beyond the scope of argument — is bound to regard the last 150 years as a period of retrogression; and, if he is a historian of that period, he will weave his facts into a pattern of decline. But this does not mean that history is purely subjective. Life rejects these logical dilemmas of choice between opposites. The question of whether man is free or determined, like the famous question about the hen and the egg, permits of two contradictory answers, both equally valid. History is both subjective and objective. The historian takes his raw material, the dry bones of fact, and, articulating them under the inspiration of his own sense of values, turns them into the framework of living history. No metaphor can be fully appropriate or expressive, since any metaphor must be taken from the field either of science or art, and history is, properly speaking, neither science nor art, but a process containing some elements of both.

But however much we may insist on the subjective element in history, we do regard objectivity as something towards which the historian should strive, even if he cannot fully attain it. In what sense, then, do we believe that history can become more objective? It is sometimes said that, with the development of mass civilization, the values which the historian brings to the study of history may tend to reflect less of personal idiosyncrasy and more of the conditions of his age and society, in other words, to become collective rather than individual values; but, in so far as this change is real at all, I am not sure that the view of history through collective eyes is necessarily more objective than the view through the eyes of an individual.

왕권신수설을 신봉하고 있는 사람 — 이 신앙은 논할 것이 못되지만 — 이라면 과거 150년간을 퇴보의 기간으로 보지 않을 수 없을 것이다. 그래서 만일 이 사람이 이 기간을 전문으로 연구하는 역사가라고 한다면 자기가 지니고 있는 모든 사실을 한데 묶어서 몰락의 형태를 만들어 낼 것이다. 그러나 이것은 역사가 순전히 주관적이라는 것을 뜻하는 것이 아니다. 인생은 이와 같이 대립물 중 어느 쪽을 선택한다고 하는 논리적 딜레마를 거부한다. 인간은 자유로운 존재인가, 아니면 결정되어진 존재인가 하는 문제도, 유명한 닭과 계란의 문제와 마찬가지로 모순된 두 개의 답이 성립되는 바, 쌍방이 똑같이 타당하다. 역사는 주관적인 동시에 객관적인 것이다. 역사가는 말라비틀어진 뼈와 같은 사실을 재료로 삼아 그 자신의 가치 의식에 따라서 그것을 조립하고, 결국에 산 역사의 골격으로 바꾸어 놓는다. 어떠한 비유를 써도 충분히 적절한 표현은 없을 것이다. 왜냐하면 비유는 과학이나 예술 그 어느 영역에서 취할 수밖에 없는 것이지만, 역사는 본래 과학도 아니고 예술도 아닌, 이 양자의 요소를 포함하고 있는 하나의 과정이기 때문이다.

그러나 역사에 있어서 주관적 요소를 아무리 강조한다 해도 우리는 객관성을 역사가의 노력의 목표 — 비록 그가 완전히 이 목표를 달성할 수는 없을지라도 — 로서 간주한다. 그러면 어떤 의미에서 우리는 역사를 더 객관적인 것이 될 수 있다고 믿는가? 우선 대중문화의 발전으로 역사가가 역사 연구에 사용하는 가치가 역사가의 개성을 반영하기보다 그 시대와 사회의 조건을 반영하는 경향이 있는 것 같다는, 다시 말해서 개인적 가치보다도 집단적 가치가 되는 경향이 있다는 말들을 자주 한다. 그러나 이러한 변화가 사실이라 할지라도, 나는 집단적인 눈으로 본 역사가 반드시 개인의 눈으로 본 역사보다 더 객관적이라고는 믿지 않는다.

- ☐ retrogression n. 후퇴, 역행, 쇠퇴 opp. progression vi. retrogress
- ☐ weave vt. 짜다, 뜨다, 엮다
- ☐ The question ~ 문장이 whether 절이 the question의 내용이며 permits가 동사이다
- ☐ The historian ~ raw material과 the dry bones of fact는 동격, articulating ~ values는 삽입구이고, turn into가 동사이다
- ☐ articulate vt., vi. 표현하다, 한 음절씩 또렷이 발음하다, 마디를 붙이다, 관절로 잇다
- ☐ however ~ history와 even if ~ attain it은 양보의 부사절이고, we do regard ~ strive가 주절, towards which the historian should strive는 something을 꾸미는 형용사절이다
- ☐ It is sometimes that ~ 구문은 it ~ that 형식으로 that 이하가 it을 받는다. that 문장 안에서 what의 선행사는 the values이며, 이 values가 주어이다. 또한 less와 more는 명사로서 reflect의 목적어이다
- ☐ idiosyncrasy n. 특질, 특이성 (= eccentricity), 개성

Then it is sometimes said that the improved techniques at the disposal of the historian for establishing his facts — notably the vast progress in statistical resources and methods — will make history more objective. The historian has reason to congratulate himself on far richer resources of all kinds than were enjoyed by his predecessors. He can, and should, write better history; but, once again, I am not sure that this technical advance makes the function of interpretation any more independent of the values which the historian himself brings to it. Thirdly, I am myself tempted by the view that the historian's own greater consciousness of the subjective element in his work will help to make him more aware both of his own limitations and of the character of his own achievement.

"Those historians who have no theory", observes Professor Hancock, "fill the vacuum with their prejudices." The most suspect historian is the one who makes the loudest professions of impartiality. The most objective historian on this view is the one who is most careful to check his own subjective interpretations by the equally subjective interpretations of others.

다음으로는 역사가가 사실을 확정하는 데 쓰는 기술이 진전되면 — 특히 통계적 자료와 방법의 대단한 진보에 의하여 — 역사는 좀 더 객관적이게 되리라고들 말하는 때가 있다. 오늘의 역사가가 옛날의 역사가보다 풍부한 각종의 자료를 이용하게 된 것을 기꺼이 생각하는 것은 당연하다. 오늘의 역사가는 더 훌륭한 역사를 쓸 수 있겠고, 또 그렇게 써야 마땅하다. 그러나 역시 나는 이 기술상의 진전이라는 것이 해석의 기능을 역사가 자신이 그것에 가하는 가치로부터 독립시키게 한다고는 믿지 않는다. 셋째로, 나는 역사가가 자신이 맡은 바 그 일 속에 주관적 요소를 좀 더 잘 의식함으로써 자기 자신의 한계와 자기가 하는 일의 성격을 일층 더 잘 알게 되리라고 믿고 싶은 것이다.

"이론이 없는 역사가는 그 공백을 자기의 편견으로 메운다"고 헨콕 교수는 말하고 있다. 큰 소리로 공평, 중립을 선언하는 역사가야말로 가장 의심스러운 역사가이다. 이와 같이 볼 때 가장 객관적인 역사가란, 자기의 주관적 해석을 역시 주관적인 다른 역사가의 해석에 의하여 조심스럽게 점검하는 역사가라고 하겠다.

- ☐ at the disposal of ~의 뜻대로
- ☐ congratulate oneself on ~을 기뻐하다
- ☐ independent of ~에서 독립하여, ~에 관계 없이
- ☐ tempt vt. ~의 마음을 끌다, 부추기다, 꾀다
- ☐ vacuum n. 진공, 공허, 공백 opp. plenum
- ☐ prejudice n. 편견, 선입관, 침해, 불리
- ☐ impartiality n. 공평성 a. impartial 공평한 opp. partiality
- ☐ check vt. 저지하다, 억제하다, 대조하다, 점검하다

제 9 장 

Karl R. Popper
The Poverty of Historicism

칼 포퍼
역사주의의 빈곤

Historicism is a very old movement. Its oldest forms, such as the doctrines of the life cycles of cities and races, actually precede the primitive teleological view that there are hidden purposes behind the apparently blind decrees of fate. Although this divination of hidden purposes is far removed from the scientific way of thinking it has left unmistakable traces upon even the most modern historicist theories. Every version of historicism expresses the feeling of being swept into the future by irresistible forces.

Modern historicists, however, seem to be unaware of the antiquity of their doctrine. They believe — and what else could their doctrine of modernism permit? — that their own brand of historicism is the latest and boldest achievement of the human mind, an achievement so staggeringly novel that only a few people are sufficiently advanced to grasp it.

칼 포퍼(1902~1994)는 비엔나 출생의 오스트리아 철학자이다. 딜타이, 마이네케 등으로 대표되는 전통적 역사주의가 과학성을 목표로 역사를 체계적으로 분석하면서 역사의 법칙이나 예측을 중시한 반면, 포퍼는 이와 같은 유토피아적 사회공학의 형이상학에 대립되는 입장에서 민주적인 사회 재구성의 원리들을 분석하는 점진적 사회공학을 주장했다.

역사주의는 아주 오래된 운동이다. 도시와 민족의 생명 주기를 주장하는 이론과 같은 역사주의의 가장 오래된 형태는, 일견 맹목적인 것 같이 보이는 운명이라는 명령의 배후에는 여러 가지 목적이 숨어 있다고 하는 원시적인 목적론적 견해보다 실제로 선행하는 것이다. 이러한 숨은 목적을 점친다는 것은 과학적 사고방식에는 멀리 벗어나 있는 것이기는 하지만, 그것은 가장 근대적인 역사주의적 이론들 위에조차 틀림없는 흔적을 남겨 왔다. 모든 역사주의론은 거역할 수 없는 힘에 의해서 미래로 휩쓸려 들어간다고 하는 감정을 표명하고 있는 것이다.

그러나 근대의 역사주의자들은 자신의 이론이 고대의 것임을 알아채지 못하고 있는 것 같다. 그들은 그들 자신이 낙인을 찍어놓은 역사주의야말로 인간정신의 가장 새롭고 가장 대담한 업적이라고 믿고 — 그들이 행한 근대 사상의 신격화는 이 밖에 또 무엇을 허용할 수 있을 것인가? — 이 업적은 놀랄 만큼 신기하기 때문에, 대단히 진보적인 소수의 사람들만이 그것을 파악할 수 있다고 믿고 있다.

- ☐ teleological a. 목적론적인, 목적관의
- ☐ decree n. 법령, 명령, 판결, 선고
- ☐ trace(s) n. 발자국, 자취, 흔적 vt. ~의 자국을 더듬다 a. traceable
- ☐ staggeringly ad. 놀랍게, 어마어마하게, 혼비백산할 정도로

They believe, indeed, that it is they who have discovered the problem of change — one of the oldest problems of speculative metaphysics. Contrasting their 'dynamic' thinking with the 'static' thinking of all previous generations, they believe that their own advance has been made possible by the fact that we are now 'living in a revolution' which has so much accelerated the speed of our development that social change can be now directly experienced within a single lifetime. This story is, of course, sheer mythology. Important revolutions have occurred before our time, and since the days of Heraclitus change has been discovered over and over again.

To present so venerable idea as bold and revolutionary is, I think, to betray an unconscious conservatism; and we who contemplate this great enthusiasm for change may well wonder whether it is only one side of an ambivalent attitude, and whether there was not some inner resistance, equally great, to be overcome. If so, this would explain the religious fervour with which this antique and tottering philosophy is proclaimed the latest and thus the greatest revelation of science. May it not, after all, be the historicists who are afraid of change? And is it not, perhaps, this fear of change which makes them so utterly incapable of reacting rationally to criticism, and which makes others so responsive to their teaching? It almost looks as if historicists were trying to compensate themselves for the loss of an unchanging world by clinging to the faith that change can be foreseen because it is ruled by an unchanging law.

참으로 그들은 변화의 문제 — 사변적 형이상학의 가장 낡은 문제 중의 하나인 — 를 발견한 것은 바로 자기들이라고 믿고 있다. 그들은 그들의 '동태적' 사고를 이전 세대의 '정태적' 사고와 대조해 가면서, 그들 자신의 전진을 가능하게 한 것은 우리가 지금 "혁명 속에서 살고 있다"는 사실이라고 믿고 있으며, 이러한 혁명은 우리의 발전을 훨씬 가속화하였기 때문에, 사회적 변혁은 이제는 한 사람의 생애 안에서 직접 경험할 수 있게 되었다고 믿고 있는 것이다. 물론 이러한 이야기는 신화에 지나지 않는다. 중요한 혁명들은 우리의 시대 이전에 이미 일어났으며, 또 헬라클레이토스의 시대 이래로 변화는 몇 번이고 거듭해서 목도되어 왔던 것이다.

그처럼 유서 깊은 사상을 대담하고도 혁명적인 것으로서 제시함은 무의식적인 보수주의를 드러내는 것이라고 나는 생각한다. 변화에 대한 이처럼 큰 열광을 숙고하여 마지않는 우리들은, 그것이 상극적인 태도의 일면에 지나지 않는 것이 아닌가, 그리고 그와 똑같이 크게 극복되어야 할 어떤 내적 저항이 있었던 것이 아닌가 하고 의아하게 생각하는 것도 무리가 아닐 것이다. 만일 그렇다면, 이로서 낡아빠져서 비틀거리는 이 철학을 가장 새롭고 따라서 가장 위대한 과학의 계시라고 선언하는 그 종교적 열정도 설명이 될 것이다. 결국 변혁을 가장 새롭고 따라서 가장 위대한 과학의 계시라고 선언하는 그 종교적 열정도 설명이 될 것이다. 결국 변화를 두려워하는 자는 역사주의자들이 아닐까? 그리고 그들로 하여금 그토록 철저히 비판에 대하여 합리적으로 반응할 수 없도록 만드는 것과, 또 다른 사람들로 하여금 그들의 가르침에 대하여 그토록 감응을 일으키게 만드는 것도, 어쩌면 바로 이러한 변화에 대한 공포가 아닐까? 거의 역사주의자들은 변화는 불변적 법칙에 의해서 지배되기 때문에 예견될 수 있다고 하는 신앙에 집착함으로써, 마치 불변적 세계를 상실한 데 대한 보상을 받으려고 노력하고 있는 것처럼 보인다.

- ☐ dynamic a. 동력의, 동적인, 역학상의 opp. static
- ☐ accelerate vt. 빨리하다, 가속하다, 진척(촉진)시키다 a. accelerative n. acceleration
- ☐ sheer a. 순전한, 단순한 ad. 순전히, 아주
- ☐ venerable a. 존경할 만한, 장엄한, 유서 깊은 ad. venerably n. venerability
- ☐ fervour n. 백열, 작열, 열정, 열렬 (= passion)
- ☐ tottering a. 비틀거리는, 흔들거리는 ad. totteringly
- ☐ revelation n. 폭로, 계시
- ☐ And is it not ~ to their teaching? 문장에서 this fear of change를 설명하는 관계절은 which makes them so ~와 which makes others so ~의 두 가지로 되어있다.
- ☐ cling to ~에 매달리다, ~에 집착하다

It is of some interest that what is usually called '*scientific objectivity*' is based, to some extent, on social institutions. The naive view that scientific objectivity rests on the mental or psychological attitude of the individual scientist, on his training, care, and scientific detachment, generates as a reaction the sceptical view that scientists can never be objective. On this view their lack of objectivity may be negligible in the natural sciences where their passions are not excited, but for the social sciences where social prejudices, class bias, and personal interests are involved, it may be fatal. This doctrine, developed in detail by the so-called '*sociology of knowledge*', entirely overlooks the social or institutional character of scientific knowledge, because it is based on the naive view that objectivity depends on the psychology of the individual scientist.

It overlooks the fact that neither the dryness nor the remoteness of a topic of natural science prevent partiality and self-interest from interfering with the individual scientist's beliefs, and that if we had to depend on his detachment, science, even natural science, would be quite impossible. *What the 'sociology of knowledge' overlooks is just the sociology of knowledge* — the social or public character of science. It overlooks the fact that it is the public character of science and of its institutions which imposes a mental discipline upon the individual scientist, and which preserves the objectivity of science and its tradition of critically discussing new ideas.

통상 '과학적 객관성'이라고 불리는 것이 어느 정도까지는 사회적 제도 위에 기초를 두고 있다는 것은 다소 흥미 있는 일이다. 과학적 객관성이 개개의 과학자의 정신적 내지 심리적 태도와 그의 훈련, 주의, 과학적 초연성에 달려 있다고 하는 소박한 견해는, 하나의 반동으로서 과학자들은 결코 객관적일 수가 없다고 하는 회의적 견해를 유발한다. 이 견해에 의하면, 과학자들의 정열이 자극되지 않는 자연 과학에 있어서는 그들에게 객관성이 결여되어 있다 해도 그것은 무시해도 좋을만한 것일는지 모르지만, 사회적 선입견, 계급적 편견과 개인적 이해관계가 개재되어 있는 사회과학에 있어서는 그것은 치명적인 일일 것이다. 이 이론은 소위 '지식사회학'에 의해서 상세히 전개되고 있거니와, 이 이론은 과학적 지식의 사회적 또는 제도적 성격을 전혀 간과하고 있는 것이다. 왜냐하면 이 이론은 객관성이란 개개의 과학자의 심리에 좌우된다고 하는 소박한 견해에 기초를 두고 있기 때문이다.

즉 이 이론은 자연과학의 주제가 무미건조하다는 것도, 소원하다는 것도 편파성과 사리사욕이 개개의 과학자의 신념을 해치지 못하도록하지는 않는다고 하는 사실을 간과하고 있으며, 또 만일 우리가 과학자의 초연한 태도에 의존하지 않으면 안 된다고 한다면, 과학이란, 자연과학조차도 전혀 불가능하리라는 사실을 간과하고 있는 것이다. '지식사회학'이 간과하고 있는 것은 바로 지식의 사회학 – 과학의 사회적 또는 공공적 성격인 것이다. 개개의 과학자에게 정신적 규율을 부과하고, 과학의 객관성과 새로운 착상을 비판적으로 검토하는 과학의 전통을 보존하는 것이 과학과 그 제도와의 공공적 성격이라고하는 사실을, 지식사회학은 간과하고 있는 것이다.

- ☐ The naive ~ be objective. 문장은 The naive view를 that 이하 detachment까지의 동결절이 설명. 동사는 generates, 목적어는 the sceptical view이고, that scientists ~ objective는 목적어와 동격절.
- ☐ detachment n. 분리, 이탈, 초연
- ☐ It overlooks ~ quite impossible. 문장은 neither A nor B로 A도 B도 ~하지 않는다는 구문이며, and that if ~의 절도 the fact that과 함께 동격절이 된다
- ☐ It overlooks ~ new ideas. 문장은 character of science and (character) of its institutions에 보충하여 읽을 것. which imposes ~와 and which preserves ~는 다같이 선행사를 the public character(of science and of its institutions)로 갖는다
- ☐ impose upon (on) ~에 부과하다

We thus find that even the best institutions can never be foolproof. As I have said before, “Institutions are like fortresses. They must be well designed and properly manned.” But we can never make sure that the right man will be attracted by scientific research. Nor can we make sure that there will be men of imagination who have the knack of inventing new hypotheses. And ultimately, much depends on sheer luck, in these matters. For truth is not *manifest*, and it is a mistake to believe — as did Come and Mill — that once the ‘obstacles’ (the allusion is to the Church) are removed, truth will be visible to all who genuinely want to see it.

I believe that the result of this analysis can be generalized. The human or personal factor will remain *the* irrational element in most, or all, institutional social theories. The opposite doctrine which teaches the reduction of social theories to psychology, in the same way as we try to reduce chemistry to physics, is, I believe, based on a misunderstanding. It arises from the false belief that this ‘methodological psychologism’ is a necessary corollary of a methodological individualism — of the quite unassailable doctrine that we must try to understand all collective phenomena as due to the actions, interactions, aims, hopes, and thoughts of individual men, and as due to traditions created and preserved by individual men. But we can be individualists without accepting psychologism. The ‘zero method’ of constructing rational models is not a psychological but rather a logical method.

그리하여 우리는 제아무리 훌륭한 제도도 저절로 잘 되어나가는 것일 수는 결코 없다는 것을 알게 된다. 앞에서 말한 것처럼 "제도는 요새와 같은 것이다. 그것은 설계가 잘 되어 있고 또 적절한 인원배치가 되어 있지 않으면 안 된다." 그러나 우리는 그에 알맞은 사람이 미래에도 과학의 연구에 흥미를 가지리라고 단언할 수는 결코 없다. 또한 우리는 새로운 가설을 제시하는 재주를 가진 상상력 있는 사람이 미래에도 있으리라고 확언할 수도 없다. 그리고 궁극적으로는 이러한 문제에 있어서 많은 것이 전적으로 운에 달려 있다. 왜냐하면 진리란 '드러나 있는 것이 아니요,' 또한 일단 '장애물'(교회를 암시하는 것이다)이 제거되고 나면, 진리는 그것을 진정으로 보고 싶어 하는 모든 사람에게 보이게 될 것이라고 믿는 — 꽁뜨와 밀이 믿었듯이 — 것은 잘못이기 때문이다.

나는 이상과 같은 분석의 결과는 일반화될 수 있다고 생각한다. 인간적 요인 내지 개인적 요인은 대부분의, 또는 모든 제도적 사회이론 속에 바로 비합리적 요소로 남아 있게 될 것이다. 그와 반대되는 이론, 즉 우리가 화학을 물리학으로 환원하려고 하는 것과 마찬가지 방식으로, 사회이론을 심리학으로 환원하라고 주장하는 이론은 하나의 오해에 기인하는 것이라고 나는 믿고 있다. 즉 그러한 이론은, 이 '방법론적 심리주의'가 방법론적 개체주의의 — 우리는 일체의 집단적 현상을 개개의 인간의 행동, 상호작용, 목적, 희망, 사상에 기인하는 것으로, 그리고 개개의 인간에 의해서 만들어지고 보존되는 전통에 기인하는 것으로 이해하려고 노력하지 않으면 안 된다고 하는 전혀 논란의 여지가 없는 이론의 — 하나의 필연적 귀결이라고 하는 그릇된 신념에서 일어나는 것이다. 그러나 우리는 심리주의를 받아들이지 않고도 개체주의자가 될 수 있다. 합리적 범형(範型)을 구성하는 '영의 방법'은 심리적 방법이 아니라 오히려 논리적 방법인 것이다.

- ☐ foolproof a. (바보라도 틀리지 않을 정도로) 간단명료한, 실패 없는, 절대 안전한
- ☐ fortress n. 요새(지), 성채 vt. 요새로 방비하다
- ☐ knack n. 숙련된 기술, 교묘한 솜씨, 좋은 생각, 호흡, 요령 a. knacky
- ☐ allusion n. 암시, 빗댐, 언급, (수사학에서) 인류(引類) cf) in allusion to 암암리에 ~을 가리켜
- ☐ The opposite ~ a misunderstanding. 문장은 The opposite doctrine is based on a misunderstanding.이 문장의 골격이 된다. which 이하 physics까지는 doctrine을 설명하는 관계절
- ☐ psychologism n. 심리주의
- ☐ corollary n. 추론, 당연한(자연의) 결과
- ☐ unassailable a. 공격할 틈이 없는, 논쟁(비판)의 여지가 없는, 논파할 수 없는

제 10 장

Adam Schaff
History and Truth

아담 샤프
역사와 진실

In concluding these reflections let us pose the question with which we began this work: "Do historians lie when, having at their disposal the same stock of historical materials known in a given period, they write different history? Are they certifying the non-scientific nature of history when, in line with a change of the conditions of a period and not only due to having richer factual material at their disposal, they write history not only anew, but also differently in every period?"

A negative answer to both these questions at the present moment - the end of our reflection — is better grounded by considerations of the social conditioning of historical cognition and the role which the activity of the subject plays in this cognition. It is not worthwhile to revert to these issues here. One would like to add only to what has already been stated within the framework of detailed reflections on various aspects of this subject a few remarks of a more general character.

아담 샤프(1913~2006)는 비엔나 학파의 역사학자로 오스트리아 비엔나에 있는 '유럽 사회과학 연구 협의회'의 의장을 역임하였다. 인식주체로서 역사가가 지닌 역할을 무시한 채 역사적 사실에만 최고의 가치를 부여하고, 역사가를 단지 수동적, 관조적인 사실 기록자에 불과하다고 규정한 실증주의와 역사가의 능동성을 강조한 현재주의를 함께 비판한 그는, 역사란 객관적으로 존재하는 역사적 사실과 그것을 인식하는 역사가의 능동적 행위를 통하여 종합적으로 구성된다고 보았다.

이상과 같이 논의를 마무리하면서, 우리가 이 책의 첫머리에서 제기한 질문을 살펴보도록 하자. 그 질문은 다음과 같다. 역사가들이 당시까지 알려져 있는 똑같은 사료들을 다루면서도 역사를 각기 다르게 서술할 경우, 그들은 거짓말을 하고 있는 것인가? 시대적 조건이 변화하고 자신들이 다룰 수 있는 사료들이 더욱 풍부해짐에 따라 역사가들은 새롭게 역사를 서술하며, 그렇기 때문에 각 시대마다 역사 서술은 달라지는데, 그 경우 그들은 역사의 비과학성을 입증하고 있는 것일까?

지금 이 순간 — 즉 우리의 논의가 마무리되고 있는 순간 — 에 위의 두 가지 질문에 대한 부정적 대답을 역사 인식의 사회적 조건과 이 인식에 있어서 주체의 능동성이 하는 역할을 고려할 때 더욱 더 확실한 근거가 마련된다. 여기에서 그 문제들을 다시 고찰할 필요는 없을 것이다. 이미 그 문제들을 여러 가지 측면에서 자세히 고찰하면서 언급했던 사항을 몇 마디 덧붙이기만 하면 족하리라 생각된다.

- ☐ **certify** vt. 문서로 증명하다, 인증하다, 보증하다
- ☐ **in line with** ~와 일직선으로, ~와 일치하여, 조화되어, ~에 따라
- ☐ **cognition** n. 인식, 인식력, 지식
- ☐ **revert** vi. (원상태로) 되돌아가다, 다시 돌아가다 vt. (눈길을) 돌리다

The apparently striking problem of the variability of the historical vision of particular historians living in the same period and more so of those in diverse periods is, in reality, a banal problem; the appearance of theoretical complications is derived from an erroneous starting accepted in reasoning.

It is usually taken for granted that the historian begins with facts and it is precisely the historical facts which are the object of his inquiry and cognition; the world 'fact' is taken to be the name of a concrete occurrence in the past. But it is not true that the historian begins his mental work with facts, nor that it is precisely such facts which are the object of his inquiry and cognition. Such convictions are a remnant of the positivist belief in the model of history written "wie es eigentlich gewesen" from a compilation of facts which an historian only presents. It is in this erroneous premise that we find the key to deciphering the problem which concerns us.

The historian commences his work not with facts, but with historical materials, with sources in the broadest meaning of this word, from which he constructs that what we call historical facts. He constructs them both in the sense that he appropriately selects the material which he has at his disposal, employing some criterion of importance, as well as in the sense that he articulates the source material endowing it with the appropriate shape of historical events. In spite of appearances, historical facts are thus not the starting-point, but the end, the result. On the other hand, it is not odd at all that this same source material can serve, and in fact does serve, as raw material for various constructions. A broad span of the manifestations of the subjective factor enters into the picture here; beginning with the effective knowledge about society up to various forms of social conditioning.

동일한 시대에 사는 역사가들일지라도 각각 서로 다른 역사관을 갖고 있다는 사실, 그리고 다른 시대에 사는 역사가들은 더욱 상이한 역사관을 갖고 있는 매우 놀랄 만한 사실조차도 실제로는 진부한 문제이다. 그 문제가 이론적으로 복잡하게 보이는 것은 추론의 출발점이 잘못된 데서 기인하는 것이다.

역사가들이 사실에서 출발한다는 것은 당연한 일이다. 그리고 그의 연구대상과 인식대상이 되는 것은 바로 역사적 사실이라는 것도 너무나 당연하다. 여기에서 '사실'이라는 말은 과거에 구체적으로 발생한 것을 지칭하는 이름으로 사용된다. 그러나 역사가 사실을 갖고 사유행위를 시작한다는 주장은 옳지 못하며, 그의 연구대상과 인식대상이 역사적 사실이라는 주장도 진실이 아니라고 말하는 사람이 있다. 그렇게 확신하는 것은, 역사란 역사가 제시하는 복잡한 사실들로부터 '본래 있는 그대로' 쓰여야 한다는 실증주의적 신념의 잔재인 것이다. 우리가 관심을 갖고 문제를 해결할 수 있는 관건은 바로 이러한 잘못된 전제를 수정하는 데에 있다.

역사가는 사실을 다루는 일에서부터 자신의 작업을 시작하는 것이 아니라, 사료 즉 가장 넓은 의미에서의 사적 자료들로부터 시작한다. 그는 그 자료들로부터 역사적 사실을 구성한다. 역사가는 사건의 중요성을 가름할 수 있는 기준을 사용하여 자신이 취급하고 있는 사료를 적절하게 선택하며, 또한 그 자료들에 역사적 사건으로서의 적절한 형태를 부여하면서 그것들을 가공하는 것이다. 따라서 겉보기와는 달리 역사적 사실은 출발점이 아니라 종착점이며 또한 결과인 것이다. 한편 동일한 사료가 다양한 역사 구성물에 원료로서 사용될 수 있으며, 사실상 사용되고 있다는 말도 결코 이상한 말이 아니다. 주관된 요소들을 표현하는 넓은 폭이 여기서 드러나는데, 그것은 사회에 대한 실제적인 지식으로부터 시작하여 사회 조건의 여러 가지 형태에 이르기까지 나타난다.

- ☐ The apparently ~ a banal problem. 문장은 The problem is a banal problem이 골격임
- ☐ variability n. 변하기 쉬움, 변화성, 변이성
- ☐ banal a. 진부한, 평범한 (= commonplace) ad. banally
- ☐ erroneous a. 그르친, 잘못된, 틀린 ad. erroneously
- ☐ positivist n. 실증철학자 cf) positivism 실증주의
- ☐ wie es eigentlich gewesen 있는 그대로 (= as such, in itself)
- ☐ decipher vt. 해독, 판독하다 n. decipherment
- ☐ He constructs ~ historical events. 문장은 He constructs them both in the sense that ~ as well as in the sense that~이 골격임
- ☐ articulate v. (사상을) 명료하게 표현하다.
- ☐ endow A with B: A에 B를 부여하다
- ☐ raw material 원료, 여기서는 사료
- ☐ span n. 한 뼘, 짧은 기록, 지름, 폭

The issue becomes additionally complicated when we realize that the subject of historical inquiry and cognition is not, and cannot be, a number of facts grasped in isolation, but only complete historical processes. What we call 'fact', in the sense of some concrete historical event, is the product of speculative abstraction, is treated in isolation, separated from multitudinous inks and mutual dependencies within the framework of the historical process which makes possible the understanding of the particular fragments, the 'fact'. When the historian assures that he starts with facts, then this is only an illusion; even if he thinks so subjectively then, being a good historian, he acts differently. The subject of historical inquiry and cognition is always the complete historical process, although we realize this aim by studying fragment of the whole.

It is impossible to do otherwise; this is only an illustration of the broader problem of the relation of the whole and the part, when the part becomes understandable only within the frame-work of the whole, and the whole is attainable in cognition only through its parts. The better the historian, the more perfectly he will be able to fulfil those tasks and methodological self-awareness will undoubtedly be of use to him in this project.

Is this a proof of the inferiority of historical cognition as compared, for instance, with mathematics? We have touched here upon the core of the old controversy regarding the value of the social sciences and, more broadly, the controversy regarding the evaluation of the humanities as against the strict sciences.

또한 역사연구와 역사 인식의 대상은 고립된 수많은 사실들이 아니라 또한 그럴 수도 없으며, 전체적인 역사과정일뿐이라는 점을 깨닫게 될 때 문제는 더욱 복잡해진다. 우리가 어떤 구체적인 역사적 사건이라는 의미에서 '사실'이라고 하는 것은 사변적 추상의 산물이며 고립된 것으로 취급된다. 그리고 그것은 개개의 단편들, 즉 '사실'들을 이해할 수 있도록 하는 역사과정의 구조 내에 존재하는 수많은 관계들과 상호작용들로부터 분리 되어버린다. 역사가가 자신이 사실에서 출발한다고 확신할 때, 그 확신은 단지 환상에 불과하다. 그가 주관적으로 훌륭한 역사가라고 생각할지라도, 그는 자기 생각과는 다르게 행동하고 있는 것이다. 물론 우리가 전체 중의 부분들을 연구함으로써 이 목적을 인식하지만, 어쨌든 역사 연구와 인식대상은 항상 전체적인 역사과정이다.

다른 방법으로 하는 것은 불가능하다. 이상과 같은 사실은 전체와 부분 사이에 관한 보다 광범위한 문제의 예시에 불과하다. 즉 부분은 전체 구조 내에서만 이해되며, 전체는 부분을 통한 인식에 의해서만 얻어지는 것이다. 역사가가 보다 높은 수준에 도달하면 할수록 그는 더욱 더 완전하게 그러한 일을 성취할 수 있다. 이를 함에 있어 방법론적 자각이란 역사가에게 의심의 여지없이 유용한 것이다.

그렇다면 위와 같은 사실로 미루어 볼 때 역사인식은 — 예를 들어 — 수학적 인식과 비교해 볼 때 열등하다고 논증할 수 있는가? 우리는 여기서 사회과학의 가치에 관한 해묵은 논쟁, 넓게 말하면 — 엄밀한 과학과 성격상 반대되는 — 인문과학의 가치평가에 관한 논쟁의 핵심을 건드린 셈이다.

- ☐ grasp vi. 붙잡다, 움켜쥐다, 끌어안다, 납득하다, 이해(파악)하다
- ☐ separate from ~으로부터 분리된, ~에서 분리하다
- ☐ multitudinous a. 다수의, 떼 지은, 가지가지의, 여러 항목의 ad. multitudinously
- ☐ illustration n. 삽화, 도해, 실례, 예시 (= instance)
- ☐ attainable a. 이룰 수 있는, 달성할 수 있는, 획득 가능한 n. attainableness, attainability
- ☐ core n. 응어리, 속, 핵심, 정수, 중심 cf) at the core 마음속에, to the core 속속들이
- ☐ controversy n. 논쟁, 논의 cf) enter into controversy with ~와 논쟁을 시작하다

It is possible to answer this question by means of an apparent banality which, nonetheless, embodies a profound content: everything that we have said on the subject of historical cognition, the conclusions pertaining to historical truth imbued with scepticism, shows only that we are dealing with another type of cognition than is the case with the strict sciences. All attempts to weigh the value of the social sciences, which have led in the history of this problem to efforts to endow them with the shape of deductive sciences, are doomed, as shown by experience, to failure and only damage the domains of knowledge 'perfected' in this fashion. As regards the claims of one domain or another, and the methods applied in it, to 'superiority', everything depends on the system of reference, on the aims and tasks set in cognition and the criteria of evaluation connected therewith.

In any case, there is no unambiguous answer or any unambiguous appraisal in this respect. Given a determinate system of reference, definite aims of inquiry and the application of set criteria, historical cognition, as more complicated and bound up with societal life is 'superior'. But, assuredly, this is not what matters and the attempts to engage in such emulation are not only not serious, but show that scientific communities also sometimes suffer from complexes. On the other hand, the assertion that historical cognition is different, peculiar, is important, although banal. What is most important is the postulate that this cognition should be arrived at competently; that is, with full awareness of its specific nature. Only such scientific self-awareness is the best guarantee of progress.

그리고 그 질문에 대한 대답은 명백히 진부하게 될 것이다. 그러나 아무리 진부한 대답일지라도 거기에는 의미심장한 내용이 담겨 있는 법이다. 우리가 역사 인식의 문제에 관하여 말했던 모든 것, 즉 역사적 진실에 관한 회의주의적인 모든 결론들은 우리가 정밀과학에 있어서와는 다른 형태의 인식을 다루고 있다는 사실을 보여줄 뿐이다. 사회과학의 가치를 가늠하려는 모든 시도는, 이 문제의 흐름에 있어 사회과학에 연역적인 학문으로서의 형태를 부여하려는 노력으로 이어졌는데, 경험에 의해 실패가 이미 예견되었고 이런 식으로 '완성된' 지식의 영역들에 해를 끼칠 뿐이었다. 어떤 학문영역이 주장하는, 그리고 그 학문에 적용된 어떤 방법론이 주장하는 '우월'성은 준거틀, 즉 인식행위에서 설정된 목표 및 임무 또는 그것과 연관된 평가기준에 의존한다.

어떤 경우이든지 그것들에 의존할 경우 명확한 대답이나 명확한 평가란 있을 수 없게 될 것이다. 가령 어느 특정한 준거틀, 특정한 연구 목적, 특정한 기준을 적용한다면, 역사인식이 더욱 복잡해질수록 그리고 그것이 사회생활과 밀접히 연관될수록 그 역사인식은 더욱 '우월한' 것이 될 경우도 있을 것이다. 그러나 확실히 그렇게 되는 일이 중요한 것은 아니다. 또 어느 것이 우월한가 하는 경쟁에 참가하려고 기를 쓰는 것도 결코 신중한 태도가 되지 못한다. 그것은 단지 학문적으로 공동체가 종종 곤란을 겪게 될지도 모른다는 사실만을 보여줄 뿐이다. 반면, 비록 진부한 주장인지는 몰라도 역사인식은 서로 다르고 개별적이라는 사실이 오히려 중요하다. 그리고 가장 중요한 것은 그러한 역사인식에 충분히 도달할 수 있다는, 즉 그 개별성을 완전히 이해할 수 있다고 하는 주장이다. 단지 그와 같은 학문적인 자각만이 진보를 보장하는 최선의 길이다.

- ☐ banality n. 평범, 진부한 말(생각)
- ☐ embody vt. 구체화하다, 유형화하다, 구체적으로 표현하다(in)
- ☐ pertaining to ~에 관한, ~에 속하는
- ☐ imbue vt. ~에 감염시키다, 불어넣다, ~에 물들이다(with)
- ☐ All attempts ~ in this fashion. 문장에서 which have led ~ deductive sciences의 관계대명사절에서 선행사는 All attempts are doomed to failure and only damage ~ in this fashion 이 문장의 요체이다.
- ☐ deductive a. 추리의, 연역적인 opp. inductive
- ☐ system of reference (= frame of reference) 준거틀
- ☐ emulation n. 대항, 경쟁, 겨룸
- ☐ postulate vt. 요구(주장)하다 n. 가정, 자명한 원리, 기초조건
- ☐ competently ad. 적당히, 충분히, 적절히, 상당히

However, this state of affairs implies also far-reaching consequences in the practice of historical writing. If it is the process of history as a whole which is the subject of historical cognition, and if it is precisely this process which is the starting-point of the historian's inquiries, although he may not be always aware of this, then a variability of historical vision is a necessity. A whole, and especially a process-like, variable whole cannot be comprehended otherwise than by fragments. Even if we are aware of the necessity of arranging these fragments within the framework of the entirety of the process, then this will always remain an imperfect deed, due to its partiality. Cognition here must take on the nature of an infinite process which, in perfecting knowledge from various sides, in accumulating partial truths, leads not only to the simple addition of information, to quantitative changes of our knowledge, but also necessarily to qualitative changes of our vision of history.

그렇지만 그 일은 실제의 역사서술에 있어 보다 광범위한 결과를 야기시킨다. 비록 역사가가 항상 깨닫고 있는 것은 아닐지라도 역사인식의 대상이 전체로서의 역사과정이라면, 그리고 역사가들의 연구의 출발점이 바로 이러한 과정이라면, 역사관의 다양성은 필연적 현상이다. 전체는, 그리고 특히 과정적 성격을 가진 가변적인 전체는 부분에 의하지 않고는 이해될 수 없는 것이다. 우리가 전체적 과정이 구조 내에서 부분들을 정리해야 할 필요성을 깨닫고 있다 하더라도, 그 일은 항상 미완성인 채로 남게 된다. 왜냐하면, 그 일 자체가 부분적인 성격을 갖고 있기 때문이다. 여기에서 인식은 무한한 과정이라는 성격을 가질 수밖에 없다. 그 무한한 과정은 여러 측면에서 지식을 완성해 나감으로써, 그리고 부분적 진실을 축적해 나감으로써 지식의 누적이라는 단순한 작업뿐만 아니라, 역사관의 질적인 변화까지도 필연적으로 야기시키는 것이다.

□ partiality n. 편파, 부분성, 불공평, 치우침, 편애

□ Cognition here ~ our vision of history. 문장은 Cognition here must take on the nature of an infinite process which leads not only A but also necessarily B의 구조로 파악할 것

The fact that historians perceive the image of history diversely, although they have the same source material at their disposal and, even more, the fact that this perception varies when the stock of material changes in step with time and — what is more important — the ability of posing questions and nothing the problems lurking in this material also differs. All this is valid and understandable, if one comprehends the process of historical cognition.

Do historians lie? This does happen at times when they are guided by extra-scientific aims and regard history only as an instrument for the current needs of practice. There has been a multitude of infamous deeds of this kind in the history of historiography, but in spite of the social weight of this problem it is trite and theoretically of no interest.

What is theoretically interesting, on the other hand, are those cases when the variable historical vision is accompanied by scientific honesty and a fully competent striving towards objective truth. Under such circumstances historians, of course, do not lie, although they may speak about the same matters diversely, or even contradictorily. This is simply the result of the specific nature of cognition which strives constantly towards absolute truth, but does so in an eternal process of accumulating relative truths.

역사가들은 비록 동일한 사료를 취급하더라도 역사상을 서로 다르게 감지하고 있다는 사실과 더구나 시간의 흐름에 따른 사료의 점진적 변화와 함께 — 보다 중요한 것으로 — 이 자료 속에 내포되어 있는 문제점들을 지적할 수 있는 그의 능력 및 문제제기의 능력도 변화한다는 사실은 또한 다르다. 만일 역사인식이 과정적 성격을 갖고 있음을 이해한다면 이 모든 것은 당연한 것이며 또 이해할 수 있는 현상이다.

그렇다고 역사가들이 거짓말을 하고 있을까? 그들이 과학외적(外的)인 목적에 의해 이끌려지고 있을 때, 그리고 역사를 단지 현재의 요구를 실현시키기 위한 수단으로 생각할 때에는 그럴지도 모른다. 역사서술의 역사를 살펴보면 이와 같은 수치스러운 일이 수없이 자행되고 있음을 알게 된다. 그러나 사회적인 측면에서 볼 때는 중요한 것임에도 불구하고, 이 문제는 별로 새로운 것이 없는, 그리고 이론적으로도 아무런 흥미 없는 문제이다.

반면 이론적으로 흥미 있는 문제는, 변화하는 역사관이 객관적 진실을 향한 과학적이고 정직하며 아주 적절한 노력을 수반하는 경우이다. 물론 그 같은 조건하에서는 역사가들은, 비록 똑같은 사실을 다르게 표현하고 심지어 완전히 상반되게 표현하더라도 거짓말을 하고 있는 것은 아니다. 이것은 단순히 끊임없이 절대적 진실을 얻으려 노력하는, 그러나 상대적 진실을 축적하는 끝없는 과정 속에서 그렇게하는 인식의 특성이 낳은 결과이기 때문이다.

- [ ] The fact that historians ~ also differs. 문장은 The fact that ~ and, even more, the fact that ~ in this material also differs가 이 문장의 골격이다
- [ ] in step with ~와 보조를 맞추어, ~에 따라
- [ ] at times 때때로, 종종
- [ ] historiography n. 역사기술, 역사편찬
- [ ] trite a. 흔해 빠진, 진부한, 케케묵은 n. triteness ad. tritely
- [ ] diversely ad. 다양하게
- [ ] contradictorily ad. 모순되게
- [ ] cognition n. 인식

ENGLISH READING

HUMAN SCIENCE

제3부 문학편

제1장 **Leo Tolstoy**
What Is Art?
레오 톨스토이
예술이란 무엇인가?

제2장 **Jean-Paul Sarte**
What is Literature?
장 폴 사르트르
문학이란 무엇인가?

제3장 **T. S. Eliot**
Tradition and the Individual Talent
T. S. 엘리엇
전통과 개인의 재능

제4장 **Austin Warren & RenéWellek**
A Theory of Literature
오스틴 워렌 & 르네 웰렉
문학의 이론

제5장 **Terence Hawkes**
Structuralism and Semiotics
테렌스 호옥스
구조주의와 기호학

제6장 **Lucien Goldmann**
Towards a Sociology of the Novel
루시앙 골드만
소설 사회학을 위하여

제7장 **Nothrop Frye**
The Critical Path
노드롭 프라이
비평의 길

제8장 **Roman Ingarden**
The Literary Work of Art
로만 인가르덴
문학 예술 작품

제9장 **Terry Eagleton**
Marxism and Literary Criticism
테리 이글턴
마르크스주의와 문학비평

제 1 장

Leo Tolstoy
What Is Art?

레오 톨스토이
예술이란 무엇인가?

It is said that the very best works of art are such that they cannot be understood by the mass, but are accessible only to the elect who are prepared to understand these great works. But if the majority of men do not understand, the knowledge necessary to enable them to understand should be taught and explained to them. But it turns out that there is no such knowledge, that the works cannot be explained, and that those who say the majority do not understand good works of art, still do not explain those works, but only tell us that, in order to understand them, one must read, and see, and hear these same works over and over again. But this is not to explain, it is only to habituate! And people may habituate themselves to anything, even to the very worst things. As people may habituate themselves to bad food, to spirits, tobacco, and opium, just in the same way they may habituate themselves to bad art — and that is exactly what is being done.

레오 톨스토이(1828~1910)는 러시아의 소설가·사상가이며 도스토예프스키, 투르게네프와 더불어 '러시아 3대 문호'로 일컬어지고 있다. 러시아 농민의 비참한 현실에 눈을 뜬 그는 농민계몽을 위해 야스나야 폴랴나 학교를 세우고 농노해방운동에도 활발히 참여하였다. 그 후 1869년에 완성한 『전쟁과 평화』로 세계적인 작가로서의 명성을 얻었으며, 러시아의 현실과 고통받는 러시아 민중의 삶을 여러 각도에서 포착하여 생동감 있게 그려내 오늘날까지도 19세기 러시아 문학을 대표하는 세계적 문호로 인정받고 있다.

가장 우수한 예술품이란 대중들이 이해하지 못하더라도 오직 이 위대한 작품을 이해할 만큼 교양 있고 선택된 사람들만 가까이하면 족하다고 말한다. 그러나 대중들이 이해하지 못하면 그들에게 설명하고, 또 그 이해에 필요한 지식을 주어야 한다. 그런데 그런 지식은 없고 작품의 설명도 할 수 없기 때문에, 대중이 우수한 예술 작품을 이해하지 못한다고 말하는 사람들도 설명은 하지 않고, 다만 이해하기 위해서는 그 작품들을 몇 번이라도 읽거나, 보거나, 들어야 한다고 말한다. 그러나 이것은 설명한다는 의미가 아니고 익숙해진다는 말이다. 그런데 사람들은 대개, 그 어떤 것에도, 심지어는 가장 저급한 것에조차 익숙할 수 있다. 쉰 음식이나 독한 술, 담배나 아편에도 익숙할 수 있듯이, 저급한 예술에도 익숙할 수 있으며, 또 사실 그렇게 행해지고 있다.

- ☐ It is said = They say
- ☐ elect n. 선택된 사람 vt. 선거(선출)하다 a. 선정(선발)된
- ☐ the knowledge (which is) necessary to ~ understand 까지가 주어이다
- ☐ habituate vt. 습관을 익히다, 익히다 (= accustom)
- ☐ spirits pl. 독한 술, 알코올
- ☐ opium n. 아편 cf) ~ habit 아편을 피우는 버릇

Moreover, it cannot be said the majority of people lack the taste to esteem the highest works of art. The majority always have understood, and still understand, what we also recognize as being the very best art: the epic of Genesis, the Gospel parables, folk-legends, fairy-tales, and folk-songs are understood by all. How can it be that the majority has suddenly lost its capacity to understand what is high in our art?

Of a speech it may be said that it is admirable, but incomprehensible to those who do not know the language in which it is delivered. A speech delivered in Chinese may be excellent, and may yet remain incomprehensible to me if I do not know Chinese; but what distinguishes a work of art from all other mental activity is just the fact that its language is understood by all, and that it infects all without distinction. The tears and laughter of a Chinese infect me just as the laughter and tears of a Russian; and it is the same with painting and music and poetry, when it is translated into a language I understand.

The songs of a Kirghiz or of a Japanese touch me, though in a lesser degree than they touch a Kirghiz or a Japanese. I am also touched by Japanese painting, Indian architecture, and a Chinese novel, it is not that I do not understand these productions, but that I know and am accustomed to higher works of art. It is not because their art is above me. Great works of art are only great because they are accessible and comprehensible to everyone. The story of Joseph, translated into the Chinese language, touches a Chinese. The story of Sakya Muni touches us. And there are, and must be, buildings, pictures, statues, and music of similar power. So that, if art fails to move men, it cannot be said that this is due to the spectators; or hearers' lack of understanding; but the conclusion to be drawn may, and should be, that such art is either bad art, or is not art at all.

그뿐만 아니라 대다수의 사람들이 예술의 걸작을 평가할 만한 취미를 가지고 있지 않다고 말해서는 안 된다. 많은 사람들은 우리가 최고의 예술로 간주하고 있는 것을 옛날이나 지금이나 항상 이해하고 있다. 성경에서 창세기와 같은 서사시, 복음서의 비유, 민간의 전설, 설화, 민요 등은 모두가 이해하고 있다. 그런데 어찌하여 대다수의 사람들은 우리 예술의 높은 것을 이해할 능력을 갑자기 잃었단 말인가?

연설에 대해서도, 그 연설이 훌륭할지라도 연설을 하고 있는 나랏말을 모르는 사람은 모른다고 말할 수 있다. 중국어로 하는 연설이 훌륭할 수 있으되 내가 중국어를 모르면 그것은 나에게 이해되지 않는다. 그런데 예술 작품은 그 말을 모든 사람이 알고 차별 없이 모든 사람을 감화시킨다는 점에서 다른 모든 정신활동과 구별된다. 중국인의 눈물이나 웃음은 러시아인의 눈물이나 웃음과 똑같이 나를 감화시킨다. 그림도, 음악도, 시도 내가 아는 나랏말로 옮기기만 하면 역시 마찬가지다.

키르기즈인이나 일본인의 노래도 키르기즈인이나 일본인에 비하여 약하기는 하지만 나를 감동시킨다. 마찬가지로 일본 그림도, 인도 건축도, 아라비아의 이야기도 나를 감동시킨다. 일본의 노래나 중국의 소설이 나를 조금밖에 감동시키지 못한다면 그것은 그 작품들을 내가 이해하지 못하기 때문이 아니고, 더 높은 예술을 내가 알아 그것에 익숙했기 때문이지 결코 그 예술이 나보다 더 고상하기 때문이 아니다. 위대한 예술 작품은 모든 인간들이 그것에 접근하여 이해할 수 있기 때문에 비로소 위대하다. 요셉의 이야기는 중국어로 번역되면 중국인을 감동시킨다. 석가의 이야기도 우리를 감동시킨다. 건축, 회화, 조각, 음악도 마찬가지다. 그러므로 예술이 감동을 주지 못할 경우도 그것이 관람자나 청중의 몰이해 때문에 일어난다고 해서는 안된다. 거기서 끌어낼 수 있는 결론은 아마도, 아니 틀림없이 그것이 저급한 예술이거나 혹은 전혀 예술이 아니라는 점이다.

- □ epic n. 서사시(영웅의 모험, 업적, 민족의 역사 등을 노래한 시)
- □ Genesis n. 창세기
- □ Gospel n. 복음서(신약성서의 처음 4서)
- □ parable n. 비유(담), 우화
- □ How can it be that ~에서 it은 that 이하 절 전체
- □ Kirghiz 키르기즈 인(중앙아시아의)
- □ be accustomed to ~에 익숙해지다
- □ touch n. 감동을 주다 (= impress, move)
- □ the conclusion to be drawn까지 주어, that 이하의 주격보어

Art is differentiate from activity of the understanding, which demands preparation and a certain sequence of knowledge (so that one cannot learn trigonometry before knowing geometry), by the fact that it acts on people independently of their state of development and education, that the charm of a picture, of sounds, or of forms, infects any man whatever his plane of development.

The business of art lies just in this - to make that understood and felt which, in the form of an argument, might be incomprehensible and inaccessible. Usually it seems to the recipient of a truly artistic impression that he knew the thing before but had been unable to express it.

And such has always been the nature of good, supreme art; the *Iliad*, the *Odyssey*, the stories of Isaac, Jacob, and Joseph, the Hebrew prophets, the psalms, the Gospel parables, the story of Sakya Muni, and the hymns of the Vedas: all transmit very elevated feelings, and are nevertheless quite comprehensible now to us, educated or uneducated, as they were comprehensible to the men of those times, long ago, who were even less educated than our labourers. People talk about incomprehensibility; but if art is the transmission of feelings flowing from man's religious perception, how can a feeling be incomprehensible which is founded on religion, i.e. on man's relation to God? Such art should be, and has actually, always been, comprehensible to everybody, because every man's relation to God is one and the same. And therefore the churches and the images in them were always comprehensible to everyone.

인간의 발달과 교육 정도와는 무관하게 인간에게 작용하는 그림, 음, 모습의 매력은 어떤 발달 단계에 있는 어떤 인간에게도 감동을 준다는 점에서, 예술은 준비나 어느 정도의 지식을 필요로 하는 (예를 들면 기하학을 모르는 인간에게 삼각법을 가르칠 수 없듯이) 이해력이라는 작용과는 구별된다.

예술의 기능은 바로 이론의 형식으로는 이해할 수도 없고, 가까이 할수도 없는 것을 이해할 수 있도록, 그리고 느낄 수 있도록 하는 것이다. 흔히 참예술적 인상을 받으면 그것을 받은 사람은 이전에 그것을 알았으나 다만 표현할 수 없었던 것처럼 여긴다.

훌륭하고 우수한 예술은 항상 그렇다. 일리아드, 오디세이, 이삭, 야곱, 요셉의 이야기, 히브리의 선지자, 시편(詩篇), 복음서의 비유, 석가모니의 이야기, 베다의 찬송가, 이 모든 것은 매우 고결한 감정을 전달하고, 교육의 유무에도 불구하고 지금의 우리에게도 충분히 이해되며 우리 노동 계급보다도 교육이 낮았던 그 당시의 사람들에게도 이해되었다. 물론 이해되지 않는다는 사람들도 있다. 그러나 예술이 인간의 종교심에서 나오는 감정을 전달하는 것이라면 종교, 즉 하나님에 대한 인간의 관계에 근원을 가지고 감정이 왜 이해될 수 없을까? 그와 같은 예술은 항상 모든 사람에게 이해됨에 틀림없으며 또 사실 이해되고 있다. 왜냐하면 하나님에 대한 모든 인간의 관계는 똑같기 때문이다. 그러므로 교회도, 거기 있는 우상도, 노래도 항상 모든 사람에게 이해되었다.

- ☐ trigonometry n. 삼각법, 삼각술, tri-는 '3.3배의'란 의미의 연결형
- ☐ infect v. 병독을 혼입하다, 악습에 물들게 하다
- ☐ plane n. 평면, 수평면, 면, 수준, 정도, 단계, 날개, 대패, 평평하게 깎는 기계, 흙손
- ☐ to make that understood and felt which~ 이하에서 which는 that을 수식하는 관계절이다
- ☐ inaccessible a. 가까이하기 어려운, 얻기 어려운
- ☐ psalm n. 찬송가, 성시
- ☐ hymn n. 찬미가, 찬송가
- ☐ Veda n. 베다 (고대인도 바라문교의 경전)
- ☐ elevated a. 고결한, 고상한
- ☐ educated or uneducated 앞에 whether they are가 생략. '학식 있는 자나 없는 자나'
- ☐ perception n. 인지, 인식, 지각 (= cognition, conception)

The hindrance to understanding the best and highest feelings (as is said in the gospel) does not at all lie in deficiency of development or learning, but, on the contrary, in false development and false learning. A good and lofty work of art may be incomprehensible, but not to simple, unperverted peasant labourers (all that is highest is understood by them) - it may be, and often is, unintelligible to erudite, perverted people destitute of religion. And this continually occurs in our society, in which the highest feelings are simply not understood. For instance, I know people who consider themselves most refined, and who say that they do not understand the poetry of love to one's neighbor, of self-sacrifice, or of chastity.

Art, all art, has this characteristic, that it unites people. Every art causes those to whom the artist's feeling is transmitted to unite in soul with the artist, and also with all who receive the same impression.

But non-Christian art, while uniting some people together, makes that very union a cause of separation between these united people and others; so that union of this kind is often a source, not only of division, but even of enmity toward others. Such is all patriotic art, with its anthems, poems, and monuments; such is all Church art, i.e. the art of certain cults, with their images, statues, processions, and other local ceremonies. Such art is belated and non-Christian art, uniting the people of one cult only to separate them yet more sharply from the members of other cults, and even to place them in relations of hostility to each other. Christian art is only such as tends to unite all without exception, either by evoking in them the perception that each man and all men stand in like relation toward God and toward their neighbor, or by evoking in them identical feelings, which may even be the very simplest, provided only that they are not repugnant to Christianity and are natural to everyone without exception.

가장 고상하고 훌륭한 감정의 이해를 방해하는 것은, 복음서에도 기록되어 있듯이, 결코 발달 부족이나 학식 결핍이 아니고 오히려 반대로 거짓의 발달이나 거짓의 학식에 있다. 사실, 훌륭한 고급 예술 작품이 이해되지 않을 수도 있으나, 그것은 순수하고 타락하지 않은 농업 노동자들의 경우가 아니라 (이들은 최고의 예술을 이해한다) 학식있고 타락한, 그리고 종교심을 잃은 사람들의 경우이며, 또한 종종 그러할 수 있다. 그러나 그것은 최고의 종교적 감정이 사람들에게 전혀 이해되지 않고 있는 우리 사회에서 끊임없이 행해지고 있는 것이다. 예를 들면, 나는 자신을 가장 유식하다고 생각하고 있는 사람들을 아는데, 그들은 이웃에 대한 사랑의 시나 자기희생의 시, 순결의 시를 이해하지 못한다고 말하고 있는 것이다.

예술, 즉 모든 예술은 사람들을 통합시킨다는 특성을 지니고 있다. 모든 예술은 예술가에 의해 전달된 감정을 받아들이는 사람들이 예술가나 혹은 같은 인상을 받은 사람들과 정신적인 유대를 지니게 하는 것이다.

그런데 비기독교 예술은 어떤 사람들을 함께 결속시키기는 하지만, 바로 그것이 결속된 이 사람들과 다른 사람들을 분리시키는 원인이 되고 있다. 따라서 이런 종류의 결속이란 사람들을 통합시키는 원천이 될 뿐 아니라, 다른 사람들에 대해 적의를 품게 하는 원인이 되고 있다. 그런 것은 모두 국수적 성격의 예술로서 그 나름의 축가, 축시, 기념물을 지니고 있다. 예를 들면 모든 기독교 예술에서처럼, 우상이나 행진, 그리고 특유의 예식을 지니고서 일정한 제식을 행하는 예술을 일컬을 수 있다. 그러나 그러한 예술은 시대에 뒤지고 비기독교적 예술로서, 어느 한 종파의 사람들은 결속시키지만, 그들을 타 종파의 사람들과 더욱 철저히 분리시키고 있으며, 심지어 그들을 적대적인 관계에 놓기도 한다. 그러나 만인은 신과 그들 이웃에 대해 똑같은 관계에 서있다는 인식을 불러일으킴으로써, 혹은 그들 사이에 일치단결된 감정 — 기독교 정신에 어긋나지 않고 예외 없이 만인에게 합당한 것이라면 그 아무리 소박한 것일지라도 — 을 불러일으킴으로써, 모든 사람들을 예외 없이 결속시키는 경향을 보이는 것, 그것이 바로 기독교 예술인 것이다.

- ☐ lofty a. 매우 높은, 우뚝 솟은, 고상한, 고원한, 당당한, 거만한
- ☐ unperverted a. 그릇되지 않은, 정상적인
- ☐ unintelligible a. 고의가 아닌, 의도된 것이 아닌
- ☐ erudite a. 학식 있는
- ☐ destitute (of) a. 가난한 n. destitution
- ☐ chastity n. 순결, 정숙 a. chaste
- ☐ But non-Christian art ~ 문장에서 non-Christian art가 주어이고 makes가 동사, that very union이 목적어이며 a cause of separation~은 목적보어
- ☐ anthem n. 국가, 찬송가, 축가
- ☐ cult n. 제식, 숭배, 예찬
- ☐ belated a. 시대에 뒤진 (= out-of-date)
- ☐ hostility n. 적의, 적성, 적개심, 반항, 적대행위
- ☐ provided that = if, suggested that cf) granted that (= even if)
- ☐ repugnant a. 모순된(to) opp. identical

제 2 장

Jean-Paul Sarte
What is Literature?

장 폴 사르트르
문학이란 무엇인가?

Since the creation can find its fulfillment only in reading, since the artist must entrust to another the job of carrying out what he has begun, since it is only through the consciousness of the reader that he can regard himself as essential to his work, all literary work is an appeal. To write is to make an appeal to the reader that he lead into objective existence the revelation which I have undertaken by means of language. And if it should be asked *to what* the writer is appealing, the answer is simple. As the sufficient reason for the appearance of the aesthetic object is never found either in the book (where we find merely solicitations to produce the object) or in the author's mind, and as his subjectivity, which he cannot get away from, cannot give a reason for the act of leading into objectivity, the appearance of the work of art is a new event which cannot *be explained* by anterior data.

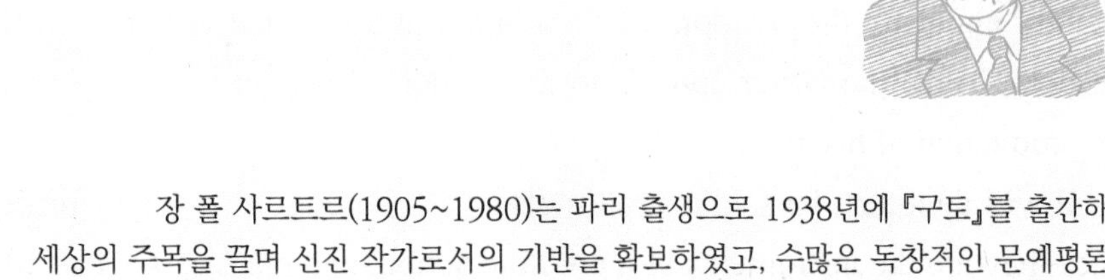

장 폴 사르트르(1905~1980)는 파리 출생으로 1938년에 『구토』를 출간하여 세상의 주목을 끌며 신진 작가로서의 기반을 확보하였고, 수많은 독창적인 문예평론을 발표하였다. 『존재와 무』, 『실존주의는 휴머니즘이다』, 『변증법적 이성비판』등을 발표하고 『레탕모데른』지를 발간하는 등 활발한 활동을 펼치며 2차 대전 전후 시대의 사조를 대표하는 위대한 사상가로 평가받았다.

창작은 오직 독서 속에서만 그 완성을 찾을 수 있고, 예술가는 자기가 시작한 창작을 완성하는 수고를 다른 사람에게 일임하지 않으면 안 되며, 자기를 작품의 본질적인 것으로 파악할 수 있는 것은 오로지 독자의 의식을 통해서 가능해지기 때문에 모든 문학작품은 하나의 호소이다. 작품을 쓴다는 것은 언어라는 수단을 통해 내가 계획한 '발현(드러내는 것)'을 객관적인 존재로 만들어 주도록 독자에게 '호소'하는 것이다. 그리고 독자의 무엇에 대해서 저자가 '호소'했는가라고 묻는다면 대답은 간단하다. 책 속에서는 미적 대상이 나타날 만한 충분한 이유는 없고, 다만 그것을 만들어 내도록 하는 시사가 있을 뿐이다. 또 미적 대상이 나타날 만한 이유는 작가의 정신 속에서도 별로 없다. 왜냐하면 작가는 그 주체성에서 벗어날 수가 없으며, 그 주체성은 객관성으로의 이행 원인을 설명할 수가 없다. 그러므로 예술작품의 출현은 그 이전에 주어진 여건에 의해서 '설명될' 수 없는 전혀 새로운 사건이다.

- ☐ entrust v. 맡기다, 위임하다
- ☐ To write is to make an appeal ~ 문장에서 by means of language 가 보어절이며 그 안에서 that 이하가 목적어 역할을 하고 있다.
- ☐ aesthetic a. 미의, 미학의, 심미적인
- ☐ solicitation n. 간원, 간청 (= entreaty), 유혹 vt. solicit
- ☐ anterior a. (공간적으로) 전방의, 앞의(to), (시간적으로) 앞의(to) opp. posterior

And since this directed creation is an absolute beginning, it is therefore brought about by the freedom of the reader, and by what is purest in that freedom. Thus, the writer appeals to the reader's freedom to collaborate in the production of his work.

It will doubtless be said that all tools address themselves to our freedom since they are the instruments of a possible action, and that the work of art is not unique in that. And it is true that the tool is the congealed outline of an operation. But it remains on the level of the hypothetical imperative. I may use a hammer to nail up a case or to hit my neighbor over the head. Insofar as I consider it in itself, it is not an appeal to my freedom, it does not put me face to face with it, rather, it aims at using it by substituting a set succession of traditional procedures for the free invention of means.

The book does not serve my freedom; it requires it. Indeed, one cannot address himself to freedom as such by means of constraint, fascination, or entreaties. There is only one way of attaining it; first, by recognizing it, then, having confidence in it, and finally, requiring of it an act, an act in its own name, that is, in the name of the confidence that one brings to it.

Thus, the book is not, like the tool, a means for any end whatever; the end to which it offers itself is the reader's freedom. And the Kantian expression "finality without end" seems to me quite inappropriate for designating the work of art. In fact, it implies that the aesthetic object presents only the appearance of a finality and is limited to soliciting the free and ordered play of the imagination. It forgets that the imagination of the spectator has not only a regulating function, but a constitutive one.

이 방향 지어진 창조는 절대적인 출발점이므로 가장 순수한 상태에 있어서의 독자의 자유에 의해 작용한다. 그리하여 작가는 독자의 자유에 호소해서 그 자유가 자기 작품의 제작에 협력하기를 구하는 것이다.

'모든 기구가 실현 가능한 행위의 도구이므로, 우리의 자유에 맡겨져 있다는 의미로는 예술 작품도 특수한 것이 아니다'라고 말할 수도 있다. 또 도구라는 것이 따지고 보면 어떤 작업의 응결된 도식이라는 것도 사실이다. 그러나 그것은 어디까지나 가정적 명령의 수준 이상의 것이 아니다. 망치를 써서 나는 궤짝에 못을 박을 수도 있고 또는 이웃 사람을 때려죽일 수도 있다. ― 내가 망치를 그것 자체로 생각하는 한, 그것은 내 자유에의 '호소'는 아니며, 그것은 나를 나 자신의 자유와 대면케 하는 것도 아니다. 망치는 오히려 수단의 자유로운 발명이 아닌 일련의 전통적이고 규정된 작업으로서 자유에 봉사함을 목적으로 하는 것이다.

책은 내 자유에 봉사하는 것이 아니라 내 자유를 요구하는 것이다. 사실 어떤 자유든지 강요나 매력이나 애원에 의해 자유에 도달할 수는 없는 노릇이다. 자유에 도달하기 위해서는 오직 한 가지 길밖에 없다. 우선 자유를 인식하고, 다음에 그것을 신뢰하고, 끝으로 자유 자체의 이름으로, 즉 자유에 대한 신뢰로써 어떤 행위를 요구하는 길이다.

따라서 책은 도구와 같이 어떤 한 가지 목적을 위한 수단이 아니라, 그 자신을 독자의 자유에 대하여 목적으로 삼으라고 내놓은 것이다. '목적 없는 합목적성'이라는 칸트의 표현은 나로서는 예술작가를 가리키는 데 전혀 부적당하다고 생각된다. 그것은 사실 미적 대상이란 단순히 합목적성의 외관을 나타낼 뿐이며, 상상력의 자유롭고도 조종된 활동을 촉진시키는 데 지나지 않는다는 것을 의미한다. 그러나 그것은 관찰자의 상상력이 조절적인 기능뿐 아니라 구성적인 기능도 가지고 있다는 사실을 망각하는 것이다.

- ☐ collaborate vi. 공동으로 일하다, 협력하다, 합작하다
- ☐ address oneself to ~에게 말을 걸다, ~에 본격적으로 착수하다
- ☐ congeal vt., vi. 얼(리)다, 굳(히)다 n. -ment 응결
- ☐ outline n. 외부 윤곽, 아웃라인, 대강
- ☐ hypothetical a. 가설의, 가상의 n. 가설, 가정
- ☐ imperative a. 명령적인, 엄연한 (= peremptory), 절박한, 긴요한 n. 명령
- ☐ insofar ad. ~하는 한에 있어서
- ☐ substitute n. 대리(물), 보결, 대용물 vt. ~ A for B: B 대신 A를 쓰다 vi. ~대신하다, 대리하다
- ☐ entreaty n. 간절한 부탁, 애원 vt. entreat
- ☐ finality n. 종국, 결말, 궁극성, 합목적성
- ☐ designate vt. 지적하다, 명명하다, 지명하다
- ☐ aesthetic a. 미의, 미술의, 미학의, 심미적인
- ☐ solicit vt. 간청하다, 구하다, 조르다
- ☐ constitutive a. 구성하는, 구성 성분인, 본질의

It does not play; it is called upon to recompose the beautiful object beyond the traces left by the artist. The imagination can not revel in itself any more than can the other functions of the mind; it is always on the outside, always engaged in an enterprise. There would be finality without end if some object offered such a set ordering that it would lead us to suppose that it has one even though we can not ascribe one to it.

By defining the beautiful in this way one can - and this is Kant's aim - liken the beauty of art to natural beauty, since a flower, for example, presents so much symmetry, such harmonious colors, and such regular curves, that one is immediately tempted to seek a final explanation for all these properties and to see them as just so many means at the disposal of an unknown end. But that is exactly the error. The beauty of nature is in no way comparable to that of art.

The work of art *does not have* an end; there we agree with Kant. But the reason is that it is an end. The Kantian formula does not account for the appeal which resounds at the basis of each painting, each statue, each book. Kant believes that the work of art first exists as fact and that it is then seen. Whereas, it exists only if one looks at it and if it is first pure appeal, pure exigency to exist.

It is not an instrument whose existence is manifest and whose end is undetermined. It presents itself as a task to be discharged; from the very beginning it places itself on the level of the categorical imperative. You are perfectly free to leave that book on the table. But if you open it, you assume responsibility for it. For freedom is not experienced by its enjoying its free subjective functioning, but in a creative act required by an imperative. This absolute end, this imperative which is transcendent yet acquiesced in, which freedom itself adopts as its own, is what we call a value. The work of art is a value because it is an appeal.

상상력은 제멋대로 발휘하는 것이 아니라 예술가가 남긴 흔적을 넘어 아름다운 대상을 다시 구성하도록 '호소'를 받고 있는 것이다. 상상력은 정신의 딴 기능과 마찬가지여서 스스로를 즐길 수는 없다. 그것은 늘 외부에 있고, 항상 어떤 기도 속에 끌려들어 있는 것이다. 만일 어떤 대상이 극히 규칙적인 질서를 보이고, 그 때문에 가령 어떤 목적을 줄 수는 없다 하더라도 그 대상에는 어떤 목적이 있으리라고 생각게 할 만큼 정리되어 있다면, 목적 없는 합목적성도 있을 것이다.

이와 같은 방법으로 미를 정의한다면 이것이 바로 칸트의 '목적'이지만 — 예술의 미를 자연의 미와 동일시할 수도 있을 것이다. 가령한 송이 꽃은 균형이 잘 잡혀 있고, 잘 조화되어 있는 색채며, 규칙적인 곡선을 나타내고 있으므로 우리는 그와 같은 모든 특질에서 즉시로 목적론적인 설명을 찾으려 하며, 거기서 어떤 이미지의 목적을 위해 준비된 수단을 보려고 하기가 일쑤이니까 말이다. 그러나 그것이 바로 그릇된 생각이다. 자연의 아름다움에는 예술의 아름다움과 비교될 수 있는 것이라고는 아무것도 없다.

예술작품에는 목적이 없다는 점에서는 우리는 칸트에 동의한다. 그러나 그것은 예술작품이 그대로 목적이기 때문이다. 칸트의 공식은 모든 화폭, 모든 조상(彫像), 모든 작품의 밑바닥에 울리고 있는 호소를 고려하고 있지 않다. 칸트는 작품이 우선 사실로서 존재하고 그런 연후에 사람에게 보이는 것으로 생각하고 있다. 그러나 작품은 사람이 그것을 바라보는 때에만 존재하는 것이고, 무엇보다도 먼저 순수한 '호소', 순수한 존재의 요구인 것이다.

작품은 존재가 명백하고 목적이 미결정된 하나의 도구가 아닌 것이다. 그것은 완수해야 할 과업으로 나타난다. 그것은 처음부터 지상명령의 수준에 위치한다. 이 책을 책상 위에 내버려두는 것은 오로지 여러분의 자유다. 그러나 일단 그것을 열면 여러분은 그 책임을 지는 것이다. 왜냐하면 자유는 주관적인, 자유스러운 기능의 향유에서 경험되는 것이 아니고, 명령에 의해서 요구되는 창조적 행위 속에 느껴지는 것이기 때문이다. 이 절대적인 목적이 초월적이긴 하지만 동의된 명령, 자유 자신에 의하여 채택된 명령, 그것이야말로 사람들이 가치라고 부르는 것이다. 예술작품은 '호소'이기 때문에 가치 있는 것이다.

- ☐ recompose v. 다시 짜 만들다, 개조하다, 가라앉히다, 진정시키다
- ☐ revel vi. 주연을 베풀다(한껏 즐기다), ~에 빠지다(in)
- ☐ ascribe vt. ~에 돌리다 cf) ~ one's success to good luck. 성공의 원인을 행운으로 여기다
- ☐ By defining ~ natural beauty가 주절이고, since ~ on unknown end가 종속절, 종속절 안에서 so ~ that ~
- ☐ liken v. ~에 비유하다, 비기다
- ☐ symmetry n. 대칭, 균형, 조화
- ☐ property n. 재산, 소유(물), 고유성, 성질
- ☐ resound vi. 울리다, 울다, 퍼지다
- ☐ exigency n. 긴급한 경우, 위급, 긴급사태
- ☐ discharge v. 짐을 부리다, 면제하다, 이행하다, 해임하다
- ☐ categorical a. 절대적인 (= absolute), 명백한 (= explicit), 단언적인
- ☐ imperative a. 피할 수 없는, 긴급한, 긴요한, 명령적인, 단호한, 명령법의 n. 명령
- ☐ acquiesce vi. 묵묵히 따르다, 묵인하다, 따르다 (in)

제 3 장 

T. S. Eliot
Tradition and the Individual Talent

T. S. 엘리엇
전통과 개인의 재능

Honest criticism and sensitive appreciation is directed not upon the poet but upon the poetry. If we attend to the confused cries of the newspaper critics and the susurrus of popular repetition that follows, we shall hear the names of poets in great numbers, if we seek not Blue-book knowledge but the enjoyment of poetry, and ask for a poem, we shall seldom find it. I have tried to point out the importance of the relation of the poem to other poems by other authors, and suggested the conception of poetry as a living whole of all the poetry that has ever been written. The other aspect of this Impersonal Theory of Poetry is the relation of the poem to its author. And I hinted, by an analogy, that the mind of the mature poet differs from that of the immature one not precisely in any valuation of 'personality', not being necessarily more interesting, or having 'more to say', but rather by being a more finely perfected medium in which special, or very varied, feelings are at liberty to enter into new combinations.

T.S. 엘리엇(1888~1965)은 영국의 시인이자 비평가이다. 원래는 미국에서 태어나 영국에 귀화한 그는 시 분야만이 아니라 문학평론과 사회평론 및 극작에 있어서도 비중 있는 위치를 차지하고 있다. 1948년 노벨문학상을 수상했고 The Criterion에 발표한 시 『황무지』는 오늘날까지 너무도 유명하게 남겨졌다.

정직한 비평과 민감한 감상은 시인이 아니라 시에 초점을 맞춘다. 신문 문예란에 게재된 비평가들의 뒤죽박죽의 외침소리와 그것을 따라 널리 되풀이되는 속삭임에 귀를 기울이다 보면, 수많은 시인들의 이름을 듣게 된다. 그렇지만 인명록에 실린 지식이 아니라 시 자체를 즐기려는 생각으로 한 편의 시를 구하고자 하면 좀처럼 찾기 힘들 것이다. 나는 앞에서 한 편의 시가 다른 작가의 다른 시들과 맺고 있는 관계의 중요성을 지적하려 애썼고, 시를 지금까지 쓰인 모든 시의 살아 있는 전체로 보는 생각을 개진한 바 있다. 이와 같은 시의 몰개성 이론의 또 다른 측면은 그 시가 작가와 맺고 있는 관계이다. 나는 유추를 통해 성숙한 시인의 정신이 미성숙한 시인의 정신과 다른 점은 꼭 집어서 '개성'의 가치에 있다거나, 반드시 한쪽이 더 흥미 있다거나 '할 말이 더 많다'는 데 있다기보다는 성숙한 시인의 정신 쪽이 특별한 혹은 다양한 감정을 자유롭게 다루어 새로운 결합을 만들어 낼 수 있는 보다 정밀하게 완결된 매체라는 데 있다는 사실을 시사했던 것이다.

- ☐ susurrus n. 수군거림
- ☐ Blue-book (영국) 국회 또는 정부의 보고서, (미국) 직원(명사)록, 자동차 도로 안내도
- ☐ Impersonal Theory of Poetry 시의 몰개성 이론(시작(詩作)에서 시인의 개성을 제거하려는 이론)
- ☐ medium n. 매개물, 매체, 수단 pl. media

The analogy was that of the catalyst. When the two gases previously mentioned are mixed in the presence of a filament of platinum, they, form sulphurous acid. This combination takes place only if the platinum is present; nevertheless, the newly formed acid contains no trace of platinum, and the platinum itself is apparently unaffected: has remained inert, neutral, and unchanged. The mind of the poet is the shred of platinum. It may partly or exclusively operate upon the experience of the man himself; but, the more perfect the artist, the more completely separate in him will be the man who suffers and the mind which creates; the more perfectly will the mind digest and transmute the passions which are its material

The experience, you will notice, the elements which enter the presence of the transforming catalyst, are of two kinds : emotions and feelings. The effect of a work of art upon the person who enjoys it is an experience different in kind from any experience not of art. It may be formed out of one emotion, or may be a combination of several; and various feelings, inhering for the writer in particular words or phrases or images, may be added to compose the final result. Or great poetry may be made without the direct use of any emotion whatever: composed out of feelings solely. Canto XV of the *Inferno* (Brunetto Latini) is a working up of the emotion evident in the situation; but the effect, though single as that of any work of art, is obtained by considerable complexity of detail. The last quatrain gives an image, a feeling attaching to an image, which 'came', which did not develop simply out of what precedes, but which was probably in suspension in the poet's mind until the proper combination arrived for it to add itself to.

이 유추는 촉매작용에 관한 것이다. 앞에서 언급한 두 개의 기체를 백금 필라멘트 앞에서 혼합하면 아황산이 생긴다. 이 합성은 백금이 있어야만 일어나지만 새로 생긴 아황산에는 백금의 흔적이 전혀 없다. 또 백금 자체도 전혀 영향을 받지 않고, 화학작용을 일으키지 않는 상태에서 중성인 채로 조금도 변하지 않는다. 시인의 정신은 이 백금 조각과 같다. 시인의 정신은 시인 자신의 경험에만 부분적으로 혹은 전적으로 작용하는지 모르나, 예술가는 완전하면 할수록 자신의 내부에서 고통 받는 인간과 창조하는 정신을 더욱 완벽하게 구별할 것이며, 정신은 그 재료인 정열을 더욱 완벽하게 소화하고 변형시킬 것이다.

여기서 말하는 경험, 즉 변화를 유발시키는 촉매의 작용을 받게 되는 요소에는 두 가지가 있다. 곧 정서와 감정이다. 하나의 예술작품이 그것을 즐기는 사람에게 주는 영향은 예술 아닌 어떤 경험과도 종류가 다른 것이다. 그것은 한 가지 정서만으로 이루어질 수도 있고 여러 가지 정서의 조합으로 이루어질 수도 있다. 또한 특정한 단어나 구절, 혹은 심상을 통해 작가가 함축하고자 하는 여러 감정들이 보태어져 최종적인 결과를 형성할 수도 있다. 또는 위대한 시는 어떤 정서도 그대로 사용하지 않고, 다만 감정만으로 만들어질 수도 있다. 〈지옥편〉의 15곡(브루넷토 라티니)은 그 상황에서 뚜렷이 드러나는 정서로써 만들어져 있으나, 그 효과는 어떤 예술 작품과 다름없이 단일하기는 하지만 상당히 복잡한 세부 묘사에 의해 얻어진다. 마지막 4행은 하나의 심상 내지 하나의 심상에 부착된 감정을 제시하지만, 이것은 '닥친' 것이지 단순히 앞의 것들에서 전개된 것은 아니다. 아마 이 감정은 적당한 결합이 도래하여 추가될 때까지 시인의 정신 속에 머물고 있었을 것이다.

- ☐ catalyst n. 촉매
- ☐ platinum n. 백금
- ☐ sulphurous acid n. 아황산 cf) sulphur 유황
- ☐ unaffected a. 움직이지 않는, 변하지 않는
- ☐ inert a. 자동력이 없는, 활성이 없는, 완만한
- ☐ shred n. 한 조각, 단편, 아주 조금
- ☐ the more ~, the more 이하의 주어는 the man and the mind이며 separate가 보어이다
- ☐ transmute v. 변화시키다, 변하게 하다 n. transmutation
- ☐ Canto 시가(詩歌)의 편
- ☐ Inferno (단테의 〈신곡〉) 지옥편, 지옥
- ☐ a working up 완성(품), 발전, 선동
- ☐ though single as that of any work of art 구문에서 though 다음에 it is 생략
- ☐ quatrain n. 4행시
- ☐ for it to add itself to에서 마지막 to는 전치사로 그 목적어는 combination

The poet's mind is in fact a receptacle for seizing and storing up numberless feelings, phrases, images, which remain there until all the particles which can unite to form a new compound are present together.

If you compare several representative passages of the greatest poetry you see how great if the variety of types of combination, and also how completely any semi-ethical criterion of 'sublimity' misses the mark. For it is not the 'greatness', the intensity, of the emotions, the components, but the intensity of the artistic process, the pressure, so to speak, under which the fusion takes place, that counts. The episode of Paolo and Francesca employs a definite emotion, but the intensity of the poetry is something quite different from whatever intensity in the supposed experience it may give the impression of.

It is no more intense, furthermore, than Canto XXVI, the voyage of Ulysses, which has not the direct dependence upon an emotion. Great variety is possible in the process of transmutation of emotion: the murder of Agamemnon, or the agony of Othello, gives an artistic effect apparently closer to a possible original than the scenes from Dante. In the *Agamemnon*, the artistic emotion approximates to the emotion of an actual spectator; in Othello to the emotion of the protagonist himself. But the difference between art and the event is always absolute; the combination which is the murder of *Agamemnon* is probably as complex as that which is the voyage of Ulysses. In either case there has been a fusion of elements.

The point of view which I am struggling to attack is perhaps related to the metaphysical theory of the substantial unity of the soul: for my meaning is that the poet has, not a 'personality' to express, but a particular medium, which is only a medium and not a personality, in which impressions and experiences combine in peculiar and unexpected ways. Impressions and experiences which are important for the man may take no place in the poetry, and those which become important in the poetry may play quite a negligible part in the man, the personality.

시인 정신은 사실상 수많은 감정, 어귀, 심상 등을 포착하여 담아두는 그릇이며, 이러한 것들은 결합되어 새로운 복합체를 이룰 수 있는 모든 미립자들이 모여질 때까지 그 속에 머문다.

가장 위대한 시에서 몇몇 대표적인 시구를 비교해 보면, 결합의 양상이 가지각색이며 '숭고미'라는 어느 정도 윤리적인 기준이 전혀 표적을 빗나가고 있다는 사실을 알게 될 것이다. 왜냐하면 중요한 것은 정서, 즉 구성 요소의 '위대함'이나 강렬함이 아니라 예술적 과정의 강렬성, 즉 화합이 일어나는 압축의 강렬성이기 때문이다. 파올로와 프란체스카의 에피소드에는 명확한 정서가 사용되고 있지만, 이 시의 강렬성은 상상의 체험 속에서 느껴질 법한 강렬성과는 판이하게 다른 어떤 것이다.

더구나 이 삽화는 정서에 직접 의존하고 있지 않은 제26곡, 율리시즈의 항해편 만큼이나 강렬성이 없다. 정서를 변화시키는 과정에는 여러 가지 방법이 가능하다. 아가멤논의 살해나 오델로의 고통은 단테의 여러 장면들보다도 있음직한 원래의 사건에 명백히 더 근접하는 예술적 효과를 준다. 〈아가멤논〉에서 예술적 정서는 실체의 목격자의 정서에 가까우며, 〈오델로〉에서는 주인공 자신의 정서와 가깝다. 그러나 예술과 사건의 차이는 항상 절대적이며, 따라서 아가멤논의 살해라는 결합은 아마도 율리시즈의 항해라는 결합만큼이나 복잡할 것이다. 어느 경우에나 여러 요소들이 혼합되어 있는 것이다.

내가 공격하려고 애쓰는 관점은, 영혼은 본질적으로 단일하다는 형이상학적 이론과 관련을 맺고 있다. 왜냐하면 시인은 표현할 '개성'이 아니라 특정한 매체를 갖고 있으며, 갖가지 인상과 경험들이 특수하고도 예기치 않은 방식으로 결합되는 곳은 개성이 아니라 오직 매체라는 것이 내 견해이기 때문이다. 인간에게 중요한 인상과 경험은 시에서 전혀 자리를 차지하지 못하고, 시에서 중요한 인상과 경험은 인간, 즉 개성에서는 극히 미미한 역할을 할 따름이다.

- ☐ receptacle n. 그릇, 두는 곳, 피난소
- ☐ semi-ethical a. 반(半)윤리적, 윤리에 가까운
- ☐ sublimity 장엄, 웅대, 숭고함(한 인물) a. sublime
- ☐ it is not the 'greatness' ~ but the intensity of the artistic process ~ that counts. 문장은 it ~ that 강조구문으로 counts의 주어를 강조한다
- ☐ fusion n. 융해, 용해, 결합 v. fuse
- ☐ transmutation n. 변화, 변형, 변질, 변성, 변이, 소유권의 양도, 변환
- ☐ approximate v. 접근하다(to), 가깝다
- ☐ protagonist n. 주역, 주인공 (= hero) opp. antagonist
- ☐ metaphysical a. 형이상학의, 순수철학의 n. metaphysics
- ☐ substantial a. 실질의(적인), 본질적인, 중요한
- ☐ medium n. 중위, 중간, 매개물, 매체, 수단, 방편, 생활 조건, 용액, 평균치

제 4 장 

Austin Warren & René Wellek
A Theory of Literature

오스틴 워렌 & 르네 웰렉
문학의 이론

The natural and sensible starting-point for work in literary scholarship is the interpretation and analysis of the works of literature themselves. After all, only the works themselves justify all our interest in the life of an author, in his social environment and the whole process of literature. But, curiously enough, literary history has been so preoccupied with the setting of a work of literature that its attempts at an analysis of the works themselves have been slight in comparison with the enormous efforts expended on the study of environment. Some reasons for this overemphasis on the conditioning circumstances rather than on the works themselves are not far to seek.

오스틴 워렌(1899~1986)은 미국의 문예비평가이다. 웰슬리 대학을 마친 후 하버드와 프린스턴에서 연구에 몰두한 그는 계속해서 켄터키, 보스턴, 아이오와, 미시간 대학 교수로 재직하였다. 1947년도에 발표한 『Rage for Order』는 비평과 문학 교육을 양립시킨 대표작이라 할 수 있으며, 웰렉과의 공저 『A Theory of Literature』는 미국적 문학이론의 정수이다.
르네 웰렉(1903~1995)은 프라하에서 학위를 마친 후 런던 대학에서 체코어학 및 문학 강사를 지냈다. 그리고 계속해서 아이오와의 예일 대학에서 슬라브 문학과 비교문학을 꾸준히 연구, 교수로 재직하였다. 그는 12개 대학에서 명예박사 학위를 받았으며, Guggenheim 상을 세 차례나 수상한 바 있다.

문학의 학문적 연구에 있어 자연스럽고 현명한 출발점은 문학작품 그 자체의 해석과 분석이다. 결국 작가의 생애와 작가의 사회 환경과 문학이 산출되는 전 과정에 우리들이 가지고 있는 관심도 작품 그 자체로 인해 비로소 올바른 의미가 부여되는 것이다. 그러나 참으로 기묘한 일이지만 문학사는 문학작품의 배경에만 전심하고 있는 까닭으로, 문학사가 작품 그 자체를 분석하려고 하는 시도는 환경의 연구에 비쳐지는 그 굉장한 노력에 비해 볼 때 사소한 것에 지나지 않는 것이다. 작품 그 자체보다도 오히려 조건이 되는 배경에 이와 같이 지나치게 중점을 두는 이유의 몇은 먼 곳에서 이를 찾아 볼 필요조차 없는 것이다.

- ☐ **sensible** a. 분별이 있는, 사리를 아는, 상식적인, 현명한
- ☐ **be preoccupied with** ~에 몰두하다, 여념이 없다 n. **preoccupation** 선취, 선입견, 몰두
- ☐ **expend** v. 시간, 수고 따위를 쓰다, 소모하다
- ☐ **are not far to seek** 얻기에 멀지 않다, 즉 멀지 않은 곳에서 찾을 수 있다

Modern literary history arose in close connexion with the Romantic movement, which could subvert the critical system of Neo-Classicism only with the relativist argument that different times required different standards. Thus the emphasis shifted from the literature to its historical background, which was used to justify the new values ascribed to old literature. In the nineteenth century, explanation by causes became the great watchword, largely in an endeavour to emulate the methods of the natural sciences. Besides, the breakdown of the old poetics, which occurred with the shift of interest to the individual taste of the reader, strengthened the conviction that art, being fundamentally irrational, should be left to 'appreciation.' Sir Sidney Lee, in his inaugural lecture, merely summed up the theory of most academic literary scholarship when he said; 'In literary history we seek the external circumstances — political, social, economic — in which literature is produced.'

The result of a lack of clarity on questions of poetics has been the astonishing helplessness of most scholars when confronted with the task of actually analysing and evaluating a work of art.

In recent years a healthy reaction has taken place which recognizes that the study of literature should, first and foremost, concentrate on the actual works of art themselves. The old methods of classical rhetoric, poetics, or metrics are and must be reviewed and restated in modern terms. New methods based on a survey of the wider range of forms in modern literature are being introduced. In France the method of *explication de textes*, in Germany the formal analyses based on parallels with the history of fine arts, cultivated by Oskar Walzel, and especially the brilliant movement of the Russian formalists and their Czech and Polish followers have brought new stimuli to the study of the literary work, which we are only beginning to see properly and to analyse adequately.

근대문학사는 낭만주의 운동과 깊은 관계를 가지고 탄생되었다. 그리고 낭만주의는 각 시대가 각기 다른 기준을 요구한다는 상대론자의 논증만으로 신고전주의 비평체계를 전복할 수 있었다. 이와 같이 해서 중점이 문학 그 자체로부터 문학의 역사적 배경으로 이동해 버렸다. 그리고 이 배경은 구래의 문학에 부여된 새로운 가치를 정당화하기 위해서 사용되었다. 19세기에는 주로 자연과학의 방법에 지지않으려는 노력에서 인과관계에 의하여 설명하려는 것이 큰 군호처럼 되었다. 그 밖에 낡은 '시학'의 붕괴는, 예술은 본시 비합리적인 것이므로 '감상'에 맡겨 버려야만 한다는 확신을 공고히 하였다. 이 시학의 붕괴는 관심이 독자의 개별적인 취미로 옮아간 것과 때를 같이 하여 발생한 것이다. 시드니 리아 경이 그 취임 강연에서 "문학사에 있어서는 문학이 산출되는 외부적 배경 — 정치적, 사회적, 경제적 — 을 우리들은 탐구하는 것이다"라고 말하였을 때, 이는 가장 아카데믹한 문학의 이론을 요약한 것에 지나지 않았다.

시학의 여러 문제에 관한 명료성이 결여된 결과 대부분의 학자가 예술작품을 실제로 분석하고 평가하는 일에 당면하였을 때 그들은 놀랄 만큼 무력하였다.

근년에 있어서 문학연구는 무엇보다도 우선 실제의 예술작품 그 자체에 관심이 집중되어야 한다고 하는 것을 인식하는 건전한 반향이 일어났다. 고전적인 수사학, 시학 혹은 운율학이라고 하는 오래된 방법은 현대적으로 재검토되고 재표현되지 않으면 안 된다. 현대문학의 좀 더 광범위한 형식의 개관에 기초한 새로운 방법이 현재 소개되고 있다. 프랑스에서는 '텍스트 해명'의 방법이, 독일에서는 오스카 발젤에 의하여 개척된 미술사와의 병행관계에 기초를 둔 형식적 분석이, 그리고 특히 러시아 형식주의자와 체코 및 폴란드의 추종자들의 훌륭한 운동은 문학작품의 연구에 새로운 자극을 초래하였다. 그리고 이 사실을 우리들은 이제 겨우 올바르게 인식하고 적당하게 분석하기 시작하였을 뿐이다.

- ☐ connexion(= connection) n. 1. 연결, 접속, 연관; 2. 관계
- ☐ subvert v. (종교, 국가, 도덕 등을) 전복시키다, 타도하다 n. subversion
- ☐ Neo-Classicism n. 신고전주의(낭만주의 이전 18세기의 문예사조)
- ☐ relativist n. 상대주의자
- ☐ ascribed to ~의 탓에 돌려진, ~에 기인하는
- ☐ watchword n. 암호, 군호, 모토
- ☐ emulate v. ~와 경쟁하다, (우열을) 다투다 n. emulation
- ☐ inaugural n. 취임(식)의, 개시(개회)의, (교수의) 취임 초 공개강의 v. inaugurate
- ☐ when confronted with ~에서는 when 다음에 they (most scholars) are 생략
- ☐ first and foremost '우선'의 강조, 맨 첫째로
- ☐ rhetoric n. 수사학, 웅변술, 화려한 문체
- ☐ metrics n. 운율학, 작시법(단수취급)
- ☐ text n. 본문, 원문 (문학비평에서는 작품 그 자체를 의미하며, 그냥 텍스트라고 한다.)
- ☐ parallel with ~와의 병행
- ☐ Czech a. 체코(사람)의
- ☐ stimulus n. pl. stimuli 자극하는 것, 자극물

In England some of the followers of I. A. Richards have paid close attention to the text of poetry and also in the United States a group of critics have made a study of the work of art the center of their interest. Several studies of the drama which stress its difference from life and combat the confusion between dramatic and empirical reality point in the same direction. Similarly, many studies of the novel are not content to consider it merely in terms of its relations to the social structure but try to analyse its artistic methods — its points of view, its narrative technique. The Russian formalists most vigorously objected the old dichotomy of 'content versus form', which cuts a work of art into two halves: a crude content and a superimposed, purely external form. Clearly, the aesthetic effect of a work of art does not reside in what is commonly called its content.

There are few works of art which are not ridiculous or meaningless in synopsis (which can be justified only as a pedagogical device). But a distinction between form as the factor aesthetically active and a content aesthetically indifferent meets with insuperable difficulties. At first sight the boundary line may seem fairly definite. If we understand by content the ideas and emotions conveyed in a work of literature, the form would include all linguistic elements by which contents are expressed. But if we examine this distinction more closely, we see that content implies some elements of form: e. g. the events told in a novel are parts of the content, while the way in which they are arranged into a 'plot' is part of the form. Dissociated from this way of arrangement they have no artistic effect whatsoever.

영국에선 I. A. 리처즈의 추종자들 가운데 시의 텍스트에 면밀한 주의를 집중한 사람도 있다. 또 미국에서는 일군의 비평가들이 예술작품의 연구를 자기들의 관심사의 중심으로 삼고 있다. 희곡과 인생과의 차이를 강조하며 희곡상의 현실과 경험의 현실과의 혼동에 반대하고 있는 몇 개의 희곡 연구는 이와 같은 방향을 지향하고 있는 것이다. 같은 논법으로 많은 소설연구들은 소설이 사회구조와 가지는 관계에 의해서만 고찰하는 데 만족하지 않고, 그 예술적 수법 — 즉 그 시점, 그 서술의 기교 — 를 분석하려고 한다. 러시아의 형식주의자는 내용 대 형식이라고 하는 그 오래된 이분법에 대해서 가장 맹렬히 반대하였다. 이분법은 예술작품을 두 개로 양분하고 만다 — 즉 조야한 내용과 이에 덧붙여진 순전히 외적인 형식의 둘로, 분명히 예술작품의 미적 효과는 보통 작품의 내용이라고 불리는 것에 내재하는 것은 아니다.

예술작품이라는 것은 그 개요만을 추릴 때에는 참으로 싱겁고, 또 무의미한 것이 되고 마는 것이다(개요라고 하는 것은 교육적 장치로 볼 때만 의미가 있을 뿐이다). 그러나 미적으로 적극적인 요인인 형식과, 미적으로 상관없는 요인인 내용과의 사이의 구별을 세우려고 할 때에는 극복할 수 없는 어려움에 부닥치게 되는 것이다. 외견상으로는 양자의 경계선이 매우 명확한 것처럼 생각될는지도 모른다. 만일 우리들이 내용을 문학작품 속에 담겨져 있는 관념과 정서라고 이해한다면, 형식은 내용을 표현하는 모든 언어상의 요소를 내포하는 것이 될 것이다. 그러나 우리들이 이 구별을 좀 더 세밀하게 검토한다면, 내용이 형식상의 요소를 얼마만큼 암암리에 내포하고 있다고 하는 것을 알게 되는 것이다 — 예를 들면 소설 속에 묘사되어 있는 사건은 내용의 일부이지만, 한편 이러한 사건들이 '플롯'으로 배열되는 방법은 형식의 일부이다. 이 배열되는 방법으로부터 유리된다면, 이러한 사건들은 아무러한 예술적 효과도 갖지 못하게 된다.

- ☐ I.A. Richards 영, 미 신비평의 개척자
- ☐ pay close attention to 세심한 주의를 기울이다
- ☐ several studies of the drama ~여기에서 동사는 point
- ☐ combat the confusion ~ 혼란을 상대로 싸우다(거부하다)
- ☐ empirical a. 경험적인, 실험상의
- ☐ dichotomy n. 이분법, 두 갈래로 갈림
- ☐ versus prep. ~대(對) cf) content ~ form 내용 대 형식
- ☐ crude a. 인공을 가하지 않은 (= raw), 미숙한 (= immature), 조잡한, 거친 (= rude)
- ☐ superimpose v. 위에 얹다, 덧놓다, 첨가하다 n. superimposition
- ☐ aesthetic a. 미(술)의, 미학의, 심미적인 n. aesthetics 미학
- ☐ pedagogical a. 교육학(적, 상)의 (= pedantic) n. pedagogy 교육(학)
- ☐ aesthetically indifferent 미학적으로 무관한, 미학과 상관없는
- ☐ insuperable a. 이겨내기 어려운 (= unsurmountable)
- ☐ dissociate (from) v. 분리하다, 분리하여 생각하다
- ☐ whatsoever: whatever의 강조형

The common remedy proposed and widely used by Germans, i.e. the introduction of the term 'inner form', which originally dates back to Plotinus and Shaftesbury, is merely complicating matters, as the boundary line between inner and outer form remains completely obscure. It must simply be admitted that the manner in which events are arranged in a plot is part of the form. Things become even more disastrous for the traditional concepts when we realize that even in the language, commonly considered part of the form, it is necessary to distinguish between words in themselves, aesthetically indifferent, and manner in which individual words make up units of sound and meaning, aesthetically effective.

It would be better to rechristen all the aesthetically indifferent elements 'materials', while the manner in which they acquire aesthetic efficacy may be called 'structure'. This distinction is by no means a simple renaming of the old pair, content and form. It cuts right across the old boundary lines. 'Materials' include elements formerly considered part of the content, and parts formerly considered formal. 'Structure' is a concept including both content and form so far as they are organized for aesthetic purposes. The work of art is, then, considered as a whole system of signs, or structure of signs, serving a specific aesthetic purpose.

독일이 제안하여 널리 사용되고 있는 보통의 구제책, 즉 원래는 플로 티누스와 샤프츠버리까지 소급하는 '내적 형식'이라는 용어를 도입해 보아도, 내적·외적 형식 사이의 경계선이 완전히 애매한 채로 그대로 남아 있기 때문에 문제는 더욱 복잡해질 뿐이다. 그리고 사건이 플롯 속에 배열되는 방법이 형식의 일부라는 사실은 솔직히 시인되어야 한다. 일반적으로 형식의 일부라고 생각되고 있는 언어에서조차 미학적으로 무관한 언어 그 자체, 그리고 개개의 단어가 미학적으로 효과를 지니고 있는 음과 의미의 단위를 구성하는 방식을 구별하는 것이 필요하다는 사실을 우리들이 인식할 때에는, 이러한 전통적인 여러 개념에 있어 사태는 한층 더 어렵게 된다.

미학적으로는 무관한 요소는 '자료'라고 명명하는 것이 좋을 것이다. 한편 자료가 미적인 효력을 획득하는 방식은 '구조'라고 불러야 좋을 것이다. 이 구별은 오래된 한 쌍, 즉 내용과 형식을 단순히 개정한 것이 결코 아니다. 그것은 옛 경계선을 정확히 가로지르는 것이다. '자료'는 종래 내용의 일부라고 생각되어 온 요소와 형식적이라고 생략되고 있던 부분을 포함하고 있다. '구조'는 내용과 형식이 미적 목적을 위해서 조직되어 있는 내용과 형식 양자를 포함하는 개념이다. 그러므로 예술작품은 특정한 미적 목적에 도움이 되는 여러 기호가 이룩하는 완전한 체제, 즉 바꿔 말하면 기호가 이룩하는 구조라고 생각될 수 있다.

- ☐ date back to ~으로 소급하다, ~에서 시작하다
- ☐ disastrous a. 재난의, 비참한
- ☐ rechristen v. 재명명하다, 이름을 다시 붙이다 (= rename)
- ☐ efficacy n. 효능, 효험, 유효 a. efficacious 효과 있는
- ☐ rename v. 새 이름을 지어주다, 개명하다
- ☐ It cuts right across the old boundary lines. 그것은 옛 경계선을 정확히 십자가로 가로지른다.

제 5 장

Terence Hawkes
Structuralism and Semiotics

테렌스 호옥스
구조주의와 기호학

It follows that structuralism is fundamentally a way of thinking about the world which is predominantly concerned with the perception and description of structures, as defined above. As a developing concern of modern thinkers since Vico, it is the result of a momentous historic shift in the nature of perception which finally crystallized in the early twentieth century, particularly in the field of the physical sciences, but with a momentum that has carried through to most other fields. The 'new' perception involved the realization that despite appearances to the contrary the world does not consist of independently existing objects, whose concrete features can be perceived clearly and individually, and whose nature can be classified accordingly.

테렌스 호옥스는 구조주의 문학비평가이다. 구조주의는 학파의 전개 양상에 따라 조금씩 정의가 다르기는 하지만 대체적으로 '자기 조절적인 2항 대립의 관계항'이라고 규정할 수 있다. 구조주의는 사물을 그 내용(item)으로가 아니라 '구조'로써 파악하며 문학에 있어서는 러시아 형식주의자들이 선구를 이루었고, 바아스(R. Barth) 등을 거치면서 세련화되었다. 호옥스가 파악하는 구조주의 시학은, 문학 텍스트는 우리가 상호 의사를 소통하는 방식이며 또한 그 방식이 사회에 대해 품고 있는 합의가 진술된 것을 넘어서는 것이라고 보고, 이러한 새로운 차원의 일반적 인식에 대한 논의라고 규정짓고 있다.

구조주의는 앞에서 논한 바와 같이 기본적으로는, 무엇보다도 구조에 대한 지각과 기술에 연관된, 세계에 대한 하나의 사고방식이라고 말할 수 있다. 그것은 비코 이후 근대 사상가들에게 발전되고 있는 관심사로서, 20세기 초두에서 마침내 결실을 보게 된 지각의 본성에 있어서의, 특히 물리학 분야에서의 중대한 역사적 전환에 의해서 생긴 결과이다. 그런데, 그것은 거의 모든 다른 분야로 도도히 퍼져나 갔다. 이 '새로운' 지각에는 다음과 같은 것이 포함되어 있다. 즉 세계는 겉보기와는 반대로 그 구체적인 특징이 명료하게 그리고 개별적으로 지각될 수 있고, 그 본성이 적절히 분류될 수 있는, 독립적으로 존재하는 사물로서 성립되어 있지는 않다는 깨달음이다.

- ☐ structuralism n. 구조주의(構造主義)
- ☐ predominantly ad. 탁월하게, 유력하게, 현저하게
- ☐ perception n. 지각(知覺), (임차료 등의) 취득액
- ☐ momentous a. 중대한, 중요한 (= important) ad. momentously n. momentousness
- ☐ momentum n. 운동량, 타성, 여세, 힘 (= impetus) pl. momenta
- ☐ carry through (일, 계획을) 완성하다, 지탱해내다, 버티다, 일관하다

In fact, every perceiver's *method* of perceiving can be shown to contain an inherent bias which affects what is perceived to a significant degree. A wholly objective perception of individual entities is therefore not possible: any observer is bound to create something of what he observes. Accordingly, the *relationship* between observer and observed achieves a kind of primacy. It becomes the only thing that can be observed. It becomes the stuff of reality itself. Moreover the principle involved must invest the whole of reality. In consequence, the true nature of things may be said to lie not in things themselves, but in the relationships which we construct, and then perceive, *between* them.

This new concept, that the world is made up of relationships rather than things, constitutes the first principle of that way of thinking which can properly be called 'structuralist'.

At its simplest, it claims that the nature of every element in any given situation has no significance by itself, and in fact is determined by its relationship to all the other elements involved in that situation. In short, the full significance of any entity or experience cannot be perceived unless and until it is integrated into the structure of which it forms a part.

If follows that the ultimate quarry of structuralist thinking will be the permanent structures into which individual human acts, perceptions, stances fit, and from which they derive their final nature. This will finally involve what Fredric Jameson has described as "an explicit search for the permanent structures of the mind itself, the organizational categories and forms through which the mind is able to experience the world, or to organize a meaning in what is essentially in itself meaningless." The ghost of Vico clearly remains unplacated.

사실인즉, 모든 지각자가 지각하는 '방법'에는, 지각되어지는 것에 상당한 영향을 끼치는 생래적인 성향이 포함되어 있다는 것이 드러날 수 있다. 개개의 실체를 완전하게 객관적으로 지각하는 것은 그러니까 가능하지가 않다. 어떠한 관찰자이든, 자기가 관찰하는 것 중에서 무엇인가를 반드시 자기가 '만들어'내도록 되어 있는 것이다. 따라서 관찰자와 관찰되어지는 것과의 '관계'가 어떤 의미에서는 가장 중요하다. 그것은 관찰될 수 있는 유일의 것이 되며, 현실 그 자체를 구성하는 소재가 되는 것이다. 더구나 그것에 포함되어 있는 법칙은 현실 전체를 휘어잡고 있는 것임에 틀림없다. 그러니까 사물의 참된 본성은 사물 그 자체에 있는 것이 아니라, 우리가 구성하고 그리고 지각하는 사물들 '간의' 관계에 있다고 말할 수 있는 것이다.

이 새로운 개념, 즉 세계는 사물에 의해서라기보다는 오히려 관계에 의하여 성립된다는 개념은 진정 '구조주의자'라고 불릴 수 있는 사람들의 사고방식의 첫째 원리가 된다.

단순하게 말하면, 이것의 주장은 다음과 같다. 즉 주어진 어떠한 상황에서든, 모든 요소의 성질은 그 자체로는 아무런 중요성도 가지지 않으며, 실제로는 그 상황에 포함되어 있는 다른 모든 요소에 대해서 그것이 지니는 관계에 의하여 결정된다는 것이다. 간단히 말하면, 어떠한 실체든 경험이든 그것의 완전한 의미는 그것을 부분으로 삼고 있는 '구조' 안으로 통합됨으로써 비로소 인식될 수 있다는 것이다.

구조주의자의 생각의 궁극적인 원천은, 항구적인 구조, 즉 개개인의 행위, 지각, 자세가 그 안에서 조화되고 그것들의 최종적인 성질이 그로부터 이끌어내지는 구조라고 할 수 있겠다. 이것은 결국 다음과 같은 프레드릭 제임슨의 설명을 포함하게 될 것이다. 즉 그는 "정신 그 자체의 항구적인 구조를, 정신이 세계를 경험하거나 혹은 그 자체로서는 본질적으로 무의미한 것에서 의미를 조직할 수 있기에 소용되는, 조직화의 카테고리 및 형식을 분명하게 탐구하는 것"이라고 기술하고 있다. 비코의 망령이 잠들지 않은 채로 남아 있음이 분명하다.

- ☐ inherent a. 본래부터 가지고 있는, 고유의, 선천적인(in), 타고난 ad. inherently
- ☐ bias n. 사선, 편견, 선입관(for, towards, against), 심리적 경향 a., ad. 비스듬히, 엇갈리게 vi. 편견을 갖게 하다, be ~ (s)ed against ~에 편견을 (악의를) 품다
- ☐ is bound to 필연적으로(반드시) ~하게 되어 있다
- ☐ primacy n. 제일, 수위, 탁월
- ☐ In short ~ a part. 문장은 cannot ~ until ~의 구문이므로 (until 이하) ~해야 비로소 (not 이하) ~할 수 있다는 의미로 해석할 것
- ☐ unless and until = until
- ☐ quarry n. 채석장, 지식의 원천, 출처, 사냥물, 추구의 목적(목표)
- ☐ stance n. 발의 자세, (선)자세, 위치
- ☐ derive vt. 끌어내다, 손에 넣다, 획득하다 (from) vi. 유리하다, 파생하다(from)
- ☐ This will ~ itself meaningless. 문장에서 involve의 목적어가 what 이하 끝까지. the mind is able to experience the world, or (the mind is able) to organize ~로 보충해 읽을 것
- ☐ unplacated a. 달래지지 않은 채, 잠들지 않은

Nevertheless, we must set our sights a little lower than the 'permanent structures of the mind' for the moment, and concentrate on the impact that the structuralist way of thinking has had on the study of literature. As we do so, we might remind ourselves that, of all the arts, that involving the use of words remains most closely related to that aspect of his nature which makes man distinctive: language. And it is not accidental that many of the concepts now central to structuralism were first fully developed in connection with the modern study of language: linguistics; and with the modern study of man: anthropology. Few spheres could be closer to the mind's 'permanent structures' than those.

What has 'new' New Criticism to offer then, as a replacement for an old and discredited New Criticism? Certainly, Barthes and others are prepared to embrace the *total* implications of the work of art's self-referentiality without any limits imposed by a sense of an ultimate 'objective' or concrete reality beyond itself to which the work must be seen to refer. 'New' New Criticism would thus claim to respond to literature's essential nature in which signifiers are prised utterly free of signifieds, aiming, in its no-holds-barred encounter with the text, for a *coherence* and *validity* of response, not objectivity and truth. The most important feature of this process is that it offers a new role and status to the critic. It makes man a participant in the work he reads. The critic *creates* the finished work by his reading of it, and does not remain simply the inert consumer of a 'ready-made' product.

그렇지만, 우리는 잠시 동안 '정신의 항구적 구조'보다 약간 더 낮은 곳에 눈길을 돌려서, 구조주의자적 사고방식이 문학연구에 주었던 충격에다가 초점을 모아보아야 하겠다. 이렇게 하다 보면, 모든 예술 중에서 낱말의 사용을 포함하는 문학연구는 인간을 특정 짓고 있는 인간본성의 한 측면에, 즉 언어에 가장 긴밀하게 연관되어 있다는 사실을 알게 될지도 모른다. 그리고 오늘날 구조주의의 중심적 개념의 대부분이 당초에는, 현대의 언어연구, 즉 언어학과 그리고 현대 인간연구, 즉 인류학과의 연관에서 충분히 발전되었었다는 것은 우연이 아니다. 이것들보다 정신의 '항구적 구조'에 더 가까울 수 있는 영역은 드물 것이다.

그러면, '새로운' 신비평주의는 신용을 잃은 '낡은' 신비평주의를 대신하여 무엇을 제공해 줄 것인가? 바르뜨나 그 외의 사람들은 예술작품에서의 자기지시성이라는 것이 지니는 '전체적' 함축을 받아들이려고 했음이 확실하다. 작품이 지시하고 있다고 봐야하는 그 자체를 넘어 존재하는 궁극적인 '객관적' 또는 구체적 현실 감각에 의해 어떤 제한을 받는 법이 없이 말이다. 이리하여 '새로운' 신비평주의는, 문학의 본성에서는 능기가 소기와 완전히 분리되어서 평가되고 있다는 데 대하여 반응할 것을 주장한다. 그리고 이 때, 진입금지가 없는 상태에서, 텍스트와 대면하여, 객관성이나 진실 대신에 반응의 '일관성'과 '타당성'을 구하려고 한다. 이러한 과정의 가장 중요한 특징은, 비평가에게 새로운 역할과 지위가 부여된다는 것이다. 비평가는 그러한 과정을 통해서 자기가 읽는 작품에 참여하는 사람이 된다. 그는 작품을 읽음으로써 완성된 작품을 창출해 내고 그리고 '기성' 제품을 단순히 무기력하게 소비하는 사람이 아니게 된다.

- ☐ for the moment 우선, 당장은 cf) for a moment 잠깐(잠시) 동안, 당장 그때만
- ☐ linguistics (단수취급) n. 언어학, 어학
- ☐ anthropology n. 인류학
  n. anthropologist 인류학자
  a. anthropological
- ☐ Few spheres ~ that those. 문장에서 Few에는 부정의 의미가 있으므로 not-er(비교급) than ~ 이 형태를 이루는 문장이다. than 이하보다 더 -er한 것은 없다는 의미
- ☐ self-referentiality n. 자기지시성
- ☐ 'New' New Criticism ~ and truth. 문장에서 aiming for a coherence and validity ~로 연결되며, in its no-holds-barred encounter with the text는 삽입구, aiming 이하는 분사구문으로 and 'New' New Criticism would aim ~의 의미이다
- ☐ signifier n. 표시하는 것, 나타내는 것
- ☐ signified n. 소기, 드러내어지는 것
- ☐ no-holds-barred encounter 정지(금지), 빗장(차단벽)이 없는 대면(만남)
- ☐ inert a. 활발하지 못한, 느린(inactive)

Thus the critic need not humbly efface himself before the work and submit to its demands: on the contrary, he actively constructs its meaning: he *makes* the work exist; "there is no Racine *en Soi* ... Racine exists in the reading of Racine, and apart from the readings there is no Racine.' None of these readings is *wrong*, they all add to the work.

So, a work of literature ultimately consists of *everything* that has been said about it. As a result, no work ever 'dies'; 'A work is eternal not because it imposes a single meaning on different men, but because it suggests different meaning to a single man, speaking the same symbolic language in all ages: the work proposes, man disposes.' Barthes's S/Z remains the exhilarating monument to this 'total' rejection of the critic's passive role. To this one should add Barthes's concomitant insistence on a new emphasis on literature as it *really* is: a signifying system which characteristically and autonomously employs the specific activities of reading and writing, and which is not simply concerned to deliver a pre-ordained 'content' to the reader.

이리하여, 비평가는 작품 앞에서 겸허하게 자신을 배제하고 작품의 요구에 응한다는 것을 필요로 하지 않게 된다. 오히려 그는 작품의 의미를 능동적으로 구축한다. 그는 작품을 존재시키고 있다. "라신느 '자신'…이라는 것은 없다. 라신느는 라신느의 글읽기 안에 존재하는 것이지, 글읽기를 떠나서는 라신느는 존재하지 아니한다." 이 글 읽기의 어느 것이든 '잘못'인 것은 없다. 모든 글읽기는 작품에 무엇인가를 첨가하게 된다.

그러므로 문학작품이란 것은 궁극적으로 그것에 대해서 말해진 '모든 것'으로 성립된다. 그 결과, 작품이 '죽는다'는 일은 없다. "작품이 불멸인 것은, 그것이 상이한 인간들에 대해서 단일의 의미를 부과하기 때문이 아니라, 하나의 인간에 대하여 상이한 의미들을 시사하기 때문이다. 모든 시대를 통하여, 동일한 상징성의 언어가 사용되면서 말이다. 즉 작품은 제기하고 인간은 그것을 처리한다." 바르뜨의 [S/Z]는 비평가의 수동적 역할을 '완전'하게 거절하는 일에 대한 즐거운 기념비가 되고 있다. 또한 바르뜨가, 있는 그대로의 진정한 문학에 새로운 강조점을 두도록 주장하고 있다는 것을 곁들여 말해 두어야 하겠다. 진정한 문학이란, 글읽기와 글쓰기라는 특정의 활동을 특징적으로 또 자립적으로 이용하는 의미작용의 체계이고, 미리 결정되어 있는 '내용'을 단순히 독자에게 건네주려는 것은 아니다.

- ☐ effemace vt. 지우다, 훔쳐내다, 씻다, 소멸시키다 (from)
- ☐ dispose vt. 적소에 배치하다, 배열하다 vi. 처분하다, 형세를 정하다(of)
- ☐ To this ~ to the reader. 문장에서 : 이하는 literature as it is really is 의 내용을 이어 받아 진정한 문학이 무엇인가를 설명하는 구절. 그러므로 Literature is a signifying system이며 which characteristically ~와 which is not simply ~의 두 구절이 모두 선행사 system에 연결되는 관계절이다
- ☐ concomitant a. 동반하는, 부수하는, 공존하는 n. 부대상황, 부수물
- ☐ pre-ordained a. 미리 정해진, ordain 규정하다, 정하다

제 6 장 

Lucien Goldmann
Towards a Sociology of the Novel

루시앙 골드만
소설 사회학을 위하여

The hypothesis formulated in the first study of this volume leads me to add a few reflections to the methodological writings concerning the sociology of culture that I have published so far and, particularly, to the present study.

It has proved, in effect, that the relation between the work and the social structure with which it is associated is much more complex in capitalist society, and notably in the case of the literary form that is most closely associated with the economic sector of this society, the novel, than in the other literary or cultural creations examined in my previous studies.

In these studies, my research led me to the hypothesis that the work is situated at the meeting-point between the highest forms of the tendencies to coherence proper to the collective consciousness and the highest forms of unity and coherence of the individual consciousness of the creator.

루시앙 골드만(1913~1970)은 루마니아 태생의 프랑스 철학자이자 사회학자, 문학비평가이다. 그는 부카레스트, 비인, 파리 등지에서 철학, 문학, 사회학, 법학 등을 연구했으며, 1961년 이후에는 브뤼셀 자유대학 사회연구소를 주도했다. 골드만은 제2차 세계대전 후 '마르크스주의자들의 인간회복'이라 일컬어지는 비판운동에 가담한 인물이다. 그의 가장 뛰어난 업적은 단순한 문학사(외적 기술과 텍스트 주석)와 인과론적 사회학을 뛰어넘는 문학 사회학을 정립한 것이라 할 수 있다.

이 책의 첫 연구에서 세운 가설은 내가 지금까지 출판하여 온 문학사회학에 관련된 방법론적 저작들, 특히는 현재의 연구에 대한 약간의 반성을 더해 주었다.

사실 작품과, 작품이 연결되는 사회구조 사이의 관계는 자본주의 사회에서는 훨씬 더 복잡하다는 것이 밝혀졌으며, 특히나 이 사회의 경제적 분야와 가장 밀접하게 연결되는 문화형식인 소설의 경우에는 내가 이전에 검토한 다른 형식의 문학이나 문화 창조보다 더욱 그러하다는 사실이 입증되었다.

이들 연구를 통해서 나는 작품이 집단의식에 특유한 일관성을 향한 경향 중의 최고 형태와 창작가의 개인적 의식이 갖고 있는 통일성과 일관성의 최고 형태 사이에서 서로 마주치는 위치에 놓여 있다는 가설에 도달했다.

- ☐ formulate v. 공식화하다
- ☐ methodological a. 방법론의, 방법론적인
- ☐ literary or cultural creations 문학적, 문화적 창작물
- ☐ situated (at, in, on) a. 위치하고 있는 (= located)
- ☐ coherence(cy) n. 통일, 일관성

Important cultural works could no doubt have a critical, even oppositional, character in relation to the overall society in so far as they are associated with a social group oriented toward such a critical and oppositional character in relation to society as a whole. Having said this, cultural creation was nonetheless always based upon a close coincidence between the structure and the values of the collective consciousness and the structures and values of the work.

However, this situation becomes much more complex in a market society, in capitalist society, where the existence and development of an economic sector has precisely as a consequence a tendency to the disappearance of, at least, a reduction in the status of the collective consciousness as mere reflection.

In this case, the literary work can no longer be based on the total or almost total coincidence with the collective consciousness and is situated in a rather different dialectical relationship with the class with which it is associated.

In the case of the traditional novel, with a problematic hero, I have already shown that the homology is limited to the over-all structure of the world described in the novel and to the values of the individual, the autonomy and development of the personality, which correspond to the structure of exchange and to the explicit values of liberalism.

Having said this, it is precisely in the name of these same explicit values alone, which still structure the consciousness of the bourgeoisie in its ascendant and later liberal periods (whereas this same consciousness reduces to the implicit all trans-individual values), that the novelist is opposed to a society and a social group that necessarily deny in practice the values that they implicitly affirm.

물론 문화 창작물들이 사회전체에 대해서 비판적이고 대립적 성격을 지향하는 사회집단에 연결되는 한에 있어서, 문화 창작물도 사회전체에 대해서 그와 같이 비판적이고 대립적이기조차 한 성격을 지니게 된다는 것도 사실이다. 결국 이렇게 보면 문화적 창조는 집단의식의 구조와 가치가 작품의 구조와 가치에 대해 맺고 밀접한 대응관계에 항상 토대를 두어 왔던 것이다.

그러나 이 상황은 시장사회, 즉 자본주의 사회에서는 훨씬 더 복잡하게 되어버렸다. 거기에서는 경제 분야의 존재와 발전이 결과적으로 단순한 반영으로서의 집단의식이라는 현상을 소멸시키거나 적어도 감소시키는 경향을 갖는다.

이런 경우에 문학 작품은 더 이상 집단의식과 완전한 혹은 거의 완전한 일치 위에 기초할 수 없으며, 연관되는 계급과는 다소 다른 변증법적 관계 속에 놓이게 된다.

나는 이미 문제적 주인공을 가진 전통소설의 경우에서도, 이런 일치는 소설에서 묘사되고 있는 세계 전체구조와 개인의 가치, 즉 개성의 자율성과 발전 — 이것은 교환경제의 구조와 자유주의가 표방하는 가치들에 대응하는 것이다 — 에만으로 국한된다는 것을 보여준 바 있다.

이렇게 보면 묵시적으로는 인정하고 있는 가치를 현실에 있어서는 필연적으로 부정할 수밖에 없는 사회집단과 사회에 대한 소설가가 대립하고 있는 것도 이 동일한 가치들의 이름을 가지고 행하는 것이다. 이 가치들은 상승하는 후기 자유주의 시대에 있어서도 여전히 부르주아 의식의 구조를 이루고 있다(반면에 이 의식 자체는 모든 초개인적 가치들을 내재적인 것으로 만들어 버린다).

- ☐ Having said this 이렇게(말하고) 보면
- ☐ coincidence n. 1. 동시발생, 동소(同所) 공존 2. 일치, 부합
- ☐ in the status of ~의 위치 내에서는
- ☐ dialectical a. 변증법적인 n. 변증법
- ☐ problematic a. 문제의
  cf) ~ hero 문제적 주인공
- ☐ homology n. 상동(相同) 관계, 동족관계
- ☐ autonomy n. 자치, 자율성
  a. autonomous
- ☐ ascendant a. 솟아오르는, 상승하는
  opp. descendant

Moreover, the novel with a problematic hero is, by its very structure, critical and realistic; it observes and affirms the impossibility of basing an authentic development other than on the trans-individual values of which the society created by the bourgeoisie has precisely suppressed all authentic, overt expression. I should remark in passing that this leads on the whole — and apart from a few exceptions, of course — to a break with the individualistic philosophy which, in its various forms (rationalist, empiricist, and synthetic in the philosophy of the Enlightenment), accepts and assumes the world constituted by the individual, autonomous consciousness whose authenticity the novel brings into question. Let me add that this complex structuration of the relations between society and literary creation is perhaps made possible by a society that explicitly affirms the value of the critical individual consciousness independent of any external attachment and which was able by that very fact to increase the degree of autonomy enjoyed by such an individual consciousness.

The later development of capitalism, with the two principal turning-points mentioned in the first study in this book, namely:

a) the passage to an economy of monopolies and trusts and, on the literary plane, to the novel of the dissolution of the character and
b) the development of a capitalism of organization and a consumer society, and the appearance of the new novel and a theatre centred on absence and the impossibility of communication, again alters to a certain extent the relation that concerns us here. For the concomitant disappearances on the one hand, of the individualistic, liberal ideology in the economy and, on the other, of the character and its search in the novel, suppress the principal common element that still survived between the collective consciousness and literary creation, thus emphasizing the oppositional and critical character of such creation.

또한 문제적 주인공을 가진 소설은 그 구조 자체 때문에 비판적이고 사실적이다. 그것은 부르주아에 의해 창조된 그 사회가, 진실한 것임에도 불구하고 공공연히 표현할 수 없게 억제하였던 초개인적 가치들 외의 어떤 다른 것에서도 진정한 발전의 기초를 가질 수 없다는 사실을 긍정하고서 이야기하고 있다. 부연해두어야 할 것은 이런 사실 때문에 그것은 개인주의 철학은 대개 — 물론 약간의 예외는 두어 두고 — 결렬하게 된다는 사실이다. 개인주의적 철학은 그 여러 가지 형태들(합리주의, 경험주의, 계몽주의 철학의 종합) 속에서 개인에 의해 구성된 세계와 소설이 그 진실성을 의문으로 삼는 개인적이고 자율적인 의식에 의해 구성된 세계를 인정하고 받아들이고 있기 때문이다. 또한 이처럼 사회와 문학창작이 맺는 관계의 복잡한 구성은 어떠한 외부적인 집착과도 무관한 비판적 개인의식이라는 가치를 인정하는 사회, 따라서 그와 같은 개인의식에 의해 향유되는 자율성의 정도가 커질 수 있는 사회에 의해서만 아마 가능할 수 있을 것이기 때문이다.

이 책의 첫 번째 연구에서 언급한 바 있던 중요한 두 개의 전환점을 수반한 후기 자본주의의 발전, 즉

a) 독점과 트러스트 경제로의 이동, 그리고 문학적 영역에서는 인물이 소설로의 이동.

b) 조직된 자본주의와 소비사회의 발전, 그리고 대화의 결핍과 불가능성에 중점을 둔 새로운 소설과 연극의 대두. 이것은 어느 정도 다시 우리가 여기서 이야기한 관계를 변화시킨다. 왜냐하면 한편으로는 경제에 있어서의 개인주의적인 자유 이데올로기가, 다른 한편으로는 소설 속의 인물과 그의 추구가 동시적으로 소멸하게 되었다는 사실이 집단의식과 문학창작 사이에 그때까지 남아 있던 중요한 공통요소를 은폐함으로써, 그러한 창작의 저항적이고 비판적인 성격을 부각시키게 되었기 때문이다.

- ☐ other than = different from
- ☐ suppress v. 억압하다, 진압하다, 금지하다
- ☐ overt a. 명백한, 공공연한 opp. covert
- ☐ in passing ~하는 김에, 내친 김에
- ☐ synthetic a. 종합의, 통합적인 opp. analytic
- ☐ trust n. 트러스트, 기업합동 cf) cartel
- ☐ concomitant a. 동시에 일어나는 (= concurrent)
- ☐ emphasizing의 주어는 the concomitant disappearances이다

In the second phase in the history of bourgeois society, the phase that Marxists have called the crisis of capitalism and which was characterized by the existence of unstable and temporary equilibria, periodically re-established by extremely violent social and political crises following one another at short intervals (World War I, the Russian revolution, the revolutionary crises of 1917~1923 in Europe, Italian Fascism, the extremely widespread economic crisis of 1929~1933, the rise of Nazism, World War II), philosophical thought, which also abandoned the unchallenged value of the autonomous individual consciousness and sought a basis in the concepts of limit, anxiety, and death, links up in existentialism with the most important development in literary creation. The relation between the novels of Kafka and existentialist thought has often been stressed and, in France, Sartre and Camus were both philosophical thinkers and writers.

Lastly, in the contemporary period, the rebirth of an ahistorical and nonindividualistic rationalism centred on the idea of permanent and invariable structures and the appearance of the most recent forms of the literary avantgarde create a complex situation that is difficult to formulate without embarking on a deeper analysis of both sectors of reality.

Nevertheless, it should be that, from the point of view of literary creation, the most important phenomenon seems to me to be the disappearance of the social stratum, of individuals who played an active and responsible role in the economic, social, and political life, and therefore in the cultural life — a role which, though theoretically open to all as a universal right, was in fact the privilege of a limited group (which became still further reduced in the imperialist period compared with the period of liberal capitalism).

부르주아 사회의 역사에서 두 번째 단계, 즉 마르크스주의자들의 자본주의의 우기라고 불렀고, 불안정하고 일시적인 균형상태의 존재로 특징지어지며, 짧은 간격을 두고 계속 일어나는 아주 격렬한 사회적, 정치적 위기 (제1차 세계대전, 러시아 혁명, 유럽에서 1917~1923년 사이의 혁명적 위기, 이탈리아 파시즘, 1929~1933년 사이의 극히 광범위하게 일어난 경제공황, 나치즘의 대두, 제2차 세계대전)를 겪음으로써 주기적으로 회복되던 단계에서 철학적 사고 — 이것도 또한 자율적인 개인의식이라는 도전 받지 않는 가치를 포기하고 한계라든지 불안, 죽음이라는 개념 속에서 하나의 논거를 구했다 — 는 실존주의를 가지고 문학창작 내에서 가장 중요한 발전과 궤를 같이 하였다. 카프카의 소설과 실존주의적 사고방식 사이의 관계는 자주 강조되어 왔는데, 프랑스의 경우 사르트르와 까뮈는 둘 다 철학자이면서 작가였다.

마지막으로, 현대에 있어서 영원히 변함없는 구조라는 이상에 중심을 두는 비역사적이고 비개인주의적인 합리주의가 재생하고, 전위문학의 가장 최근의 형식이 대두한 것은 현실의 이 두 분야에 대한 더 깊은 분석에 들어가지 않고서는 공식화하기 어려운 복잡한 상황을 만들어 내었다.

그럼에도 불구하고 문학창작이라는 관점에서 보았을 때 나로서는 가장 중요한 현상이 경제, 사회, 정치생활에서 따라서 문화생활에 있어서도 능동적이고 책임 있는 역할 — 이 역할은 비록 이론상으로는 하나의 보편적 권리로서 모두에게 개방되어 있지만 실제에 있어서는 제한된 한 집단의 특권이었고, 제국주의 시기에서는 자유 자본주의와 비교했을 때 이 한계가 훨씬 좁아지게 되었다 — 을 행한 개인들과 그런 사회적 계층의 소멸이라는 사실을 강조해 두어야겠다.

- ☐ equilibria n. equilibrium의 복수형, 평형, 균형
- ☐ at short intervals 자주
- ☐ which 이하 ~ death까지 관계절은 philosophical thought를 수식
- ☐ unchallenged a. 이의가 제기되지 않는
- ☐ link up with ~과 연결하다, 동맹 맺다
- ☐ existentialism n. 실존주의
- ☐ Kafka (1883~1924) 독일의 소설가
- ☐ Camus (1913~60) 프랑스의 소설가, 극작가
- ☐ ahistorical a. 역사에 무관한, 비역사적인
- ☐ invariable a. 불변의, 불역(不易)의 opp. variable
- ☐ avantgarde n. 전위파 a. 전위적
- ☐ embark vt. 배에 태우다 vi. 착수하다, 종사하다 (= engage)
- ☐ social stratum 사회적 계급, 계층
- ☐ stratum n. pl. strata 지층(地層), 층

The consumer societies have considerably increased the distribution of cultural works through what sociologists call the *mass media* (radio, television, cinema), to which has recently been added the paperback book. But the nature of the reading of books and the hearing of plays has essentially altered, for it is obviously very different to read a book or listen to a play, accepting or rejecting it, but remaining nevertheless in discussion and intellectual communication with it, and to remain at the level of passive consumption, entertainment, and leisure.

Here too, with the disappearance of that social stratum that participated most actively in the elaboration of a collective consciousness, the writer finds himself confronted by a society that consumes a much greater mass of goods, including his own works, than ever before, a society that therefore provides a few privileged writers with a particularly high standard of living, but which can no longer help them at the level of creation except in a very minor way.

If we are to elucidate these problems, a great deal of particularly urgent empirical research must be undertaken, especially into the nature of reading and participation in theatrical events (it is characteristic that Proust speaks of 'hearing La Berma', whereas today we find it more natural to say that we 'see' a great actor) and also into the relations between creators and the relatively small group of individuals who, in contemporary society, have access to decision-making in the economic, social, and political spheres.

In the meantime, I have tried to formulate a few remarks much more with a view to raising a number of problems than to providing solutions.

소비사회는 사회학자들이 매스 미디어(라디오, 텔레비전, 영화)라고 부르는 것과 최근에 더해진 염가판 서적들을 통해서 문화적 작품의 배포를 상당히 증가시켜 왔다. 그러나 그 책들을 읽고 연극을 감상한다는 것의 성격은 근본적으로 변화되었다. 왜냐하면 한 권의 책을 읽거나 하나의 연극을 감상한다는 것, 즉 그것을 받아들이거나 거절하면서도 그럼에도 불구하고 그것과 지적인 대화를 나누며 토론하는 것과 수동적인 소비와 유흥, 오락의 차원에 남아있는 것은 서로 다르기 때문이다.

여기에서도 역시 집단의식을 다듬는 데 가장 활동적으로 참여한 사회계층의 소멸과 더불어 작가 자신의 작품까지도 포함해서 그 어느 때보다 대량의 상품을 소비하는 사회, 따라서 소수의 특권적인 작가에게는 특히 높은 생활수준을 보장하지만, 그것이 창작의 차원에서는 아주 작은 정도를 제하고는 더 이상 그들에게 도움이 되지 못하는 사회에 직면한 자신을 작가는 발견하게 된다.

만약 우리가 이런 문제들을 설명하려 한다면, 특히 무엇보다 독서의 성격과 연극적 사건에의 참여가 지니는 성격 (이것은 프루스트가 '베르마를 들으며'라고 말한 데 반해 오늘날에는 훨씬 더 자연스럽게 우리는 위대한 연극을 '본다'라고 얘기하는데서 두드러진다)에 대해서, 또한 창작가가 현대사회에서 경제, 사회, 정치 분야의 정책결정에 관계하는 상대적 소규모의 집단에 대해 맺고 있는 관계에 대해서 시급히 많은 경험적 연구가 이루어져야 한다.

그동안 나는 해답을 제공하기보다는 약간의 문제들을 이끌어 낼 목적으로 약간의 의견들을 정식화하려고 애써왔었다.

- ☐ paperback book 염가 문고판 서적
- ☐ elaboration n. 공들여 만들기, 세련되게 다듬기
- ☐ privilege n. 특권, 특전 v. 특전을 주다
- ☐ but which ~의 절도 a society를 수식한다
- ☐ elucidate vt. 밝히다, 설명하다
- ☐ empirical a. 경험적, 실험적
- ☐ Proust (1871~1922) Marcel 프랑스의 소설가
- ☐ with a view to (~ing) ~할 목적으로 (= with the view of ~ing)

제 7 장

Nothrop Frye
The Critical Path
노드롭 프라이
비평의 길

From here it is clear that one has to take a final step. Criticism must develop a sense of history within literature to complement the historical criticism that relates literature to its non-literary historical background. Similarly, it must develop its own form of historical overview, on the basis of what is inside literature rather than outside it. Instead of fitting literature into a prefabricated scheme of history, the critic should see literature as a coherent structure, historically conditioned but shaping its own history, responding to but not determined in its form by an external historical process. This total body of literature can be studied through its larger structural principles, which I have just described as conventions, genres and recurring image-groups or archetypes.

These structural principles are largely ignored by most social critics. Their treatment of literature, in consequence, is usually superficial, a matter of pickingthings out of literary works that seem interesting for non-literary reasons.

노드롭 프라이(1912~1991)는 캐나다 태생의 비평가로서 토론토 대학에서는 철학과 영문학을, 엠마누엘 대학에서는 신학을 전공, 다방면에 걸쳐 해박한 지식을 갖춘 뛰어난 교수이다. 그는 『Fearful Symmetry』를 비롯하여 『The Archtype of Literature』로 명성을 날렸고, 이들 논문을 통해 인류의 신화와 개인의 상상, 그를 연결시키는 '원형'의 본질을 파헤쳐 이들을 문학의 장르와 치밀하게 결부시켰다. 즉, 비평의 목적이 작품의 평가에 있는 것이 아니라, 일종의 과학으로서의 도덕적, 미학적 판단을 배제하여야 하며 또한 외형의 변화를 뛰어넘어 근본적인 구조를 추적해내는 데 있다고 본 것이다.

이제는 나의 비평관을 분명히 피력하여야겠다. 우선 비평은 문학을 비문학적 역사 배경과 결부시키는 역사 비평의 결점을 보완하기 위해서 문학 자체 내의 역사를 추구하여야만 한다. 이와 마찬가지로 비평은 문학외적인 것이 아니라, 문학내적인 것에 근거하는 그 자체의 역사관 역시 갖고 있어야만 한다. 진정한 비평가라면 문학을 이미 설정되어 있는 일반 역사의 도식에 한 분야로 끼워 맞추어서는 안 되며, 그 자체의 총체적 구조로 볼 수 있어야 한다. 말하자면 일반 역사를 형성하고 있는 것으로, 즉 외부의 역사 흐름에 반응하기는 하지만 그것에 의해 결정되지 않는 것으로서의 문학의 총체적 구조를 볼 수 있어야 한다는 것이다. 이러한 문학의 구조는 앞에서 설명하였던 장르, 관습, 이미저리 등의 구성 원리로써만 연구될 수 있는 것이다. 다른 말로 하면 문학 연구는 원형에 의하여 이루어지는 것이다.

이러한 구성 원리를 대부분의 사회비평가는 무시하고 있다. 따라서 그들의 문학연구는 단지 피상적인 비문학적 요소들을 문학작품에서 흥미 있게 추출하는 작업이 되어버리고 마는 것이다.

- ☐ prefabricate vt. 미리 제조하다, 조립하다
- ☐ coherent a. 조리가 선, 일관성 있는
- ☐ historically conditioned 역사적으로 규정되는, 조건 지워지는
- ☐ recur vi. 반복되다, 돌아오다
- ☐ archetype n. 원형(原形) a. archetypal

When criticism develops a proper sense of the history of literature, the history beyond literature does not cease to exist or to be relevant to the critic. Similarly, seeing literature as a unity in itself does not withdraw it from a social context: on the contrary, it becomes far easier to see what its place in civilization is. Criticism will always have two aspects, one turned toward the structure of literature and one turned toward the other cultural phenomena that form the social environment of literature. Together, they balance each other: when one is worked on to the exclusion of the other, the critical perspective goes out of focus. If criticism is in proper balance, the tendency of critics to move from critical to larger social issues becomes more intelligible. Such a movement need not, and should not, be due to a dissatisfaction with the narrowness of criticism as a discipline, but should by simply the result of a sense of social context, a sense present in all critics from whom one is in the least likely to learn anything.

This point is crucial for critical theory, because the whole prose paraphrase conception of "literal" meaning is based on an understanding which is really pre-critical. It is while we are striving to take in what is being presented to us that we are reducing the poetic to the intentional meaning, attending to what the work explicit says rather than to what it is. The pre-critical experience of literature is wordless, and all criticism which attempts to ground itself on such experience tends to assume that the primary critical act is a wordless reaction, to be described in some metaphor of immediate and non-verbal contact, such as "taste".

진정한 문학사를 구축한다는 말이, 문학의 영역 밖에 있는 일반 역사가 존재의의를 상실한다거나 문학비평과 상관없다는 뜻은 아니다. 마찬가지로 문학이 그 자체로서 하나의 본질적인 단일체라고 간주되는 것이 문학을 사회적 맥락에서 분리시켜 버림을 의미하지도 않는다. 이와는 반대로 문학을 그와 같이 취급하는 것은 문화에 있어서의 문학의 위치를 더욱 쉽게 관찰할 수 있도록 해주는 것이다. 비평은 항상 양면성을 가지고 있다. 즉 하나는 문학의 구조에 대한 관심이고 또 다른 하나는 문학의 배경을 형성하고 있는 일반 문화현상에 대한 관심이다. 그리고 그 둘의 관심이 합쳐졌을 때 균형이 유지되는 것이며, 만약 하나가 다른 하나를 배제시키려 한다면 비평의 관점은 균형을 잃어버리게 되는 것이다. 이와 같은 적절한 균형을 비평이 유지할 수 있다면, 지성 있는 비평가는 문학자체에만이 아니라 사회문제에도 자연스럽게 관심을 돌릴 수 있을 것이다. 이러한 사회 문제에 대한 비평가의 관심은 문학자체만을 다루는 비평의 편협성에 대한 불만 때문이 아니라 비평가라면 모두가 당연히 갖게 되는 사회적 맥락이라는 것에 의하여 나타나는 것이다.

이 점을 지적하는 것은 문학비평에 있어 상당히 중요한 일이다. 왜냐하면 순차적 반응을 염두에 두고서 문학작품의 '글자 그대로의' 의미를 산문으로 풀어서 해설하는 것이 비평이라고 생각하는 것은 사실은 비평이 아니라 비평 이전에 있는 전(前)비평일 뿐이기 때문이다. 이와 같이 외연적으로 제시된 것만을 수용하려 할 때에 비평가는 진정한 시적인 의미를 단지 강화(講話)에서 볼 수 있는 의도적인 외연적 의미로 축소시켜 버리고 만다. 즉, 시 그 자체를 보는 것이 아니라 겉으로 드러나는 외피만을 본다는 것이다. 이와 같은 전비평적인 문학 경험을 비평이라고 가정하는 또 다른 비평태도로 심미비평을 들 수 있다. 심미비평의 태도는 우선 비평은 말이 없어야 하는 것이라고 전제한다. 즉, 심미안 등의 비언어적인 그리고 직접적인 문학에의 접촉을 설명하는 것이 비평이라는 것이다.

- ☐ cease는 to exist와 to relevant에 동시에 걸림
- ☐ context n. 문장 따위의 전후 관계
- ☐ exclusion n. 제외, 배제, 배척, 배타 to the exclusion of ~을 제외하고, 빼고
- ☐ perspective n. 전망, 관점, 시각
- ☐ out of focus 초점, 중심을 벗어나
- ☐ critical 다음에 issues를 넣어서 생각할 것
- ☐ intelligible a. 이해할 수 있는, 명료한, 지성적인 n. intelligibility
- ☐ narrowness n. 편협, 궁핍; 면밀
- ☐ paraphrase vt., vi. 쉽게 바꿔 쓰다, 말을 바꿔서 설명하다
- ☐ pre-critical a. 전(前) 비평적
- ☐ take in v. 받아들이다, 이해하다
- ☐ reduce A to B: A를 B로 축소, 변형시키다
- ☐ the poetic 다음에 meaning을 삽입시켜 생각할 것
- ☐ what it is 있는 그대로의 그것, 실제로의 그 자체
- ☐ wordless a. 말없는, 무언의, 말로 표현할 수 없는
- ☐ ground (on) vt. 입각시키다, 기초를 두다
- ☐ immediate a. 직접적인 (= direct)
- ☐ non-verbal a. 말을 필요로 하지 않는, 말이 서투른

Verbal criticism, in this view, is a secondary operation of trying to find words to describe the taste. Students who have been encouraged to think along these lines often ask me why I pay so little attention to the "uniqueness" of a work of literature. It may be absurd that "Unique" should become a value-term, the world's worst poem being obviously as unique as any other, but the word brings out the underlying confusion of thought very cleary. Criticism is a structure of knowledge, and the unique as such is unknowable; uniqueness is as quality of experience, not of knowledge, and of precisely the aspect of experience which cannot form part of a structure of knowledge.

There are two categories of response to literature, which could be well described by Schiller's terms naive and sentimental, if used in his sense but transferred from qualities inherent in literature to qualities in the experience of it. The "naive" experience is the one we are now discussing, the linear, participating, pre-critical response which is thrown forward to the conclusion of the work as the reader turns pages or the theatre audience expectantly listens. The conclusion is not simply the last page or spoken line, but the "recognition" which, in a work of fiction particularly, brings the end into line with the beginning and pulls the straight line of response around into a parabola. A pure, self-contained pleasure of participating response is the end at which all writers aim who think of themselves as primarily entertainers, and some of them ignore, resist, or resent the critical operation that follows it.

심미비평의 관점에서 보았을 때 비평에서 쓰이는 언어는 단지 심미안을 설명하기 위해 2차적으로만 필요한 어떤 것일 뿐이다. 심미비평에 경도 되어 있는 학생들은 종종 나에게 내가 왜 문학작품의 '독특성'에 주의를 기울이지 않느냐고 문제를 제기하곤 한다. 그 이유는 간단히 설명될 수 있다. 즉 '독특하다'라는 말은 문학사에 있어 가장 조잡한 작품에도 분명히 적용될 수 있는 것이어서, 그 말이 문학의 가치기준이 된다는 것은 전혀 합리적이지 못하기 때문이다. 그렇지만 더 근본적인 문제는 비평의 사고구조에 혼란을 일으키기 때문이다. 비평은 지식의 구조체인 반면, 독특하다는 것은 지식하고는 관계 없는 것이다. 즉, 독특하다는 것은 지식의 문제가 아니라 지식의 구조를 이룰 수 없는, 엄밀히 말해 경험의 어떤 측면에만 관계되는 것이기 때문이다.

문학작품에 대한 독자의 반응은 두 가지 범주로 나누어 볼 수 있다. 쉴러는 문학작품 자체의 특성에 의해 두 범주로 문학을 나누고 있지만, 여기에서는 독자의 반응이라는 속성으로 전이시켜 '소박한' 반응과 '감상적' 반응 두 가지로 나누려 한다. 소박한 반응이란 지금 우리가 논의하고 있는, 독자가 작품에 몰입하는 그대로 일어나는 전비평적 반응을 뜻한다. 이것은 독자가 작품의 페이지를 넘어가면서, 관객이 극작품의 상연을 보고 들으면서 결론으로 나아가는 순차적 반응이다. 물론 여기에서 결론이란 단순히 마지막 문장이나 마지막 대사는 아니다. 이것은 작품 전체라는 포물선의 구조에서 처음과 마지막을 일직선으로 연결시킬 수 있는 '인식'인 것이다. 독자가 작품을 읽을 때 나타나는 순수한 자체 충족적인 쾌감은, 즐거움을 주는 것이 작가의 우선적인 임무라고 생각하는 작가들이 목적하고 있는 것이다. 심지어 어떤 작가들은 이러한 순차적 반응에 뒤따라 나타나는 비평행위를 무시하고 거부하며 반감을 가지기도 한다.

- ☐ line n. pl. 경향
- ☐ absurd a. 어리석은; 불합리한
- ☐ the world's worst ~ any other는 이유를 나타내는 분사구문
- ☐ bring out v. 내놓다, 드러내다
- ☐ underlying a. 밑에 있는, 기초를 이루는 v. underlie
- ☐ as such 그 자체로서, 그것만으로서
- ☐ inherent a. 본래부터 가지고 있는, 고유의
- ☐ the one은 experience의 대명사이며, 뒤의 response와 동격을 이룬다.
- ☐ linear a. 직선의, 순차적인
- ☐ is thrown forward 진행되어 나아가다, 움직여 나아가다
- ☐ spoken line 여기에서는 연극의 대사
- ☐ recognition n. 인정함, 승인; 인식, 감사, 표창; 보수, 인사
- ☐ bring A into line with B: A를 B에 연결시키다
- ☐ pull the straight line of response around into parabola 반응의 직선을 잡아당겨 포물선을 만들다
- ☐ self-contained a. 자체 충족적인, 독립적인

It is a central function of criticism to explain what is going on in the habit of reading, using “reading” as a general term for all literary experience. If reading formed simply an unconnected series of experiences, one novel or poem or play after another, it would have the sense of distraction or idle time-filling about it which so many of those who are afraid of leisure believe it to have. The real reader knows better: he knows that he is entering into a coherent structure of experience, and the criticism which studies literature through its organizing patterns of convention, genre and archetype enables him to see what that structure is. Such criticism can hardly injure the “uniqueness” of each experience: on the contrary, it rejects the evaluating hierarchy that limits us to the evaluator’s reading list, and encourages each reader to accept no substitutes in his search for infinite variety. It is simply not true that the “great” writers supply all the varieties of experience offered by the merely “good” ones: if Massinger is not a substitute for Shakespeare, neither is Shakespeare a substitute for Massinger.

모든 문학 경험을 총칭하는 용어로서 '독서'라는 말을 쓸 수 있다면, 독서의 습관에서 무엇이 형성되고 있는가를 설명하는 것이 문학비평의 중심적 기능이라 할 수 있겠다. 만일 독서가 소설 하나하나 시 하나하나 희곡 하나하나를 되는대로 읽어 가는 단편적인 문학 경험의 나열로 이루어진 것이라면, 독서는 여가라는 말을 그리 좋아하지 않는 사람들이 독서를 비난하기에 알맞은 오락, 부질없는 시간 보내기 등등이 되어버릴 것이다. 그렇지만 진정한 독자라면 이런 식으로 독서를 생각하지는 않는다. 그는 경험의 내재적 구조라는 총체적 경험을 형성해 가는 것이 독서임을 알고 있다. 또한 관습, 장르, 원형 등등의 구조 유형으로서 문학을 연구하는 문학 비평형은 그 내재적 구조가 무엇인가를 인식할 수 있게 하는 것이다. 이럴 때에 비평은 개별 독서경험의 '독특성'을 훼손시키는 것이 아니라, 각각의 문학작품을 가치의 서열로 독단적으로 규정해 버리는 가치비평을 거부할 수 있게 해주며, 또한 독자의 무한한 개별 독서경험을 충분히 보장할 수 있게 해주는 것이다. 말하자면 아무리 '우수한' 작가라 할지라도 어느 정도 '괜찮은' 작가가 제공할 수 있는 경험의 모든 다양성을 총체적으로 제공해줄 수는 없다는 것이다. 예를 들어 셰익스피어와 동시대의 극작가 매신저가 셰익스피어를 대신할 수 없다는 논리는 마찬가지로 셰익스피어가 매신저를 대신할 수 없다는 말도 되는 것이다.

- ☐ unconnected a. 연결성 없는, 단편적인
- ☐ distraction n. 기분전환, 오락
- ☐ time-filling about it에서 it은 앞의 distraction을 지시하며, believe it의 it은 leisure
- ☐ coherent a. 응집성의, 조리가 서는
- ☐ archetype n. 원형(元型) (prototype), 전형
- ☐ hierarchy n. 서열, 계급제도
- ☐ Philip Massinger(1583~1640) 영국의 시인, 극작가
- ☐ William Shakespeare(1564~1616) 영국의 시인, 극작가

제 8 장 

Roman Ingarden
The Literary Work of Art

로만 인가르덴
문학 예술 작품

Let us first of all sketch the basic structure of the literary work and thus establish the main features of our conception of its essence.

The essential structure of the literary work inheres, in our opinion, in the fact that it is a formation constructed of several heterogeneous strata. The individual strata differ from one another (1) by their characteristic material, from the peculiarity of which stem the particular qualities of each stratum, and (2) by the role which each stratum plays with respect to both the other strata and the structure of the whole work. Despite the diversity of the material of the individual strata, the literary work is not a loose bundle of fortuitously juxtaposed elements but an organic structure whose uniformity is grounded precisely in the unique character of the individual strata. There exists among them a distinct stratum, namely, the stratum of meaning units which provides the structural framework for the whole work.

로만 인가르덴(1893~1970)은 폴란드의 크라카우에서 출생하여 1970년 같은 곳에서 생을 마친 철학자이자 문학 이론가이다. 렘베르크 대학에서 철학을 전공하고 독일철학의 전통에 대해 깊은 지식을 가지고 주로 폴란드 논리학자들의 신실증주의와 비엔나 학파를 비판, 현상학적 방법으로 유형적인 예술작품을 연구하는 데 대부분의 시간을 바쳤다.

우리는 우선 문학작품의 근본 구조를 개관하고 그렇게 함으로써 문학 작품의 본질에 대한 우리 견해의 기본선을 고정하려 한다.

우리들의 생각으로는 문학작품의 본질적 구조는 문학작품이 '다수의 이질적 층들로 조성된 형상'이라는 데에 있다. 개별적인 층들은 (1) 그 특이성에서 각개 층들의 특유한 속성들이 연유하는 각개 층의 고유한 재료에 의하여, (2) 각개 층들이 전체적 작품의 조성에 있어서와 마찬가지로 다른 층들에 대하여 행하는 역할에 의해서 구분된다. 개별적인 층들의 재료의 다양성에도 불구하고 문학작품은 우발적으로 병렬된 요소들의 느슨한 다발을 형성하는 것이 아니라, 그 단위체성이 바로 개별적인 층들의 특성 속에 근거하는 하나의 '유기적 조성체'를 형성한다. 각 층들 중에서 특출한 층인 의미단위층이 있는데, 이것이 전체 작품에 대한 구조적 골격을 제공한다.

- ☐ inhere v. 타고나다, (뜻이) 포함되어 있다
- ☐ heterogeneous a. 이종의, 이질의
  opp. homogeneous
  n. heterogeneousness
- ☐ peculiarity n. 특색, 특수성, 기묘, 이상
  pl.로 쓰이면 버릇, 기이한 습관
- ☐ stratum n. 지층, 층, (사회의) 계층, 계급
  pl. strata vt., vi 층을 이루다(이루게 하다)
- ☐ (2) by the role ~ the whole work. 구문에서 which 이하의 절은 plays with respect to both A and B의 구조로 이해할 것.
- ☐ fortuitously ad. 우연히, 뜻밖에
- ☐ juxtapose vi. 나란히 놓다, 병렬하다

By its very essence it requires all the other strata and determines them in such a way that they have their ontological basis in it and are dependent in their content on its qualities. As elements of the literary work they are thus inseparable from this central stratum.

The diversity of the material and the roles (or functions) of the individual strata makes the whole work, not a monotonous formation, but one that by its nature has a polyphonic character. That is to say, in consequence of the unique character of the individual strata, each of them is visible in its own way within the whole and brings something particular into the over-all character of the whole without impairing its phenomenal unity. In particular, each of these strata has its own set of properties which contribute to the constitution of specific aesthetic value qualities. There thus arises a manifold of aesthetic value qualities in which a polyphonic yet uniform value quality of the whole is constituted.

이 의미단위층은 그 본질상 다른 여타의 층들을 필요로 하고, 그것들이 의미 단위층 속에서 존재 근거를 가지며 내용 면에서 의미단위층에 종속되는 그러한 방법으로 그것들을 결정한다. 이리하여 문학작품의 요소들로서의 층들은 이 중심적인 층에서 분리할 수 없게 된다.

개별적 층들의 재료와 역할들(내지는 기능들)의 다양성이 전체적 작품을 단조로운 형상이 아니라, 본질적으로 다중적 성격을 띠는 형상으로 만든다. 환언하면 개별적 층들의 특성 때문에 각개 층들은 독자적인 방식으로 전체 속에서 '가시적'으로 되며, 전체 현상적 단위성을 해치지 않으면서 전체의 총체적 특성에 독자적인 그 무엇을 첨가한다. 특히 이 층들의 각 음은 특수한 미적 가치특질들의 구성으로 나가는 속성들의 독자적 다양성을 지니고 있다. 그리하여 미적 가치 특질의 다양성이 형성되는데, 이 가치특질들 속에서 '다중적'이며, 그런데도 전체의 단위체적인 가치 특질이 구성된다.

- By its very essence ~ on its qualities. 이 문장에서 사용된 it이나 its의 내용은 모두 바로, 앞 문장의 the stratum of meaning units를 가리키며, they나 them으로 쓰인 내용은 all the other strata이다.
- ontological a. 존재론적인, 존재의 cf) ontology n. 존재론, 본체론
- monotonous a. (목소리가) 단조로운, 한결같은, 지루한 n. monotony 단음 (= monotone)
- polyphonic (= polyphonous) a. 다음의, 운율의 변화가 있는, 다성악의 n. polyphony
- impair vt. 해치다, 손상하다 (= damage), (양, 가치를) 덜다, 감하다 n. impairment
- phenomenal a. 현상의, 지각할 수 있는 vt. phenomenalize 현상으로서 생각하다 (다루다)
- aesthetic a. 심미적인, 미학의
- manifold a. 다종의, 다양한 n. 다양성, 사본, 복사 cf) manifold writer 복사기

Usually one distinguishes various genres of literary works of art. If we are to speak of 'genres' at all, however, the possibility of their various changes and modifications must come from the essence of the literary work in general. It would also have to be shown that, although a certain number and selection of strata are indispensable in each literary work, the essential structure of these strata allows various and not always necessary roles for each of them, as well as the appearance of new strata that are not present in every literary work. Which, then, are the strata that are necessary for every literary work if its internal unity and basic character are to be preserved? They are — and we already anticipate the final result of our investigation — the following: (1) the stratum of *word sounds* and the *phonetic formations* of higher order built on them; (2) the stratum of *meaning units* of various orders; (3) the stratum of manifold schematized *aspects* and aspect continua and series, and, finally, (4) the stratum of *represented objectivities* and their vicissitudes. Subsequent analyses will show that this last stratum is, so to speak, "two-sided": on the one hand, the "side" of the representing intentional sentence correlates (in particular the states of affairs), on the other, the "side" of objects and their vicissitudes achieving representation in these sentence correlates. If, in spite of this, we speak of one stratum, it is for important reasons, which we shall discuss later. The questions of whether the stratum of "ideas" expressed in a work must appear in every work and what the expression "idea" means here are mentioned for the present only as problems awaiting eventual solution.

통상 문학작품들에 대해서 여러 가지 장르들이 구별된다. 그러나 만약 여기에서 '장르'들에 대한 이야기가 허용되어야 한다면, 그것은 문학작품 일반의 본질에서 문학작품의 여러 가지 변화나 수식이 가능하다는 것이 연유해야만 할 것이다. 그러므로 각각의 문학작품에 있어서 층들의 일정한 숫자와 선택이 불가결하지만, 그래도 이 층들의 본질적 조성은 각개 층들의 다양하지만 언제나 필수적이지는 않은 역할들과 마찬가지로 모든 문학작품에서 다 나타나지 않는 새로운 층들의 등장을 가능하게 한다는 것이 나타나야 할 것이다. 문학작품의 내면적인 통일성과 근본적 특성이 유지되려면, 모든 문학작품 전체에 필수적인 층들은 과연 어떤 것들일까? 그것들은 — 여기에서 벌써 우리들 조사의 궁극적 결과를 선취하는 셈인데 — 다음의 것들이다: (1) '단어음' 및 그것을 근거로 조성되는 보다 높은 계제의 음성형상들의 층, (2) 여러 계제의 '의미단위층', (3) 도식화된 다양한 '시점'들과 시점연속체 및 시점계열의 층, 그리고 마지막으로 (4) '표시된 대상성들'과 그것들의 변천들의 층이 이것이다. 후속하는 분석이 이 마지막 층, 말하자면 '양면적'이라는 것을 보여줄 것이니, 한편에는 표현된 지향적 문장관련체계들의 '측면'이 있고, 또 한편으로는 문장관련 체계들의 내부에서 표현에 도달하는 대상성들과 그것들의 변천들의 '측면'이 있다. 그런데도 우리가 여기에서 다만 한 개의 층으로 언급하는 것은 우리가 나중에 언급할 중요한 이유들이 있는 까닭이다. 모든 문학작품에, 작품으로 표현된 '이념'의 층이 포함되어야 할 것인지 아닌지, 그리고 '이념'이란 말이 여기에서 무엇을 뜻하는지의 문제가 당분간 최종적인 해결을 기다리는 것으로 남게 될 뿐이다.

- ☐ It would also ~ every literary work. It의 내용은 that 이하의 절, that 이하는 the essential structure of these strata allows A as well as의 형태로 되어 있다.
- ☐ indispensable a. 불가결의, 절대 필요한 (to, for)
- ☐ phonetic a. 음성의, 발음의
- ☐ (3) the stratum ~ finally, 구문은 schematized aspects and aspect continua and(aspect) series, 로 읽을 것
- ☐ schematize v. 도식화하다, 조직적으로 배열하다
- ☐ continuum n. 연속, 연속체 pl. continua
- ☐ vicissitude n. 변화, 변천, 흥망성쇠
- ☐ subsequent a. 후속의, 차후의
- ☐ correlate v. 서로 관련시키다 n. 상관물
- ☐ The question ~ eventual solution. 문장은 The questions are mentioned only as problems awaiting eventual solution이 문장의 요체이다

In each of the strata, aesthetic value qualities are constituted which are characteristic of the respective stratum. In connection with this, the question may be raised whether it would not be necessary to distinguish yet another special stratum of the literary work, one which would, so to speak, "cut across" the above-mentioned strata and have the foundation of its constitution in them — a stratum of aesthetic value qualities and the polyphony that is constituted in them. This can be determined, however, only on the basis of an analysis of the individual strata. In consequence the question of what the proper object of the aesthetic attitude is in the total structure of the literary work must also be deferred for later consideration.

The many-layered nature of the structure does not exhaust the peculiar essence of the literary work. It will still be necessary to discover what structural element causes every literary work to have a "beginning" and an "end" and allows it to "unfold" in the course of reading in its specific length from beginning to end.

The establishment of the stratified polyphonic structure of the literary work is basically trivial. But trivial though it is, none of the authors known to me has seen clearly that in it lies the essential basic structure of the literary work. In the practice of literary criticism, i.e., in the discussion of individual works, in the distinguishing of their various types, in the contrasting of various literary movements and schools, etc., the usual practice has been to contrast the individual elements of the literary work and in individual instances point out their properties.

층들의 각개 속에서 각 층의 특징인 미적 가치특질이 구성된다. 이와 관련하여, 상기한 여러 가지 층들이 '가로질러' 놓여 있으며 여타의 모든 층들 속에서 그것의 구성의 기초를 지니는 듯이 보이는 문학작품의 또 하나의 특별한 층을, 즉 미적 가치 특질들과 그 가치 특질들 속에서 구성될 다중의 층을 분리해내는 것이 아직 필요하지 않을까하는 문제가 제기될 수 있을 것이다. 그러나 이것은 개별적 층들의 분석을 근거로 해서만 비로소 결정을 내릴 수 있다. 그 결과로 문학 작품의 전체적 조성 속에서 미적 태도의 적절한 대상은 무엇인가라는 질문도 나중에야 비로소 취급될 수 있을 것이다.

조성의 다층성이 문학작품에 특유한 본질을 소모 없이 해명하지는 못한다. 어떤 구조적 요소가 모든 문학작품이 '시초'와 '종말'을 지니게 하며, 읽는 동안 문학작품의 특유한 영향권 속에서 시초부터 종말까지 '전개'하도록 허용하는지를 찾아내는 것이 또한 필요하게 될 것이다.

문학작품의 다중적, 다층적 구조의 확인은 근본적으로는 사소한 일들에 불과하다. 그러나 비록 그것이 사소하다 하더라도, 내가 아는 어떤 저자도 그 속에 문학작품의 본질적인 기본 구조가 자리한다는 것을 분명히 보지 못했다. 문학 비평의 실제에 있어, 즉 개별적인 작품들의 비평이나 문학작품들의 상이한 유형들의 제시나, 상이한 문학적 방향들이나 유파들의 비교 등을 행할 때 등등에서는 문학작품의 개별적인 요소들을 대비하고 개별적인 경우에 있어서 그 요소들의 속성을 지적하기 위해 보통 비평이 행해지는 경우도 있었다.

- ☐ respective a. 제각기의, 각자의, 각각의
- ☐ In connection with ~ constituted in them. 문장에서 the question의 내용이 whether it would ~끝까지이다. another special stratum of the literary work는 one which would ~ in them가 ~표 이하가 동시에 부연해서 설명하고 있다. so to speak는 삽입구
- ☐ above-mentioned a. 상술한, 상기의
- ☐ analysis pl. analyses n. 분해; 화학의 분식; 문장, 심리 따위의 해부
- ☐ attitude n. 자세; 태도
- ☐ defer vi. 늦추다, 연기하다 (= postpone)
- ☐ peculiar a. 1. 특수한, 특유한, 특별한
  ex) peculiar privileges 특권
  2. 묘한, 이상한
- ☐ It will still ~ to end. 문장에서 what structural element - to end는 discover의 목적절
- ☐ none of the ~ work. 문장은 none has seen clearly that ~의 골격임
- ☐ the usual practice ~ their properties. 문장은 the usual practice has been to contrast ~ and to point out their properties로 이해할 것

But it has never been noticed that what is involved are heterogeneous strata which are mutually conditioned and are joined together by manifold connections; nor has anyone ever clearly distinguished them in their general structure and shown the connection between them which arises from this structure. Only a detailed analysis of both the individual strata and the kind of connection arising from them can disclose the peculiarity of the structure of the literary work. It can also provide the solid foundation for solving the special literary and literary-aesthetic problems with which until now one has contended in vain. For it is precisely as a result of the failure to consider the stratified nature of the literary work that one fails to attain clarity in the treatment of various problems.

Thus, for example, the much-discussed problem of "form" and "content" (or *Gestalt* and *Gehalt*) of the literary work cannot be put correctly at all without taking into account its stratified structure, since, prior to the differentiation, all the necessary terms are ambiguous and unstable. In particular, every attempt to solve the problem of the form of the literary work of art must fail as long as one constantly considers only one stratum and disregards the others, since in doing so one overlooks the fact that the form of the work arises from the formal elements of the individual strata and their concurrent action. In conjunction with this, the problem of what constitutes the "material" of the literary work of art cannot be solved without taking our findings into account. Even the problem of "literary genres," mentioned above, presupposes an understanding of the stratified structure of the literary work. Our first task, therefore, is to clarify this matter.

그러나 상호간 제약하며 상호간 다양한 관련 속에 있는 이질적인 층들이 문제가 된다는 것을 통찰한 사람은 하나도 없었다. 또한 층들은 그것들의 일반적인 구조 속에서 깨끗이 분리하고 이 구조에서 연유하는 층들 사이에 관련성을 제시한 적도 없었다. 개별적인 층들과 그 층들에서 연유하는 여러 가지 관련성에 대한 상세한 분석만이 마침내 문학작품의 구조의 특성을 펼쳐 보일 수 있다. 이러한 분석이 비로소 오늘날까지 헛되이 시도된 특별히 문학적이며 문학적·미적인 문제들의 해결을 위한 확고한 기반을 형성할 것이다. 왜냐하면 우리가 여러 가지 문제를 다루는 데에 있어 명료성에 도달하지 못한 것은 정확히 문학작품의 다층성을 고려하지 못한 결과이기 때문이다.

그리하여 예를 들면 많은 논의를 겪은 문학작품의 '형식'과 '내용'과 '내실' 사이의 구분에 대한 문제도 문학작품의 다층적 구조에 대한 고려 없이는 전혀 올바로 설정될 수가 없다. 왜냐하면 용어와 상이성에 앞서, 필요한 모든 학술어들이 다의적이며 일정하지 못한 까닭이다. 특히 예술로서의 문학작품의 형식의 문제를 해결하려는 모든 시도는 끊임없이 한 층만을 안중에 두고 다른 층들을 간과하면 실패하고 말 것이다. 왜냐하면 그렇게 함으로써 작품의 형식이 개별적인 층들의 형식요소들과 층들의 공동작용에서 연유한다는 것을 간과하는 까닭이다. 이것과의 관련 속에서 또한 무엇이 예술로서의 문학작품의 '재료'를 형성하는가 하는 문제도 우리들의 성과에 대한 고려 없이는 해결되지 않을 것이다. 그리고 이미 언급했던 '문학적 장르'의 문제도 문학작품의 다층적 구조에 대한 이해를 전제로 한다. 그러므로 우리의 첫 임무는 이 문제를 분명히 하는 것이다.

- ☐ Only a detailed ~ the literary work. 문장은 analysis of both A (the individual strata) and B(the kind of connection arising from them) can disclose ~이 골격임
- ☐ contend vi. 다투다, 싸우다, 논쟁하다(with someone about something). 주장(옹호)하다
- ☐ For it is ~ various problems. 문장에서 it의 내용은 that 이하 problems까지임
- ☐ concurrent a. 동시에 일어나는, 동반하는, 일치의, 찬동의 n. 동시에 일어나는 사건(사정, 원인)
- ☐ in conjunction with ~와 함께, ~와 협력하여, ~에 관련하여
- ☐ presuppose v. 1. 미리 가정하다, 예상하다 2. 전제로 하다

제 9 장 

Terry Eagleton Marxism and Literary Criticism

테리 이글턴 마르크스주의와 문학비평

If Karl Marx and Frederick Engels are better known for their political and economic rather than literary writings, this is not in the least because they regarded literature as insignificant. It is true, as Leon Trotsky remarked in *Literature and Revolution* (1924), that 'there are many people in this world who think as revolutionists and feel as philistines'; but Marx and Engels were not of this number.

The writings of Karl Marx, himself the youthful author of lyric poetry, a fragment of verse-drama and an unfinished comic novel much influenced by Laurence Sterne, are laced with literary concepts and allusions; he wrote a sizeable unpublished manuscript on art and religion, and planned a journal of dramatic criticism, a full-length study of Balzac and a treatise on aesthetics.

테리 이글턴(1943~)은 영국의 대표적인 마르크시즘 문학비평가이다. 현재 랑카스터대학교 영어영문학 교수로 재직 중이다. 19세기와 20세기 영미문학을 연구하면서 문학의 이데올로기적 배후를 폭로하는 데 주력했던 그는 문화연구 쪽으로 방향을 틀어 왕성한 글쓰기를 시도하는 동시에 영국 내의 좌파 조직에서도 지속적인 활동을 하고 있다. 지은 책으로는 『문학이론 입문』, 『비평과 이데올로기』 등이 있다.

마르크스와 엥겔스가 문학관계 저술보다는 정치, 경제학 관계 저술로 더욱 유명한 것은, 그들이 문학을 하찮은 것으로 여겨서가 결코 아니다. [문학과 혁명](1924)에서 레온트로츠키가 언급하였던 것처럼, 혁명가라고 자처하지만 속물처럼 느끼고 사는 사람들이 많다는 것은 사실이다. 그러나 마르크스와 엥겔스는 여기에 속하지 않는다.

스스로 서정시, 운문희곡의 단편, 그리고 로렌스 스텐의 영향을 크게 입은 미완성의 희극적 소설을 쓴 패기 있는 작가이기도 했던 칼 마르크스의 저서에는 문학 개념과 이에 관한 언급으로 아로새겨져 있다. 그는 예술과 종교에 관해, 비록 출간되지는 않았지만 방대한 양의 원고를 집필하였고, 희곡 비평과 발자크에 관한 연구서, 그리고 미학에 관한 논문을 준비하고 있었다.

- think as revolutionists and feel as philistines 이성적 사고는 혁명가다우나, 정서적 측면에서는 문외한이란 뜻
- philistine n. 속된 사람, 실리주의자, 교양 없는 사람 n. philistinism 실리주의, 속물근성
- be of number ~의 패(편)이다 ex) be not of our number 우리 편이 아니다
- fragment n. 부서진 조각, 단편, 미완유고 a. fragmentary
- verse-drama n. 운문희곡(산문이 아닌 운문으로 쓰인 희곡)
- laced with ~으로 짜여진, ~이 가미된
- allusion n. 암시, 언급 v. allude
- sizeable (= sizable) a. 상당한 크기의, 꽤 많은
- manuscript a. 손으로 베낀, 원고의 n. 사본, 원고
- treatise n. 논문

Art and literature were part of the very air Marx breathed, as a formidably cultured German intellectual in the great classical tradition of his society. His acquaintance with literature, from Sophocles to the Spanish novel, Lucretius to potboiling English fiction, was staggering in its scope; the German workers'circle he founded in Brussels devoted an evening a week to discussing the arts, and Marx himself was an inveterate theatre-goer, declaimer of poetry, devourer of every species of literary art from Augustan prose to industrial ballads. He described his own works in a letter to Engels as forming an artistic whole, and was scrupulously sensitive to questions of literary style, not least his own; his very first pieces of journalism argued for freedom of artistic expression. Moreover, the pressure of aesthetic concepts can be detected behind some of the most crucial categories of economic thought he employs in his mature work.

Even so, Marx and Engels had rather more important tasks on their hands than the formulation of a complete aesthetic theory. Their comments on art and literature are scattered and fragmentary, glancing allusions rather than developed positions. This is one reason why Marxist criticism involves more than merely restating cases set out by the founders of Marxism. It also involves more than what has become known in the West as the 'sociology of literature.' The sociology of literature concerns itself chiefly with what might be called the means of literary production, distribution and exchange in a particular society – how books are published, the social composition of their authors and audiences, levels of literacy, the social determinants of 'taste'. It also examines literary texts for their 'sociological' relevance, raiding literary works to abstract from them themes of interest to the social historian.

당시 사회의 전통적 통념상 대단히 박식한 독일 지식인이었던 마르크스에게 있어서 예술과 미학은 살아 숨 쉬는 대기의 일부나 마찬가지였던 것이다. 소포클레스에서 스페인 소설, 루크레티우스에서 영국 상업소설에 걸친 그의 문학적 소양은 엄청난 것이었다. 브뤼셀에서 그가 결성한 독일 노동자 조직은 매주 하루 저녁은 예술에 관한 논의에 할애하였으며, 마르크스 자신도 자주 연극극장을 출입하였고, 시 낭송가이자 오거스틴 시대의 산문에서 근대 발라드 전체를 탐독한 문학예술의 독식가였다. 엥겔스에게 보내는 서한에서 그는 자신의 저작을 예술적 통일체를 이루는 것으로 묘사하였으며, 자신의 것이 아닌 문학양식 문제에도 민감하였던 것이다. 또한 자신의 첫 번째 잡지 기고에서는 예술표현의 자유에 관해 논한 바 있었다. 더 나아가 자신의 성숙기에 쓰인 저술 내에서 사용된 경제사상의 가장 핵심적인 범주에서도 우리는 간혹 미학적 개념의 무게를 느낄 수 있다.

그럼에도 불구하고 마르크스와 엥겔스는 완전한 미학이론을 정립하는 것보다는 더 중요한 일을 손에 쥐고 있었다. 예술과 문학에 관한 그들의 논평은 심화된 견해라기보다는 산발적이고 단편적인 것에 지나지 않는다. 이점이 바로 마르크스주의 비평이 마르크스주의 주창자에 의해 제기된 주장을 재언급하는 이상의 것을 포괄해야 하는 이유 중의 하나이다 . 또한 이는 서구에서 문학사회학으로 알려져 있는 것 이상을 수반하는 것이기도 하다. 문학사회학은 어떤 특정 사회 내의 문학생산, 분배, 그리고 교환의 수단이라고 일컬어지는 것에 관심을 쏟는다. 즉 책의 출판방법, 저자와 독자 간의 사회적 구조, 문자해독의 정도, '기호'를 결정하는 사회적 요인 등이 그 대상인 것이다. 이는 또한 문학 작품에서 사회역사가들이 흥미를 두고 있는 주제를 추출하기 위해 작품을 탐구하는 등, 사회학적 관련성을 취해 문학 텍스트를 연구한다.

- ☐ formidably ad. 무섭게, 만만하지 않게, 대단히
- ☐ potboiling a. (돈벌이를 위한) 예술작품의, 그런 작가의
- ☐ staggering a. 비틀거리는(게 하는), 망설이는, 어마어마한 v. stagger
- ☐ inveterate a. (병, 습관 따위가) 뿌리 깊은, 만성의, 철두철미한 n. inveteracy
- ☐ declaimer n. 낭송가, 연설가 v. declaim (시문을) 웅변조로 낭독하다, 연설하다
- ☐ devourer n. 독식가, 탐식가, 파괴자 v. devour 게걸스레 먹다, 삼켜버리다, 탐독하다
- ☐ scrupulously a. 세심하게, 고지식하게
- ☐ detect v. 간파하다, 찾아내다 n. detection
- ☐ fragmentary a. 파편의, 단편으로 이루어진, 토막토막의
- ☐ glance v. 얼른(흘깃)보다, 대강 훑어보다, (담화 따위에서) 잠깐 언급하다
- ☐ set out 제기된, 제시된
- ☐ concern oneself with(in) ~에 관계(관여)하다, ~에 종사하다
- ☐ determinant a. 결정력이 있는, 한정적인, 결정자(요인), 한정사
- ☐ relevance n. 적절, 적당, 관련(성) a. relevant
- ☐ raid v., n. 침입(하다), 급습(하다), 수색(하다)
- ☐ abstract A from B: B로부터 A를 빼내다, 훔치다, 발췌하다, 여기서는 A가 B뒤에 위치하고 있다.

There has been some excellent work in this field, and it forms one aspect of Marxist criticism as a whole; but taken by itself it is neither particularly Marxist nor particularly critical. It is, indeed, for the most part a suitably tamed, degutted version of Marxist criticism, appropriate for Western consumption.

Marxist criticism is not merely a 'sociology of literature', concerned with how novels get published and whether they mention the working class. Its aim is to *explain* the literary work more fully; and this means a sensitive attention to its forms, styles and meanings. But it also means grasping those forms, styles and meanings as the products of a particular history. The painter Henri Matisse once remarked that all art bears the imprint of its historical epoch, but that great art is that in which this imprint is most deeply marked. Most students of literature are taught otherwise: the greatest art is that which timelessly transcends its historical conditions.

Marxist criticism has much to say on this issue, but the 'historical' analysis of literature did not of course begin with Marxism. Many thinkers before Marx had tried to account for literary works in terms of the history which produced them; and one of these, the German idealist philosopher G.W.F. Hegel, had a profound influence on Marx's own aesthetic thought.

The originality of Marxist criticism, then, lies not in its historical approach to literature, but in its revolutionary understanding of history itself.

이 분야에는 이미 몇몇 탁월한 연구 성과가 있었으며, 이는 마르크스의 비평 전체에서 하나의 국면을 형성하고 있다. 그러나 이것 자체만을 떼어놓고 생각해 보면, 이는 특별히 마르크스주의적이지도 않으며, 또한 비평적이지도 않다. 보다 정확히 진실을 말하자면, 이는 대체로 서양적 기호에나 알맞은, 즉 마르크스주의 비평이 적당히 순화되고 따라서 껍데기에 머문 해설판에 불과하다.

마르크스주의 비평은 그저 어떻게 소설들이 출간되는가, 그 내용이 노동자 계급에 관해 언급하고 있는가라는 것에나 관심을 가지고 있는 '문학사회학'에 불과한 것이 결코 아니다. 그것의 목적은 문학작품을 보다 충분히 '설명하는' 것이며, 이는 그 형식과 양식, 그리고 의미에 대해 세심한 주의를 기울인다는 것을 의미한다. 그것은 또한 그러한 형식과 양식, 그리고 의미들을 구체적 역사의 산물로 파악한다는 것을 뜻한다. 언젠가 화가 앙리 마티스는, 모든 예술이 그 역사적 시대의 자취를 담고 있으나, 위대한 예술은 이를 그 안에 가장 심오하게 아로새기고 있다고 말한 바 있다. 그러나 대다수의 문학도는 이와 달리 배우고 있다. 즉 위대한 예술은 그 역사적 조건을 무한정으로 초월한다는 것이다.

이 점에 대하여 마르크스주의 문학비평은 지적하고 넘어갈 사항이 많다고 본다. 그러나 문학의 '역사적' 분석이 마르크스주의에서 비롯된 것은 아니다. 마르크스 이전의 많은 사상가들도 문학작품을 이를 산출한 역사에 의거하여 설명하고자 했으며, 그러한 분류가 중 한 사람인 독일의 관념론 철학자 헤겔은 마르크스 자신의 미학 사상에 깊은 영향을 남겼다.

따라서 마르크스주의 문학비평의 독창성은 문학에 대한 역사적 접근에 있는 것이 아니라 역사 자체에 대한 혁명적 이해에 있는 것이다.

- ☐ suitably ad. 적당히, 적합하여, 어울려
- ☐ degutted a. 속빈, 창자를 뺀 cf) gut 창자 내용 v. 창자를 빼다, 속을 제거하다
- ☐ version n. 번역, 설명, 이설(異說)
- ☐ grasp n., v. 붙잡다, 끌어안다, 터득하다, 파악하다
- ☐ remark n., v. 주의하다, 감지하다, 말하다 a. remarkable 주목할 만한, 놀랄 만한
- ☐ imprint v., n. 누른 자국, 흔적, 자취, 모습
- ☐ epoch n. 신기원, 신시대, 시대, 기(期)
- ☐ transcend v. (경험, 이해력의 범위를) 초월하다, 능가하다 a. transcendent
- ☐ has much to say 말할 것이 많다
- ☐ issue v. 나오다, 유래하다, 발행하다 n. 발행(물), 결과, 논쟁(점), 문제
- ☐ profound a. 깊은, 심원한, 충심의 (= deep)
- ☐ originality n. 원형(물)임, 독창성, 창조력, 기발

Memo